# LES JEUX
# DE CARTES

**Couverture**

- Maquette et illustration:
  MICHEL BÉRARD

**Maquette intérieure**

- Conception graphique:
  ANDRÉ DURANCEAU

DISTRIBUTEURS EXCLUSIFS:

- Pour le Canada
  AGENCE DE DISTRIBUTION POPULAIRE INC.,*
  955, rue Amherst, Montréal H2L 3K4, (514/523-1182)
  * Filiale du groupe Sogides Ltée

- Pour l'Europe (Belgique, France, Portugal, Suisse,
  Yougoslavie et pays de l'Est)
- OYEZ S.A. Muntstraat, 10 — 3000 Louvain, Belgique
  tél.: 016/220421 (3 lignes)

- Ventes aux libraires
  PARIS: 4, rue de Fleurus; tél.: 548 40 92
  BRUXELLES: 21, rue Defacqz; tél.: 538 69 73

- Pour tout autre pays
  DÉPARTEMENT INTERNATIONAL HACHETTE
  79, boul. Saint-Germain, Paris 6e, France; tél.: 325.22.11

# George F. Hervey

# LES JEUX DE CARTES

Traduit de l'anglais
par Claire Dupond

## LES ÉDITIONS DE L'HOMME *

CANADA: 955, rue Amherst, Montréal 132
EUROPE: 21, rue Defacqz — 1050 Bruxelles, Belgique

* Filiale du groupe Sogides Ltée

2

Original English language edition published by
THE HAMLYN PUBLISHING GROUP LTD,
London – New York – Sydney – Toronto
Copyright © 1973 by The Hamlyn Publishing Group Ltd

© 1976 LES ÉDITIONS DE L'HOMME LTÉE
    pour l'édition française

L'édition originale de cet ouvrage a été publiée en anglais sous le
titre *The Hamlyn illustrated book of Card Games*

TOUS DROITS RÉSERVÉS

*Bibliothèque nationale du Québec*
*Dépôt légal — 1er trimestre 1976*

ISBN-0-7759-0481-3

# SOMMAIRE

# L'AUTEUR

Bien que né en Angleterre tout comme, du reste, son père et sa mère, **M. George Frangopulo Hervey** n'a pas une goutte de sang anglais dans les veines. Exactement cent cinquante ans plus tôt, durant la guerre que mena la Grèce pour son indépendance, ses quatre grands-parents furent évacués, encore jeunes, de l'île de Chio pour échapper à la férocité des Turcs.

Les deux familles connurent la prospérité et M. Hervey poursuivit des études à Harrow et à Sandhurst, avant de servir, pendant la première guerre mondiale, dans le régiment des «Buffs». Il fut blessé sur la Somme en 1918.

Une fois la guerre terminée et après avoir été démobilisé, il entra dans l'entreprise familiale pour laquelle il passa quelques années aux Indes.

En 1926, M. Hervey se tourna vers le journalisme, manifestant un fort penchant pour les cartes. Entre 1926 et 1939, il publia de nombreux ouvrages sur le bridge et fut pendant quelques années responsable de la chronique du bridge du *Sunday Referee*. Depuis 1940, il occupe un poste similaire, traitant de tous les jeux de cartes, au journal *The Field;* enfin, depuis 1953, il est le chroniqueur de bridge attitré du *Western Morning News* (Plymouth).

Outre ses ouvrages sur le bridge, George Hervey a rédigé deux livres (dont l'un à l'intention des enfants) sur les patiences et sur les cartes en général. On lui a conféré le titre de doyen des rédacteurs du monde des cartes, et on le consulte fréquemment au sujet des jeux les plus énigmatiques.

# PATIENCES

# PATIENCES À UN JEU

## LA BELLE LUCIE

La Belle Lucie, qu'on appelle aussi l'**Eventail,** est l'une des patiences à un jeu les plus classiques. Sa disposition est fort agréable: le paquet tout entier est étalé en dix-sept éventails de trois cartes chacun, plus une carte seule, tel que le montre l'illustration.

Dès qu'ils deviennent disponibles, les quatre As sont alignés au-dessus du jeu et constituent les bases des familles. Seules la carte unique et les dernières de chaque éventail sont disponibles: on peut les déposer sur leur base ou à l'extrémité d'un autre éventail, en famille descendante, ou encore bâtir sur elles, toujours en ordre descendant à l'intérieur d'une même famille. Un espace libéré par le transfert d'une carte n'est pas comblé.

Lorsque tous les jeux possibles ont été effectués, on ramasse toutes les cartes à l'exception de celles qui sont déjà sur leurs bases, on les mélange et on refait des éventails de trois cartes. S'il en reste une ou deux, elles constituent des éventails distincts. On ne peut brasser les cartes à nouveau que deux fois seulement.

Dans l'illustration ci-après, les As de coeur et de trèfle sont retirés du jeu pour devenir des bases. Le 2 de coeur va sur son As, et le 7 de trèfle sur le 8 de trèfle. Ceci libère le 2 de trèfle qui est placé sur sa fondation. Le Valet de carreau est transféré sur la Dame de carreau, celui de Coeur sur sa Dame, et l'As de pique, suivi du 2 de pique, devient une base. Et ainsi de suite.

## LE BISLEY

Après avoir disposé les quatre As, face découverte, sur une même rangée, on aligne neuf cartes à leur droite et les autres en dessous, en trois rangées de treize cartes chacune. Lorsque les quatre Rois apparaissent, on les place au-dessus de leurs As respectifs.

On construit des familles ascendantes sur les As et descendantes sur les Rois, sans se préoccuper du point de rencontre.

On ne peut jouer que les cartes à la base des colonnes — dites cartes «libres» — en les plaçant sur leur souche (As ou Roi), ou sur la dernière carte d'une autre colonne, ou en bâtissant dessus des familles partielles ascendantes ou descendantes, au gré du joueur qui peut modifier cet ordre à tout moment. On ne peut remplir un espace libéré par le transfert d'une carte.

Dans le tableau ci-dessous, le Roi de carreau est placé au-dessus de son As et les 2 de pique et de coeur vont sur leurs bases. Ceci libère le 3 de pique qui rejoint le 2 de pique, tandis que la Dame de carreau prend place sur son Roi et qu'on transfère le 9 de carreau, suivi du 8, sur le 10 de carreau. Enfin, en plaçant le 8 de trèfle sur le 9 de trèfle, on dégage le 2 de trèfle qui sera déposé sur l'As de trèfle. Et ainsi de suite.

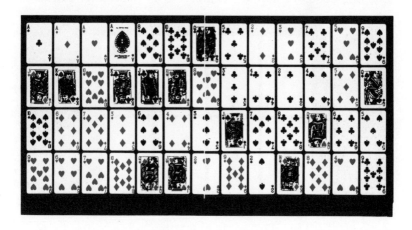

# LES CALCULS

Cette patience, qu'on nomme aussi la **Physicienne** ou les **Intervalles rompus,** porte fort bien son nom parce qu'elle force le joueur à calculer à chaque carte qu'il joue et qu'elle exige donc de sa part davantage d'habileté que toute autre patience.

On aligne tout d'abord un As, un 2, un 3 et un 4 qui serviront de souche aux quarante-huit autres cartes, selon l'ordre suivant et sans tenir compte des familles:

**As,** 2, 3, 4, 5, 6, 7, 8, 9 10, Valet, Dame, Roi

**2,** 4, 6, 8, 10, Dame, As, 3, 5, 7, 9, Valet, Roi

**3,** 6, 9 Dame, 2, 5, 8, Valet, As, 4, 7, 10, Roi

**4,** 8, Dame, 3, 7, Valet, 2, 6, 10, As, 5, 9, Roi

On dépose les cartes, qu'on retourne une par une, soit sur l'une des souches, soit sur l'un ou l'autre des quatre talons qu'on constituera en dessous d'elles. Aucune reprise n'est autorisée, mais une fois que le paquet est épuisé, le jeu se poursuit avec les talons. Seule la carte supérieure d'un talon est «libre», mais on ne peut que la déposer sur une des bases et non la transférer d'un talon à un autre.

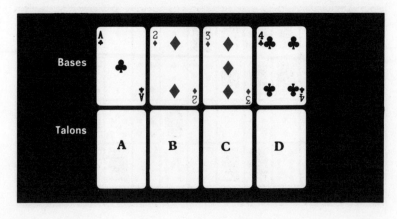

Tout d'abord, on retourne les cartes du paquet une par une. Si, par exemple, la première retourne est un 10, comme elle ne peut rejoindre une souche, il vaut mieux la déposer sur le talon B. La suivante qui est un 6, se place sur la souche no 3; ensuite, on retourne un 8 qui va évidemment sur la souche no 4. La prochaine carte est un Roi qui doit prendre place sur un talon, mais comme dans tous les cas c'est là la dernière carte des séries, il serait maladroit d'enterrer le 10 en le déposant sur le talon B. Il serait préférable d'en choisir un autre qui, selon la façon de procéder de nombreux joueurs expérimentés, serait réservé aux Rois. Le jeu se poursuit ainsi jusqu'à ce que les quarante-huit cartes aient été utilisées.

Si l'on procède attentivement, en bâtissant sur les talons des séries de deux, quatre ou plusieurs cartes, le jeu aura, vers la fin, évolué de façon remarquable.

## LE DÉMON

Le Démon est probablement la plus connue des patiences à un jeu. On l'appelle parfois **Fascination**, parfois **Treize** et, aux Etats-Unis, on la nomme **Canfield**, du nom de son présumé inventeur: Richard A. Canfield, un joueur célèbre qui avait l'habitude de vendre un jeu pour 52 dollars et de payer 5 dollars pour chaque carte placée sur sa base à la fin de la partie. Cependant, le procédé n'était pas aussi lucratif qu'on aurait pu le croire puisqu'il lui fallait engager un croupier pour surveiller chacun des joueurs durant les parties!

On constitue un talon de treize cartes muettes à l'exception de celle du dessus qui est exposée; puis on place quatre cartes découvertes à la droite du talon. La carte suivante, également découverte, est déposée au-dessus de la première des quatre: elle indique les souches.

Dans l'exemple illustré, le 10 de carreau est la première des quatre souches, alors que le 3 de carreau est la retourne du talon. Au fur et à mesure que les trois autres 10 apparaissent, ils rejoignent le 10 de carreau, et il s'agit alors de bâtir sur ces bases des familles allant donc du 10 au 9. Sur les quatre cartes placées à la droite du talon, on forme des hiérarchies partielles descendantes avec alternance des couleurs. Pour débuter, le Valet de carreau rejoint sa souche, le 4 de trèfle va sur le 5 de coeur et le 3 de carreau sur le 4 de trèfle. La retourne du talon succède au 3 de carreau et si on ne peut la déposer sur une souche ou sur l'une des cartes du tableau, elle comblera l'espace libéré par le Valet de carreau. On découvre ensuite la prochaine carte du talon.

On peut placer sur une base la dernière carte de chaque colonne, mais s'il s'agit d'une suite, on ne peut changer celle-ci de colonne que comme un tout et uniquement si elle rejoint sa supérieure directe et de couleur différente.

On joue les cartes de la main par groupes de trois en formant une réserve. Si, à la fin de la main il reste moins de trois cartes, on les joue séparément. On reprend la réserve jusqu'à ce que la patience soit gagnée ou perdue lorsqu'on ne peut plus placer aucune carte.

Quand une colonne a été libérée, on y installe immédiatement la retourne du talon et on expose la carte suivante. On ne peut cependant remplir un espace avec des cartes qu'on a dans la main; lorsque le talon est épuisé, on utilise la réserve et le joueur n'a plus besoin de combler la case vide immédiatement, mais peut la laisser vacante jusqu'à ce qu'il tire la carte qui lui convient.

## LE JARDIN FLEURI

Le Jardin fleuri, parfois appelé tout simplement le **Jardin** ou le **Bouquet,** est une patience à un jeu qui s'avère fascinante et dont la réussite comporte le mérite additionnel de ne pas dépendre uniquement de la disposition fortuite des cartes.

On étale en éventail six paquets de six cartes chacun. Ce sont les plates-bandes ou parterres. On garde en main les seize cartes qui restent et qui composent le bouquet.

Le jeu consiste à libérer les quatre As qu'on disposera en une seule rangée au-dessus des plates-bandes et qui serviront de fondations à des familles montant jusqu'aux Rois.

Toutes les cartes du bouquet, qui sont exposées, peuvent être déposées sur leur base ou sur la dernière carte d'une plate-bande, indépendamment de la famille ou de la couleur, en ordre descendant. On peut déplacer une suite d'un parterre à l'autre, à condition de respecter l'enchaînement numérique. Lorsqu'un parterre a été «nettoyé», on peut le reprendre par une carte du bouquet, une carte «libre», ou encore une suite provenant d'une autre plate-bande.

Le bouquet est ainsi composé:

Le jeu est le suivant: l'As de trèfle ayant été retiré du jeu pour devenir une base, il peut recevoir le 2 et le 3 de trèfle, ce dernier provenant du bouquet. La Dame de carreau est transférée sur son Roi, suivie du Valet de carreau, puis du 10 de carreau qui était dans le bouquet. Sur ce 10, on dépose le 9 de coeur, le 8 et le 7 de pique rejoints par le 6 de pique. L'As de carreau, libéré, est retiré du jeu et devient une souche. Le 5 de carreau est transféré sur le 6 de pique, le 6 de trèfle sur le 7 de carreau, et le 2 de pique sur le 3 de pique, etc.

A tout le moins, cette patience est loin d'être facile et le joueur éprouvera certaines difficultés à la réussir à cause des nombreuses cartes hautes qui sont dans le bouquet et à l'extrémité des plates-bandes. Si on en a le choix, il vaut mieux réduire le bouquet en en transférant les cartes sur les parterres, afin de diminuer le nombre de cartes qu'on ne peut jouer qu'une par une. Pour cette raison également, il n'est pas toujours judicieux de vider un parterre, tout comme il pourrait s'avérer imprudent de surcharger une plate-bande pour en éliminer une autre. Le joueur devrait surtout s'attacher à libérer les As, les 2 et les 3 parce qu'il pourrait fort bien perdre la partie si une carte basse était immobilisée, surtout s'il s'agit d'un 2.

## LE KLONDIKE

Le Klondike et le Démon (voir p. 17 ) sont probablement les deux patiences à un jeu les plus connues et les plus populaires. En Angleterre, on appelle souvent le Klondike, Canfield. C'est là toutefois une désignation erronée: le Canfield est le nom donné en Amérique à la patience qu'on nomme Démon en Grande-Bretagne.

On dispose vingt-six cartes muettes en sept rangées décroissantes et se chevauchant légèrement, de sept, six, cinq, quatre, trois, deux et une cartes. La dernière carte de chaque colonne est retournée,

Dès qu'ils deviennent disponibles, les As sont retirés du jeu pour former les souches; il s'agit de bâtir sur eux des familles ascendantes.

Toute carte découverte, au bas d'une colonne, peut être transférée sur une fondation ou sur une autre carte découverte, en alternance de couleur descendante. On peut déplacer une suite d'une colonne à une autre, mais comme un tout et uniquement si sa plus haute carte rejoint sa supérieure directe de couleur opposée. Si on a transféré une carte découverte, on retourne la carte muette qui était juste en dessous; dans le cas d'une colonne tout entière, on ne peut combler l'espace ainsi créé que par un Roi, accompagné ou non d'une suite.

Les cartes du paquet sont retournées une par une et déposées sur un talon dont la carte supérieure est «libre» et peut donc être transférée sur une souche ou à la base d'une colonne. Une seule reprise est autorisée.

Seul l'As doit être écarté immédiatement pour devenir une souche, alors que les autres cartes peuvent rester en place si le joueur préfère attendre un meilleur déplacement, plus tard durant la partie.

Par exemple, si on déplace le 5 de carreau sur le 6 de trèfle et qu'on retourne la carte qu'il recouvrait, le Valet de trèfle va sur la Dame de coeur et le Roi de carreau comble l'espace qu'il a laissé vacant. On retourne ensuite la carte qui était sous le Roi de carreau et on continue.

Il existe plusieurs variantes du Klondike, dont l'une des plus connues est le KLONDIKE-JOKER. Le jeu se déroule de la même façon que pour le Klondike, mais avec un Joker qui, lorsqu'il est découvert, peut être déposé sur une souche comme carte intermédiaire. Il reçoit les autres cartes selon l'ordre habituel jusqu'à ce qu'il soit remplacé par la carte qu'il représente, celle-ci étant devenue accessible. Il est alors transféré sur une autre fondation.

Le joueur peut choisir la souche qui recevra le Joker. S'il le découvre avant d'en avoir commencé une, il doit le laisser en place jusqu'au moment où, avec la découverte d'un As, il peut amorcer une fondation.

## LE LABYRINTHE

Le Labyrinthe se révèle une patience très intéressante parce qu'il faut vraiment faire preuve d'adresse si on veut la réussir.

Les cinquante-deux cartes sont disposées en deux rangées de huit cartes chacune, suivies de quatre rangées de neuf. On retire ensuite les quatre Rois, libérant ainsi quatre espaces, ou six au total puisqu'on utilisera également, durant la partie, les deux cases libres des deux premières rangées (voir illustration).

Il s'agit de déplacer les quarante-huit cartes restantes pour former quatre familles allant des As aux Dames, en commençant par un As à l'extrême gauche de la rangée supérieure et en finissant avec une Dame à l'extrême droite de la dernière. Les familles s'enchaînent d'une rangée à l'autre, de la même façon qu'on lit et écrit. On ne déplace qu'une carte à la fois.

Pour transférer une carte dans un espace vacant, il faut observer les règles suivantes:

1) La carte transférée doit être de la même famille et valoir un point de plus que celle qui est à gauche de l'espace libéré, ou un point de moins si cette carte est à droite. Il faut en outre s'assurer que l'enchaînement sera respecté non seulement à l'intérieur d'une rangée, mais également d'une rangée à l'autre.

2) Lorsqu'un espace est libéré à la droite d'une Dame, on peut le combler avec un As, comme alternative à une carte de valeur immédiatement inférieure à celle qui se trouve à la droite de cet espace.

Dans le cas du tableau qui est illustré ici, après avoir

retiré les quatre Rois du jeu, on peut remplacer le Roi de coeur soit par un As, soit par le 9 de pique, puisque le 10 de pique est à droite de l'espace libéré, ou encore par le 8 de pique à cause du 7 de pique qui est au bout de la toute dernière rangée du tableau. Quant à la case vide qui est à l'extrême droite de la première rangée, on peut y jouer le 2 ou le 4 de coeur, et dans l'espace situé immédiatement en dessous, on peut transférer soit le 10 de coeur, soit le 10 de pique. L'espace laissé vacant par le Roi de carreau pourra recevoir la Dame de trèfle ou le 5 de pique.

Pour commencer, on peut jouer l'As de pique dans le coin supérieur gauche du tableau et transférer à sa place le 10 de coeur.

Le 5 de carreau va à la gauche du 6 de carreau dans la rangée supérieure, et le Valet de carreau est déposé à la gauche de la Dame de carreau dans celle du bas. Le 10 de pique est joué à l'extrême droite de la deuxième rangée et le 2 de pique, suivi du 3, va à la droite de l'As de pique dans la première rangée. On joue ensuite le 5 de pique à gauche du 6 de pique, le Valet de trèfle à gauche de la Dame de trèfle, et le 4 de pique à gauche du 5 de pique. Le 5 de coeur rejoint le 6 de coeur, et le 9 de coeur se place à gauche du 10 de coeur. Le 9 de pique va à la gauche de son 10. C'est maintenant au tour du 5 de carreau de la rangée supérieure d'être placé à la droite du 4 de carreau, et le 4 de pique se retrouve à droite du 3 de pique, dans la rangée supérieure. Avec l'As, le 2, le 3 et le 4 de pique en place, le jeu est fort bien amorcé.

## LES MOTS CROISÉS

Comme on ne commence le jeu qu'avec quarante cartes, on retire tout d'abord les douze figures du paquet. Elles seront utilisées plus tard. On expose, n'importe où sur la table, la première carte du paquet, puis on dispose les autres de telle sorte qu'elles touchent une carte déjà placée, soit par le haut, le bas, un des côtés ou l'un des quatre coins. On ne peut déplacer une carte jouée.

Le jeu consiste à former un carré dont chaque côté comporte sept cartes; la somme des valeurs naturelles de ces cartes doit donner un nombre pair. Les figures, qui ne comptent pas, servent d'arrêt lorsque la chose est nécessaire, tout comme les carreaux noirs dans les mots croisés. Bien entendu, les cartes placées entre les figures doivent également donner un nombre pair. Une fois que quarante-huit cartes ont été jouées, le joueur en a encore quatre en main et dispose d'un dernier espace libre. Il pourra le combler avec la carte de son choix.

L'exemple ci-dessous illustre une patience en cours.

## LA PETITE ARAIGNÉE

On aligne en une seule rangée les deux As rouges et les deux Rois noirs (ou l'inverse) qui serviront de souches. Quant aux quarante-huit autres cartes, on les disposera, découvertes, en deux rangées de quatre cartes chacune, l'une au-dessus, l'autre en dessous des fondations.

Il s'agit de bâtir des séquences ascendantes sur les As et descendantes sur les Rois.

On peut, durant la donne, bâtir une carte de la rangée supérieure sur l'une ou l'autre des bases; mais dans le cas des cartes de la rangée inférieure, on ne peut les jouer que sur la fondation qui est immédiatement au-dessus.

Après avoir constitué les deux rangées, on peut bâtir sur n'importe quelle fondation les cartes supérieures de chacune des huit piles, ou les déposer sur une autre pile du

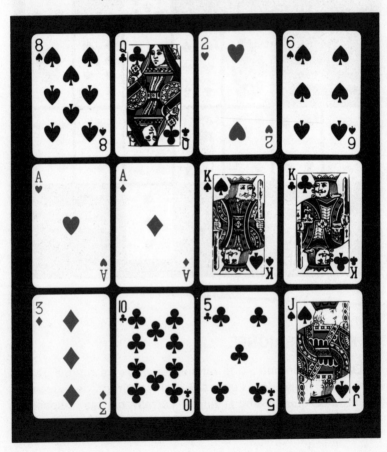

tableau. Ces piles sont bâties en hérarchie continue, ascendante ou descendante (un As est inférieur à un 2 et supérieur à un Roi), et sans qu'on tienne compte de la famille. On ne peut remplir un espace libéré par le déplacement d'une pile tout entière.

Dans l'illustration, la Dame de trèfle va sur son Roi et le 2 de coeur sur l'As de coeur; le 10 de trèfle est déposé sur le Valet de pique et le 5 de trèfle sur le 6 de pique, etc.

## LE RAGLAN

En dessous des quatre As alignés comme bases au centre de la table, on dispose quarante-deux cartes découvertes et se superposant à moitié, en sept rangées dont les trois premières comprennent sept cartes, la quatrième six, la suivante cinq, et ainsi de suite jusqu'à la dernière qui n'en contient plus qu'une. Les six cartes restantes qui constituent le solde sont alignées sous le tableau.

Le jeu consiste à bâtir sur les As des familles montant jusqu'aux Rois.

Les cartes à la base des colonnes et celles du solde sont libres. On peut les jouer sur les souches ou, à l'exception de celles du solde, bâtir sur elles des séquences descendantes avec alternance de couleur. On ne peut déplacer qu'une carte à la fois, les séquences restant obligatoirement en place. Une fois qu'une colonne est vide, le joueur peut, s'il le désire, la reprendre avec n'importe quelle carte libre.

Prenons un exemple: si le 5 de carreau va sur le 6 de pique et le 3 de pique sur le 4 de coeur qui a été dégagé par le 5 de carreau, la Dame de coeur, dans le solde, est jouée sur le Roi de pique et le 10 de pique sur le Valet de carreau. Le 9 de coeur peut donc être placé sur le 10 de pique. On dépose le 4 de pique du solde sur le 5 de carreau, le 3 de carreau sur le 4 de pique et le 6 de coeur sur le 7 de trèfle. L'espace est comblé par la Dame de trèfle, le 2 de trèfle rejoint sa souche, le Valet de pique va sur la Dame de coeur, le 8 de pique sur le 9 de coeur et le 10 de carreau sur le Valet de pique. Le 9 de pique recouvre le 10 de carreau, le 8 de coeur est déposé sur le 9 de pique, le 6 de carreau, remplit l'espace libéré et les 2 et 3 de pique vont sur leur base. L'espace est comblé par le 4 de coeur, le 5 de trèfle va sur le 6 de carreau et le 4 de coeur sur le 5 de trèfle. On dépose sur le 8 de pique le 7 de carreau et le 6 de trèfle qui viennent du solde, le 5 de coeur va sur le 6 de trèfle et l'espace est rempli par le 9 de carreau. Alors, le 2, 3, 4, 5, 6 et 7 de coeur vont sur leur souche et le 7 de trèfle rejoint le 8 de coeur. L'espace est comblé par le 7 de pique, les 2 et 3 de carreau rejoignent leur base, tandis que les 4 et 5 de pique vont sur la leur. Quoique les 3 et 4 de trèfle soient mal placés, le jeu a bien progressé et il a toutes les chances de réussir.

## LE SCORPION

Sept cartes, dont les quatre premières sont muettes et les trois autres découvertes, sont alignées sur une rangée. On dispose deux autres rangées de la même façon, suivies de quatre autres dont toutes les cartes sont exposées. Pour plus de commodité, les rangées peuvent se superposer légèrement (voir l'illustration). Les trois cartes qui restent sont mises temporairement de côté.

Tout en conservant les quatre Rois dans le tableau, il faut bâtir sur eux des familles descendantes jusqu'aux As.

Les cartes au bas des colonnes sont libres et peuvent recevoir leur inférieure immédiate. Pour ce faire, on peut choisir n'importe quelle carte du tableau, mais si elle n'est pas au bas d'une colonne, il faut prendre avec elle toutes celles qui lui succèdent dans cette colonne.

Dans le tableau, le 3 de carreau peut aller sur le 4 de carreau, accompagné du 2 de trèfle. De la même façon, le 5 de pique est déposé sur le 6 de pique, mais le 7 de pique, le 6 de coeur, l'As de trèfle et le 10 de carreau doivent sui-

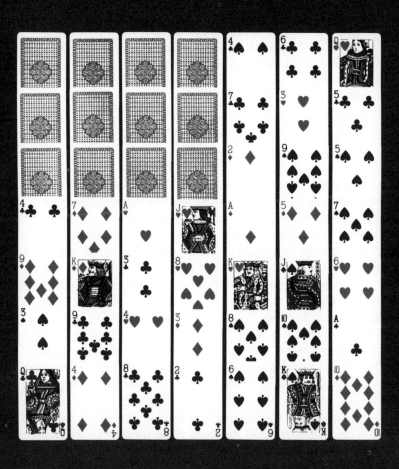

vre. Et ainsi de suite. On ne bâtit évidemment rien sur les As.

On retourne une carte muette lorsqu'elle vient d'être dégagée, et, dans le cas d'une colonne entièrement libérée, l'espace est comblé par un Roi avec, le cas échéant, toutes les cartes qui le suivent dans sa colonne.

Quand on ne peut plus déplacer de cartes, on recourt aux trois qui avaient été mises de côté; elles sont déposées, découvertes, au bas des trois premières colonnes en commençant par la gauche.

Le Scorpion n'est nullement une patience facile et il faudra faire preuve d'adresse et de réflexion pour réussir.

Avant de commencer à jouer, il est nécessaire d'examiner le tableau attentivement. Si une séquence est inversée à l'intérieur d'une même colonne (Dame, Valet et Roi de carreau, par exemple), il sera impossible de réussir. Il en ira de même dans le cas de cartes entrecroisées, comme le 9 de pique sur le 6 de carreau dans une colonne, et le 5 de carreau sur le 10 de pique dans une autre. C'est alors une perte de temps que de ne pas tout recommencer.

Si le tableau semble correct, la première chose à faire serait d'essayer de dégager les cartes muettes. Dans le tableau, par exemple, on voit qu'en déplaçant sur le 5 de trèfle, le 4 de trèfle, avec le 9 de carreau, le 3 de pique et la Dame de trèfle, on libérera une carte muette. Il faudra donc commencer par déposer le 5 de pique (avec le 7 de pique, le 6 de coeur, l'As de trèfle et le 10 de carreau) sur le 6 de pique.

Il faut toujours examiner la situation avec soin avant de déplacer une carte. Un moment d'inattention pourrait bien paralyser complètement le jeu.

# PATIENCES À DEUX JEUX

## L'ARAIGNÉE

Il existe plusieurs versions de l'Araignée. On considère à juste titre celle qui est décrite ici comme la meilleure parmi les meilleures, parce qu'il faut souvent procéder par analyse. Selon le *Redbook Magazine*, c'était là la patience favorite du défunt président Franklin D. Roosevelt.

On dispose quarante cartes en quatre rangées de dix, légèrement superposées; tel qu'illustré, les trois premières sont muettes et la quatrième est découverte.

Les cartes de base ne sont pas jouées au centre. Le jeu consiste à bâtir, à l'intérieur même du tableau, des familles descendantes sur les huit Rois. Toute famille complétée est retirée du jeu, de telle sorte que la patience est réussie lorsqu'il ne reste plus de cartes sur la table.

On peut bâtir sur les cartes à la base des colonnes, sans tenir compte de la couleur ou de la valeur, et lorsqu'une carte vient d'être transférée d'une colonne à une autre, on retourne, pour pouvoir la jouer, celle qui était juste en dessous.

Dans le tableau, on peut déposer sur le 7 de pique n'importe lequel des trois 6, tandis que le 9 de carreau va sur l'un ou l'autre des 10. Il est alors possible de retourner deux cartes muettes.

Quand toutes les cartes d'une même colonne ont été transférées, on peut combler l'espace par une carte découverte ou par une séquence.

Une fois tous les déplacements possibles terminés et tous les espaces vides comblés, on prélève dix cartes du solde et on les superpose, face découverte, sur les cartes situées à la base de chaque colonne.

Le jeu se continue jusqu'à épuisement du solde. La dernière distribution ne comprendra évidemment que quatre cartes.

## MISS MILLIGAN

Même si c'est une patience très populaire, le Miss Milligan n'est en aucune façon un jeu facile.

Huit cartes sont alignées en une rangée. Les As sont déposés à l'extérieur du tableau et serviront de base aux familles ascendantes. Quant aux cartes du talon, on les bâtit en ordre descendant avec alternance de couleur. Un espace est rempli seulement par un Roi, suivi ou non d'une séquence. Lorsqu'on a effectué, dans la première rangée, tous les mouvements possibles, on rajoute huit cartes, une par colonne, en recouvrant à moitié celles de la première rangée et en comblant les cases vides. On ne peut bâtir ou déposer une carte sur sa souche tant qu'on n'a pas distribué ces huit cartes. Le jeu se poursuit ainsi jusqu'à épuisement du paquet, et il n'est possible de jouer qu'après avoir placé chaque rangée de huit cartes. Les séquences doivent être déplacées au complet.

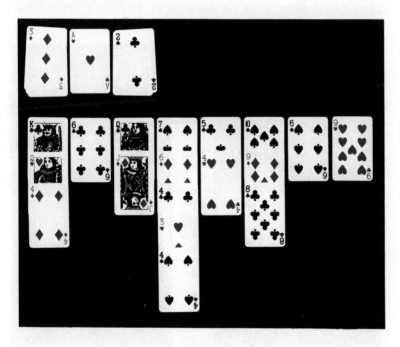

Lorsque tout le paquet a été réparti dans le tableau, mais pas avant, on peut, si une carte à la base d'une colonne bloque la constitution d'une séquence, la prendre en main et la conserver jusqu'à ce que le joueur puisse lui trouver une place dans le tableau, à la suite de nouveaux déplacements. C'est ce qu'on appelle une mise à l'écart et, quoique le joueur puisse répéter ce procédé aussi souvent qu'il le désire, il ne peut conserver toutefois qu'une carte à la fois.

## LE MOULIN À VENT

Tout comme le Shah (voir p. 45 ), le Moulin à vent, ou **Hélice,** tire son nom de la disposition des cartes. Après avoir exposé l'un des Rois au centre de la table, on dispose deux cartes au-dessus, deux en dessous et deux de chaque côté, en forme de croix (voir l'illustration). Les quatre premiers

As qui apparaissent, que ce soit dans le tableau ou dans le paquet, sont placés aux angles de la croix.

Le jeu consiste à bâtir sur le Roi central une séquence descendante de cinquante-deux cartes «en tournant le coin», sans tenir compte de la famille ou de la couleur, et des familles ascendantes, indépendamment encore de la famille et de la couleur, sur les quatre As jusqu'aux Rois.

Dans le tableau ci-dessus, l'As de carreau est placé dans l'un des angles de la croix. La Dame de carreau va sur le Roi de pique, suivie du Valet de coeur. Bien qu'on puisse à tout moment transférer sur le Roi central une carte provenant d'un As-base, on ne peut toutefois en prélever qu'une seule par As pendant qu'on bâtit telle ou telle séquence sur ce Roi.

Le solde est versé sur un talon et, pour combler un espace libre dans le tableau, on prend une carte soit dans le talon s'il est commencé, soit dans le solde dans le cas contraire.

Il n'y a pas de reprise; cependant, une fois le paquet épuisé, on peut recourir au talon dont on prendra la première carte. Si celle-ci peut être déposée sur une base, on tirera la suivante, etc. Le jeu prend fin quand on ne peut plus transférer aucune carte sur une base.

## PAGANINI

Inventée par M. Charles Jewell, cette patience repose sur le même principe que celle à un jeu connue sous le nom d'Espaces, mais elle est plus intéressante.

On dispose les deux paquets en huit rangées de treize cartes découvertes, tel qu'illustré.

Le jeu consiste à placer les cartes de telle sorte que chaque rangée contienne une famille en commençant par un As (à la gauche) et en finissant avec un Roi (à la droite). Aucune rangée ne correspond spécifiquement à une famille donnée. Le joueur procède comme il l'entend, mais une fois qu'il a commencé à bâtir une famille dans une rangée, il ne lui est plus possible de revenir sur sa décision.

Pour commencer, il faut déplacer l'un des As vers l'extrême gauche d'une rangée. Au cours de la partie, on réalisera que la totalité du tableau recule en quelque sorte d'un espace vers la gauche. Quand une carte est déplacée, elle libère un espace qu'on remplit avec la supérieure immédiate de la carte située à la gauche dudit espace. Ce faisant, on dégage un autre espace qu'on comblera de la même façon, et ainsi de suite, jusqu'à ce qu'une séquence se termine lorsqu'on retire une carte située à la droite d'un Roi, parce qu'on ne peut, dans un tel cas, la remplacer par une autre.

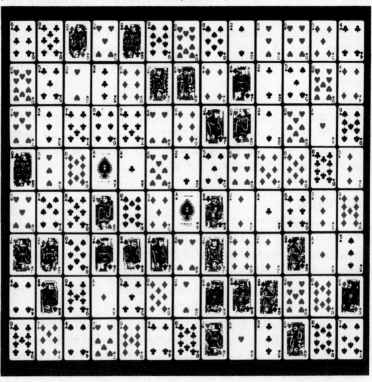

Le jeu demande passablement d'habileté. Tout d'abord, le joueur doit déterminer celui des huit As qu'il déplacera en premier, de même que la rangée où il le déposera (à l'extrême gauche, il va sans dire). Une fois qu'une carte a été transférée, il faut systématiquement choisir entre deux autres pour combler l'espace ainsi vacant et ce, dès le début du jeu. On verra, en conséquence, qu'après avoir déplacé les huit As vers l'extrémité gauche du tableau, il y aura automatiquement une double possibilité pour chacune des huit cases vacantes.

L'illustration ci-dessus ne présente pas une disposition aussi difficile qu'il y paraît. En effet, on pourrait, avec un minimum d'attention, mener le jeu à bien.

Après un examen général des diverses possibilités, on voit que l'As de coeur de la rangée inférieure devrait être transféré à l'extrême gauche de cette même rangée; la Dame de coeur de la cinquième rangée va dans la case qu'il a libérée et le 9 de trèfle de la rangée du bas remplace la Dame de coeur. L'espace laissé vacant par le 9 de trèfle est rempli par le 2 de coeur de la seconde rangée ou par celui qui se trouve dans la septième.

Une analyse attentive démontre qu'il vaudrait mieux prendre celui de la seconde rangée parce qu'on pourra le remplacer par le 6 de trèfle de la rangée supérieure, tandis que l'As de trèfle, de la cinquième, ira à l'extrême gauche de la rangée du haut. Enfin, le 6 de trèfle de cette même rangée sera déplacé dans la seconde, à la place du 2 de coeur, et le 2 de trèfle de la deuxième ou de la quatrième rangée succédera au 6 de trèfle (à côté de l'As de trèfle). Et ainsi de suite.

# LA PARADE ROYALE

La Parade royale, qu'on désigne également sous les noms de **Financier, Hussards** et **Three Up,** est une patience à deux jeux qui jouit d'une grande popularité.

On aligne vingt-quatre cartes en trois rangées de huit (voir l'illustration) et on retire tous les As qui ne seront pas utilisés durant le jeu. Il faudra disposer le tableau de telle sorte qu'à la fin de la patience la rangée supérieure ne contienne que les huit 2, celle du milieu, tous les 3, et la dernière, les huit 4. Ces cartes serviront de base à des familles constituées par intervalles de trois cartes, de la façon suivante:

2 — 5 — 8 — Valet
3 — 6 — 8 — Dame
4 — 7 — 10 — Roi

Dans l'ensemble illustré, on retire l'As de carreau de la rangée supérieure et l'As de trèfle de celle du bas; le 4 de pique, dans la rangée du milieu, remplace l'As de trèfle et le 7 de pique de celle du haut le rejoint. On peut remplir l'espace dégagé par le 4 de pique soit par le 3 de coeur, soit par le 3 de trèfle qui sont tous les deux dans la rangée supérieure; selon toute évidence, on prendra le 3 de coeur parce que le 6 de coeur de la rangée du bas pourra être placé sur lui. Et on continue de cette façon.

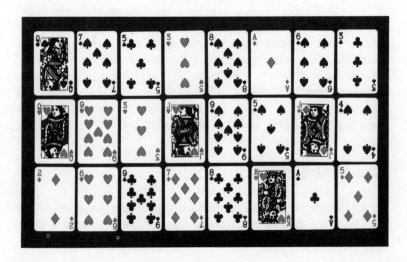

Une fois qu'on a effectué tous les déplacements possibles, on constitue des talons de huit cartes chacun, au-dessus du tableau. Les As sont retirés, au fur et à mesure qu'ils apparaissent; on utilise les autres cartes soit pour les bâtir sur leur gauche, soit pour combler des espaces du tableau. Le jeu se poursuit ainsi; on procède aux déplacements après chaque nouveau talon de huit cartes jusqu'à ce que le paquet soit épuisé. Seules les cartes du dessus des talons peuvent être transférées dans le tableau.

## ROBIN POST

Inventé par le colonel G.H. Latham, R.E., le Robin Post demande beaucoup d'habileté et de réflexion, non seulement parce que les mouvements possibles sont multiples, mais également parce qu'ils comportent chacun plusieurs alternatives.

On dispose cinquante-deux cartes découvertes en rangées de quatre, cinq, six, sept, huit, sept, six, cinq et quatre, en laissant entre chacune un espace équivalent à une carte, de telle sorte qu'elles ne se touchent qu'aux angles. Si par exemple le 2 de carreau est à l'extrême droite, il ne devrait toucher au 3 de carreau et au 6 de pique que par ses deux coins gauches tandis que les coins de droite sont libres.

Le but du jeu est de retirer un As et un Roi de chaque famille, de les déposer au centre de la table comme base, et de bâtir des familles ascendantes sur les As et descendantes sur les Rois. Si, à un moment donné, les cartes supérieures de deux fondations de la même famille forment une séquence, on peut transférer une ou toutes les cartes d'une pile à l'autre (à l'exception du Roi ou de l'As de base).

Les cartes du tableau sont soumises aux quatre règles suivantes:

1) On peut ramasser et jouer toute carte dont au moins deux des coins sont libres.

2) On ne peut ramasser et jouer une carte qui n'aurait qu'un coin de libre, mais elle peut recevoir les séquences ascendantes ou descendantes, avec alternance de couleur.

3) On ne peut jouer ni bâtir sur une carte dont aucun des des coins n'est libre.

4) On ne peut déplacer une séquence que tout entière et non partiellement, et seulement sur une carte isolée.

On retourne les cinquante-deux cartes du solde une par une, et on les dépose sur un talon si on ne peut les jouer sur les souches ou sur une des cartes du tableau. On peut cependant compléter à tout moment le tableau avec des cartes provenant du solde. Elles doivent y être intégrées en commençant par la rangée supérieure et de droite à gauche, et, à condition qu'il reste assez de cartes dans le paquet, le tableau doit être complété avant qu'on effectue tout autre déplacement soit à l'intérieur du tableau, soit sur les fondations.

Si, par exemple, la Dame de trèfle de la rangée supérieure est transférée sur le Valet de carreau, à la gauche de la quatrième rangée, parallèlement, le 10 de carreau de la rangée du haut ira sur le 9 de pique, à la gauche de la cinquième rangée. Ceci libère deux des coins de l'As de trèfle et du 5 de pique, et l'As de trèfle peut être retiré du tableau et devenir une fondation.

## LE QUADRILLÉ ROYAL

On dispose sur deux colonnes un As et un 2 de chaque famille, les 2 étant à la droite des As. A la gauche de ceux-

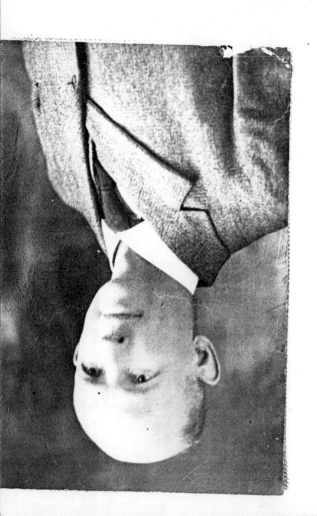

ci, on aligne douce cartes en trois rangées de quatre cartes chacune; c'est l'aile gauche. A la droite des 2, on place seize cartes en quatre rangées; elles constituent l'aile droite (voir l'illustration).

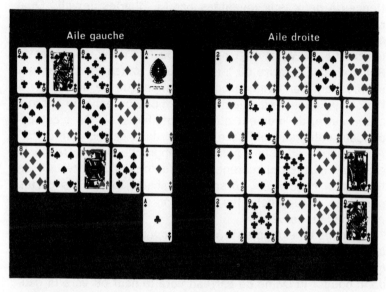

Aile gauche    Aile droite

Le jeu consiste à bâtir sur les As des séquences dans l'ordre suivant: **As,** 3, 5, 7, 9, Valet, Roi, 2, 4, 6, 8, 10, Dame; et sur les 2: **2,** 4, 6, 8, 10, Dame, As, 3, 5, 7, 9, Valet, Roi.

Dans l'aile gauche, seule la carte située à la base d'une colonne peut rejoindre sa base, et un espace vide n'est pas comblé; dans l'aile droite, par contre, on peut bâtir n'importe quelle carte sur une fondation et un espace libre doit être comblé soit par la carte supérieure de la réserve, soit par celle du talon.

On ne reprend le talon qu'une seule fois, et toute carte qu'on ne peut placer sur sa base ou qui n'est pas utilisée pour remplir un espace de l'aile droite, est déposée sur la réserve.

41

# LES QUATORZE

Les Quatorze (**Fourteens**) sont l'une des multiples patiences à deux jeux inventées par M. Charles Jewell. Quarante-huit cartes découvertes sont disposées en forme de croix ouverte. Le jeu consiste à nettoyer la table de toutes les cartes. Le Valet vaut onze points, la Dame, douze, et le Roi, treize. On retire du jeu, par deux, toutes les cartes qui se touchent par quelque côté ou angle que ce soit (soit à l'intérieur d'une même section, soit d'une branche de la croix à une autre, du moment qu'elles totalisent 14. On n'est cependant nullement obligé d'éliminer deux cartes contiguës.) Après avoir retiré une paire, on rapproche du centre de la croix les cartes qui restent, mais seulement à l'intérieur de la section concernée. Lorsqu'on a écarté toutes les cartes possibles et rapproché les autres, on complète le tableau à partir de la réserve.

Prenons un exemple: le Valet de coeur et le 3 de pique de la quatrième section sont éliminés, et le 5 de pique de même que le 8 de carreau ont été déplacés vers la gauche; on peut donc bouger la Dame de carreau vers le haut ou vers la gauche, et, de toute évidence, ce sera vers la gauche pour qu'on puisse, en le réunissant avec le 2 de carreau, retirer ces deux cartes: Le 4 de trèfle et le 9 de pique sont remontés, le Roi de pique et l'As de coeur sont exilés, et le 6 de pique remonte également. Dans la seconde section, on retire le 3 de pique et le Valet de carreau, tandis que le 6 de trèfle et le Roi de pique descendent. Ceci permet de joindre le 6 de trèfle (dans cette même section) au 8 de carreau (de la quatrième section) et de les enlever, tandis que le Roi de pique (deuxième quartier) est déplacé vers la gauche. Arrivé à ce stade, le tableau se présente fort bien parce que, dans la première section, on peut écarter le Valet de pique et le 3 de coeur, déplacer vers la droite le 6 de coeur et le 3 de trèfle et éliminer le 8 de coeur et le 6 de pique. Dans la seconde section, on exile le Valet de pique et le 3 de trèfle, et le 7 de carreau descend. Dans la troisième section, on peut retirer le 3 de carreau soit avec le Valet de carreau, soit avec celui de trèfle. Etc.

Il est nécessaire, dans ce jeu, de faire preuve de perspicacité, et il vaut mieux garder un oeil attentif sur les quatre cartes du centre de la croix, parce qu'à moins qu'on ne puisse les réunir et les éliminer, le déplacement du tableau vers le centre pourrait être bloqué. Il s'avère très souvent peu sage de retirer une paire qu'il serait parfois préférable de garder en réserve. Comme il peut être nécessaire de garder en place une bonne carte pour pouvoir se débarrasser d'une autre qui entraverait tout mouvement au centre de la croix, il faudra procéder à des appariements et à des retraits judicieux, tout en rapprochant les autres cartes avec adresse. Les pièges sont nombreux vers la fin du jeu, et le joueur devra agir alors avec beaucoup de subtilité afin de les éviter.

## SAINTE-HÉLÈNE

Sainte-Hélène, ou la **Favorite de Napoléon,** est une patience à deux jeux où on utilise les deux paquets l'un après l'autre au lieu de les mélanger. Quoique le jeu fournisse au joueur l'occasion de démontrer son adresse et d'exercer sa mémoire, on doute vraiment, étant donné son extrême simplicité, qu'il ait été réellement la distraction favorite de Napoléon durant ses dernières années, ce qui lui aurait valu ces deux appellations.

Après avoir aligné sur deux rangées un As et un Roi de chaque famille, les Rois étant au-dessus des As, on dispose douze cartes dans le sens des aiguilles d'une montre en commençant à partir du dernier Roi à gauche, tel que le montre l'illustration.

On bâtit des familles ascendantes sur les Rois et descendantes sur les As, en tenant compte de la restriction suivante: les cartes des cases 1 à 4 ne peuvent être jouées que sur les Rois, celles des cases 7 à 10 vont uniquement sur les As, et celles des cases 5, 6, 11 et 12 sur les uns ou les autres, indifféremment.

Lorsque tous les déplacements sont terminés, on remplit les cases libérées avec des cartes provenant du paquet, et quand on ne peut plus en bouger aucune, on les recouvre de douze nouvelles cartes.

Une fois le paquet épuisé, la restriction est levée et les cartes des douze talons peuvent être placées sur l'une ou l'autre des souches. En outre, la carte supérieure de chaque talon peut recevoir des familles en ordre ascendant ou descendant.

Deux reprises sont autorisées. Les talons sont alors ramassés en sens inverse de leur formation, soit de 12 à 1, et retournés face contre table, ne façon que la dernière carte du douzième talon ramassé devienne la carte supérieure du nouveau paquet. On ne peut pas les mêler de nouveau.

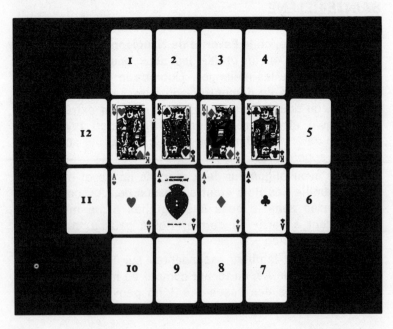

# LE SHAH

Le Shah, qu'on appelle également l'**Etoile,** est une patience à deux jeux qui doit ses deux noms à la disposition des cartes. Le Roi de coeur est placé au centre de la table et on retire du paquet les sept autres Rois dont on ne se servira pas. On dispose ensuite les huit As.

Le but du jeu est de bâtir sur les As des familles ascendantes jusqu'aux Dames, de telle sorte que le Roi de coeur (le Shah) soit entouré par les huit Dames (le harem).

On place une carte après chaque As. Si c'est un 2, il est déposé sur sa base et on comble l'espace vide. Il en va de même pour un 3 qui suivrait un 2 déjà placé sur sa fondation.

On dispose ainsi trois cartes derrière chacun des As; ce sont les pointes de l'étoile. Ensuite, on bâtit des familles ascendantes sur les cartes situées à l'extrémité de ces pointes.

Si, par exemple, le 4 de carreau va sur le 5 de carreau, le 8 de coeur ira sur le 9 de coeur, le 4 de trèfle sur le 5 de trèfle, le 8 de pique sur le 9 de pique, etc.

On retourne les cartes du paquet une par une, et celles qui ne peuvent être placées sur leur souche ou dans le tableau sont regroupées en un talon.

Si on a joué toutes les cartes d'une branche de l'étoile, on peut combler l'espace par une carte du cercle extérieur.

# LE SULTAN

Le Sultan qu'on appelle parfois, mais rarement, **l'Empereur d'Allemagne,** est une patience à deux jeux qui demande quelque habileté si on veut la réussir.

On retire du jeu les huit Rois et un As de coeur qu'on dispose selon le modèle illustré. A l'exception du Roi de coeur placé au centre, ils servent de souche à des familles montant jusqu'aux Dames, les As prenant place entre les Rois et les 2.

Tel qu'indiqué, on dispose de chaque côté des souches une colonne de quatre cartes. Ce sont les *divans* et les cartes qui les composent peuvent être placées sur leurs bases. Lorsqu'une carte a été jouée, on comble l'espace libéré avec une carte provenant soit du paquet, soit du talon. On n'est toutefois pas tenu de le faire immédiatement.

Les cartes du paquet sont retournées une par une et forment le talon. On a droit à deux reprises.

La disposition du divan est d'une grande importance. Règle générale, on évite de remplir un espace avec une carte dont on n'aura probablement pas besoin durant la présente donne. Si, par exemple, une famille est constituée jusqu'au 7 et que les deux 8 sont enterrés, on devra déposer les 9 et les cartes plus hautes sur le talon parce que si on les utilisait pour combler une case vacante du divan, ils seraient perdus.

## LE TAPIS INDIEN

Le Tapis Indien, également appelé la **Courtepointe** ou la **Couverture japonaise,** est une patience à deux jeux dont la disposition est fort attrayante. Un As et un Roi par famille sont alignés, comme bases, au centre de la table. En dessous, on alterne, verticalement et horizontalement, soixante-quatre cartes découvertes, en huit rangées de huit cartes chacune.

Il s'agit de regrouper des familles ascendantes sur les As et descendantes sur les Rois.

Toute carte du tableau peut être jouée, du moment qu'elle ne touche pas une autre carte par l'un ou l'autre de ses côtés les plus courts. Par exemple, le 2 de pique de la rangée supérieure peut rejoindre sa souche mais non le 2 de cœur. L'élimination du 2 de pique fait que le 5 de carreau et le Valet de pique seront disponibles un peu plus tard.

On ne remplit pas les espaces libérés et on ne peut bâtir les unes sur les autres les cartes du tableau. Les trente-deux cartes restantes sont retournées une par une et celles qu'on ne peut placer sur leurs bases forment le talon. Les cartes disponibles du tableau peuvent être bâties sur la carte supérieure du talon en familles ascendantes ou descendantes, «en tournant le coin».

On ne peut reprendre le talon qu'une seule fois.

# JEUX POUR
# DEUX PERSONNES

## ALL FOURS

Le All Fours, connu en Amérique sous le nom de **Old Sledge,** se joue à deux avec un paquet de cinquante-deux cartes dont l'As est la plus haute et le 2 la plus basse. Le joueur qui, le premier, accumule 7 points remporte la partie. On calcule les points de la façon suivante:

*Haute:* Le joueur qui reçoit l'atout le plus élevé gagne 1 point.

*Basse:* Le joueur qui reçoit l'atout le plus bas gagne également un point.

*Valet:* Le joueur qui remporte le Valet d'atout (s'il fait partie du jeu) compte un point.

*Partie:* Chaque joueur compte les honneurs compris dans les levées qu'il a remportées; à cette fin, l'As vaut 4, le Roi 3, la Dame 2, le Valet 1, et le 10 vaut 10 points. Celui qui a le plus haut total remporte 1 point, lequel, en cas d'égalité, revient au donneur.

Même si les points ne sont comptés qu'à la fin de la manche, on devrait quand même en tenir compte dès le début, parce qu'ils sont la raison d'être du jeu.

Chaque joueur reçoit deux fois trois cartes et on retourne la treizième qui détermine l'atout.

Le non-donneur doit annoncer s'il l'accepte ou la refuse. S'il dit «Je tiens», c'est qu'il accepte la retourne comme carte d'atout et il commence à jouer. Par contre, en déclarant «Je demande», il la refuse et le donneur peut accepter ou non cette proposition de désigner un autre atout. Pour s'y opposer, il déclare «Prends-en un». Le non-donneur se voit alors attribuer un point comme cadeau et entame le jeu. Pour accepter la suggestion de changer d'atout, le donneur dit «Je sers des cartes». Il en donne trois à son adversaire, en prend trois autres lui-même et retourne la carte suivante pour désigner un nouvel atout. Si celui-ci est de la même famille que le premier, il redistribue d'autres cartes et continue ainsi jusqu'à ce que l'atout soit d'une autre couleur. Dans l'éventualité, très rare mais non impossible, où tout le paquet est épuisé avant qu'on ait retourné un atout différent, le même joueur redonne des cartes. Si la retourne est un Valet il compte un point, et si, après qu'il ait servi des cartes, c'est encore un Valet, il marque de nouveau un point.

Le jeu débute une fois l'atout choisi. Quand il y a eu redistribution, les joueurs doivent écarter de façon à n'avoir que six cartes en main. Le non-donneur entame la première levée. Son adversaire doit fournir ou couper. Contrairement à de nombreux jeux, cependant, un joueur peut couper même s'il est capable de suivre dans la couleur demandée, mais il ne peut se défausser s'il possède une carte de la couleur d'entame. S'il le fait, il renonce à faux, et son adversaire remporte un point.

Le gagnant d'une levée commence la suivante et le jeu se poursuit jusqu'à ce que les six levées aient été faites. Les joueurs retournent leurs plis et calculent les Haute, Basse, Valet et Partie.

Ces quatre scores sont des éléments fondamentaux du jeu et on les marque lorsque la chose est possible. Si, par exemple, il n'y a qu'une carte d'atout dans le jeu, elle vaut 2 points parce qu'elle est à la fois la Haute et la Basse.

Les joueurs servent à tour de rôle.

Le ALL FOURS À QUATRE JOUEURS, qui se joue en deux équipes, se déroule de la même façon que le jeu précédent, sauf que le donneur et son adversaire de gauche examinent leurs cartes pour le choix de l'atout. C'est seulement après, que les deux autres joueurs regardent aussi leur jeu et peuvent participer.

Un joueur qui expose une carte peut se voir forcé par l'adversaire de déclarer son jeu.

Le SEVEN UP est une variante qui tire son nom de la façon dont on compte les points.

Les deux joueurs (ou les deux équipes s'ils sont quatre) commencent avec sept jetons chacun. Chaque fois qu'un joueur (ou une équipe) compte un point, il met un jeton de côté et celui qui s'est débarrassé de tous ses jetons le premier gagne la partie. Si tous deux finissent durant la même manche, le vainqueur est celui qui élimine l'autre lors du décompte des points pour les Haute, Basse, Valet et Partie.

Quant au ALL FIVE, il s'agit d'une autre version qui se joue en 61 points. Pour plus de facilité, on se sert d'une planchette de Cribbage pour compter les points.

Les règles sont les mêmes et on inscrit les points pour chacun des atouts suivants, remportés dans les levées: As = 4, Roi = 3, Dame = 2, Valet = 1, 10 = 10 et 5 = 5 points. A la fin de la manche, on calcule les honneurs comme au All Fours pour déterminer le score de la Partie; en outre, le joueur qui a gagné le 5 d'atout remporte 5 points de plus.

# LE BÉSIGUE

Le Bésigue se joue à deux avec deux paquets dont on a retiré toutes les cartes inférieures à 7. Les autres se succèdent dans l'ordre suivant: As, 10, Roi, Dame, Valet, 9, 8, 7.

Chacun des joueurs reçoit huit cartes par groupes de trois, deux et trois. Les quarante-huit cartes (le solde) sont placées sur la table, face cachée, et le donneur retourne la carte du dessus qui désigne l'atout.

Le non-donneur entame la première levée. Comme dans la plupart des autres jeux, c'est celui qui fait un pli qui commence le suivant; mais c'est une des caractéristiques du Bésigue qu'un joueur ne soit pas obligé de fournir à la couleur demandée. Le but du jeu est d'accumuler des points en déclarant certaines cartes et combinaisons auxquelles on attribue les valeurs suivantes:

*Double Bésigue* (500 points): deux Dames de pique et deux Valets de carreau (ou deux Dames de trèfle et deux Valets de coeur, si l'atout est à pique ou à carreau).

*Quinte majeure* (250 points): As, 10, Roi, Dame, Valet d'atout.

*Carré d'As* (100 points): quatre As (n'importe lesquels).

*Carré de Rois* (80 points): Quatre Rois (n'importe lesquels).

*Carré de Dames* (60 points): quatre Dames (n'importe lesquels).

*Carré de Valets* (40 points): quatre Valets (n'importe lesquels).

*Bésigue* (40 points): Une Dame de pique et un Valet de carreau (ou une Dame de trèfle et un Valet de coeur si l'atout est à pique ou à carreau).

*Mariage d'atout* (40 points): Roi et Dame d'atout.

*Mariage* (20 points): Roi et Dame d'une même couleur.

Un 7 d'atout échangé pour la retourne vaut 10 points, de même que le fait de la jouer.

Quand un joueur remporte une levée, il peut déclarer ses combinaisons en exposant les cartes correspondantes sur la table. Il peut faire autant de déclarations qu'il veut, à condition toutefois qu'elles ne se rapportent pas aux mêmes cartes. Si les cartes exposées s'intègrent à plus d'une combinaison, le joueur devra préciser celle pour laquelle il entend marquer des points et laisser l'autre sur la table jusqu'au moment où, faisant une autre levée, il pourra la compter. On ne peut marquer pour une carte qui fait déjà partie d'une déclaration similaire. Ainsi, par exemple, un joueur peut étaler un Roi de pique, une Dame de pique et un Valet de carreau et marquer 40 points pour un Bésigue, tout en annonçant «Vingt à compter», ce qui signifie qu'à la prochaine levée qu'il fera, il comptera encore 20 points pour le *Mariage* du Roi et de la Dame de pique. Il ne pourrait, par contre, déposer un second Valet de carreau et redéclarer un Bésigue avec la Dame de pique. Les cartes qui ont été déclarées et donc déposées sur la table font toujours partie de la main du joueur qui peut les utiliser pour d'autres levées.

Les plis remportés par un joueur devraient être regroupés et conservés, parce qu'à la fin d'une manche on inscrit 10 points pour chacun des As et des 10 ainsi gagnés. Ces cartes s'appellent des *brisques.*

Lorsque les deux joueurs ont fini une levée, ils complètent leur main en prenant une carte dans le solde; le gagnant prend celle du dessus et son adversaire tire la suivante.

Une fois le solde épuisé, on joue les huit dernières levées et le jeu revêt alors un aspect passablement différent. A partir de ce moment-là, les joueurs sont tenus de fournir lorsque la chose est possible, et de faire la levée. Il n'y a plus de déclaration, et il s'agit surtout de gagner des brisques et de remporter la dernière levée qui vaut également 10 points.

La donne revient à chaque joueur, alternativement, jusqu'à ce que l'un d'eux atteigne un nombre maximum de points fixé à l'avance, en général 2 000 points.

Il n'est guère possible d'inscrire convenablement les points avec un papier et un crayon. Il vaut mieux employer des marqueurs conçus spécialement pour le Bésigue: ils sont faits de carton mince et portent des repères semblables à ceux d'une horloge.

Dans l'illustration ci-dessous, les mains, jouées par deux joueurs expérimentés, illustrent plusieurs des aspects les plus subtils d'une bonne partie.

Sud a donné et les mains sont ainsi constituées:

La retourne étant le 10 de trèfle, c'est donc le trèfle qui est atout.

Cette retourne est une carte importante parce que, venant immédiatement après l'As, elle est une des plus hautes cartes de la séquence.

Ce qui caractérise la main de Nord, c'est qu'il possède deux cartes d'une même famille (la Dame et le Valet de trèfle), un 7 d'atout qu'il pourra échanger contre le précieux 10, et trois Dames qui lui permettront fort probablement d'annoncer un *Carré de Dames*.

Quant à Sud, il a en main une Dame de Bésigue (la Dame de pique) et trois petites cartes d'atout, y compris le 7; mais, bien entendu, Sud ne sait pas encore que, Nord ayant les deux Dames d'atout, il ne pourra donc bâtir une séquence. Sud joue le premier, et il est nécessaire pour lui de faire le pli afin de pouvoir échanger le 7 de trèfle contre le 10. Un joueur inexpérimenté pourrait être tenté d'entamer avec une carte banale, comme le 7 de coeur, espérant que Nord n'aura rien à déclarer et refusera de faire la levée. C'est là toutefois une approche vraiment simpliste, et le meilleur jeu pour Sud, s'il veut faire la levée et déclarer, consiste à attaquer avec sa plus forte carte d'atout faisant partie d'une séquence. Aussi . . .

*Première levée:* Sud entame avec le 9 de trèfle. Nord, conscient de l'importance de la retourne, gagne avec la Dame de trèfle. C'est ce qu'il peut faire de mieux, quoique cela diminue ses chances d'annoncer un Carré de Dames; en outre, ce faisant, il informe Sud qu'il a, en principe, peu de chances de pouvoir bâtir une séquence, parce qu'il ne jouerait probablement pas une carte appartenant à une séquence s'il ne l'avait en double. Nord échange le 7 de trèfle contre la retourne et compte 10 points. Il tire le Roi de trèfle (réunissant ainsi pas moins de quatre des cinq cartes que comprend une séquence) et Sud ramasse le 9 de coeur.

*Deuxième levée:* Nord entame avec le 9 de carreau et Sud joue le 7 de coeur. Nord annonce un Mariage d'atout et gagne 40 points, pour un total de 50. Nord tire le Roi de coeur et Sud prend l'As de coeur.

*Troisième levée:* Nord joue le 7 de coeur et Sud, le 9 de carreau. Nord annonce un Mariage en coeur et compte 20 points, en accumulant ainsi 70. Il tire l'As de trèfle et Sud, le Valet de coeur.

*Quatrième levée:* Nord a maintenant en main une *Quinte majeure,* mais avant de pouvoir l'annoncer, il lui faut faire une levée. Il doit jouer en coeur et il choisit la Dame. Indubitablement, c'est là la meilleure attaque. L'As de coeur n'est pas une bonne entame parce que s'il est coupé, Nord perd une brisque; et il vaut mieux pour lui d'essayer d'avoir quatre Rois plutôt que quatre Dames, parce que non seulement ils valent 20 points de plus, mais parce que, comme Nord a déjà joué une Dame, ses chances d'en tirer une autre sont légèrement moindres que pour un Roi. Sud joue le 9 de coeur. Nord étale l'As, le 10 et le Valet de trèfle et obtient

250 points pour la Quinte, atteignant ainsi un total de 320 points. Sud n'a encore rien marqué. Nord tire le 10 de pique et Sud, le Valet de carreau.

A ce stade-ci, les mains sont les suivantes:

Nord

Main

Table

Sud

Main

*Cinquième levée:* les cartes d'atout que possède Nord n'ont désormais plus autant d'importance et il peut les jouer s'il le veut. Si les deux Rois lui étaient essentiels, c'est parce qu'il voulait les conserver en vue d'une série de Rois, et c'est là une mauvaise tactique que de changer d'idée durant la partie. Les As et les 10 sont généralement importants puisque ce sont des brisques. Aussi Nord joue-t-il le Valet de trèfle. Sud a un Bésigue en main, mais malheureusement, il ne peut faire une levée et le déclarer. Ce qu'il a de mieux à faire, c'est de jouer le Valet de coeur. Nord tire le 8 de carreau et Sud, la Dame de carreau.

*Sixième levée:* Nord entame avec le 8 de carreau que Sud emporte avec le 10 de carreau, gagnant ainsi une brisque et pouvant déclarer son Bésigue. Les 40 points qu'obtient Sud pour cette combinaison constituent son premier gain et il est loin derrière Nord qui a accumulé, pour sa part, 320 points. Sud tire le 10 de coeur et Nord, l'As de trèfle.

*Septième levée:* Sud a maintenant l'entame. Il choisit le 7 de trèfle et compte 10 points pour un total de 50. C'est le meilleur jeu parce que l'un ou l'autre des coeurs aurait probablement été coupé, entraînant ainsi la perte d'une brisque. D'autre part, il devait tenir compte d'un éventuel Carré de Dames et, enfin, il était hors de question d'attaquer avec le Valet de carreau, étant donné qu'il a toujours la possibilité de déclarer un double Bésigue. Nord est plus ou moins forcé de faire la levée en jouant la Dame de trèfle. Il tire le 8 de carreau et Sud, la Dame de pique.

*Huitième levée:* Nord dépose le 8 de carreau et Sud l'emporte avec le 8 de trèfle et déclare un Carré de Dames (60 points), ce qui lui donne un total de 110. Nord demeure le premier avec 320 points, mais il note avec une certaine inquiétude que Sud pourrait annoncer un double Bésigue s'il avait la chance de tirer l'autre Valet de carreau. Sud tire le 9 de pique et Nord, le 8 de pique.

*Neuvième levée:* Sud joue le 9 de pique que Nord bat avec le 10 de pique. Nord tire le Valet de pique et Sud ramasse le 8 de pique.

*Dixième levée:* Nord joue le 8 de pique, Sud dépose l'autre 8 de pique. Nord tire le 8 de coeur, tandis que Sud prend le Valet de coeur.

*Onzième levée:* Nord entame avec le 8 de coeur que Sud recouvre avec le 10 de coeur. Sud tire le Roi de carreau et Nord, le 8 de coeur.

A ce moment-ci, les mains se présentent comme suit:

Nord a 320 points et Sud en a 110.

*Douzième levée:* Sud joue le Valet de coeur et Nord, le 8 de coeur. Ce n'aurait pas été une bonne chose pour lui de jouer son As de coeur parce que même s'il pouvait ainsi obtenir une brisque, il a davantage intérêt à conserver ses trois As en prévision du quatrième. Sud abat son Roi de carreau, annonce un Mariage qui vaut 20 points, pour un total de 130 points. Il tire le 7 de pique et Nord, l'As de pique.

*Treizième levée:* Sud dépose le 7 de pique. Nord gagne avec le Valet de pique et déclare un *Carré d'As* (100 points). Il a maintenant accumulé 420 points et détient une nette avance sur Sud qui n'en a que 130. Nord ramasse le Valet de trèfle et Sud, le 9 de pique.

Les mains sont maintenant les suivantes:

et la main de Sud avec ses trois cartes de Bésigue n'est pas sans offrir certaines possibilités.

*Quatorzième levée:* Nord joue le Valet de trèfle et Sud abat le 9 de pique. Nord tire le Valet de pique et Sud, le 9 de coeur.

*Quinzième levée:* Nord entame avec le Valet de pique, Sud répond avec le 9 de coeur. Nord tire le Roi de trèfle, Sud prend le Valet de carreau.

*Seizième levée:* maintenant, bien sûr, le jeu change du tout au tout puisque Sud a en main un double Bésigue, quoiqu'il lui faille faire une levée avant de pouvoir le déclarer. Si le solde tire à sa fin, il vaut mieux pour Nord de jouer en atout afin d'empêcher Sud de faire une levée. Le jeu n'étant cependant pas encore assez avancé pour une telle tactique, Nord joue l'As de pique en espérant qu'il ne sera pas coupé, et Sud qui n'a pas d'atout en main se défausse de la Dame de carreau, déjà mariée. Nord tire le 10 de carreau et Sud, le 10 de trèfle, une carte vitale.

*Dix-septième levée:* Nord qui soupçonne maintenant Sud d'avoir un double Bésigue joue l'As de coeur, espérant toujours que Sud manque encore d'atout. Cette fois, cependant, son espoir est déçu puisque, bien sûr, Sud remporte la levée avec le 10 de trèfle et annonce un double Bésigue. Les 500 points attribués à cette combinaison lui permettent d'en avoir maintenant 630 et lui donnent une avance de 210 points sur Nord qui n'en a accumulé que 420. Sud tire l'As de pique et Nord, le Roi.

*Dix-huitième levée:* Sud qui n'a plus besoin de ses Valets pour le Bésigue joue celui de carreau. Nord l'emporte avec le 10 de carreau et déclare un *Carré de Rois* (80 points), atteignant un total de 500 points. Il tire le 9 de trèfle et Sud, l'As de carreau.

*Dix-neuvième levée:* Nord entame avec le 9 de trèfle et Sud dépose le Valet de carreau. Nord tire le 8 de trèfle et Sud ramasse l'As de carreau.

Les mains sont maintenant celles-ci:

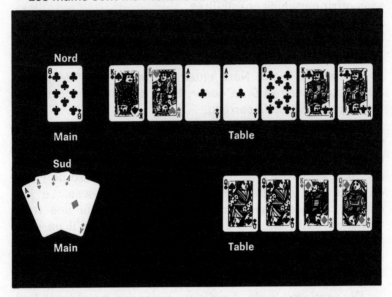

Nord

Main            Table

Sud

Main            Table

*Vingtième levée:* Nord se doute maintenant que Sud est sur le point d'annoncer un Carré d'As. Il lui faut donc user d'une tactique agressive et comme l'autre 10 de trèfle a été joué, ses cartes d'atout sont toutes gagnantes. Il les jouera donc pour empêcher Sud de déclarer. Nord dépose l'As de trèfle, Sud joue la Dame de pique. Nord ramasse le 7 de carreau et Sud tire l'autre 7.

*Vingt-et-unième levée:* Nord joue l'As de trèfle et Sud, le 7 de carreau. Nord tire la Dame de coeur, tandis que Sud a le 10 de pique.

*Vingt-deuxième levée:* Nord attaque avec le 10 de trèfle et Sud joue la Dame de pique. Nord annonce un mariage en coeur qui vaut 20 points et en a maintenant 520. Il tire le Roi de pique et Sud ramasse le 7 de pique.

*Vingt-troisième levée:* Nord dépose le Roi de trèfle et Sud, le 7 de pique. Nord tire le Roi de carreau et Sud prend le 10 de coeur.

*Vingt-quatrième et dernière levée:* Nord joue le Roi de trèfle et Sud répond avec la Dame de carreau. Nord obtient 10 points pour cette dernière levée pour un total de 530. Sud, pour sa part, en a accumulé 630, et, à partir du moment où il a déclaré un double Bésigue, Nord avait fort peu de chance de l'emporter. Il a toutefois réussi à empêcher Sud de déclarer un Carré d'As et ainsi d'obtenir 100 points de plus. Nord tire le Roi de coeur et Sud ramasse le 7 de trèfle, exposé sur la table.

Après qu'ils aient pris ces deux cartes, les mains des joueurs sont les suivantes:

Nord     Sud

Les huit dernières levées se sont déroulées de la façon suivante:

| Nord | Sud |
|------|-----|
| Roi de coeur | **As de coeur** |
| 7 de carreau | **As de carreau** |
| Roi de carreau | **As de carreau** |
| Roi de pique | **As de pique** |
| Dame de coeur | **10 de coeur** |
| Roi de pique | **10 de pique** |
| **8 de trèfle** | Roi de carreau |
| Roi de coeur | **7 de trèfle** |

**Dans ce résumé, la carte en caractères gras est celle qui a remporté la levée, son détenteur entamant donc la suivante. Cette convention a été appliquée partout dans le livre.**

Sud a eu la chance de gagner toutes ses brisques, ce qui lui a donné 100 points de plus; Nord en a remporté six, obtenant 60 points supplémentaires. Le total définitif est le suivant: Sud remporte la partie avec 730 points et Nord termine avec 590.

Cette partie qui s'est révélée fort subtile mérite d'être étudiée attentivement parce qu'elle démontre l'importance d'un jeu conçu en fonction du double Bésigue. Durant la première moitié, Nord dominait; mais après que Sud ait remporté la plus haute marque prévue à ce jeu, il lui a été pratiquement impossible de gagner et tous ses efforts n'ont eu pour but que d'empêcher Sud d'augmenter son avance. Le jeu adroit de Nord a réduit cette avance de 210 points qu'elle était à la dix-septième levée, à 140 points.

L'avantage que comporte le BÉSIGUE RUBICON sur le jeu précédent, c'est que, dès 1887, un comité du Club de Portland établissait les règles qui le régissent.

Il ressemble beaucoup au Bésigue ordinaire et, comme lui, se joue à deux; toutefois, on se sert de quatre paquets de cartes au lieu de deux. Il existe également certaines différences au niveau des préliminaires, du pointage et du déroulement de la partie.

Tout d'abord, les joueurs reçoivent neuf cartes et non huit, une à la fois ou par groupes de trois; comme, d'autre part, on ne retourne pas la carte supérieure du solde, le 7 d'atout perd toute signification particulière.

Au pointage déjà décrit du Bésigue ordinaire, on ajoute les éléments suivants:

*Carte blanche* (50 points): si l'un des joueurs a une main sans figure, il est autorisé à marquer pour une carte blanche. En fait, les deux joueurs peuvent le faire. Toutefois, avant de marquer, il faudra montrer sa main à l'adversaire. Par la suite, chaque fois qu'il tirera une carte qui n'est pas une figure, le joueur pourra la montrer de nouveau à son adversaire et compter 50 points.

*Quinte «porte arrière»* (150 points): As, 10, Roi, Dame et Valet d'une autre couleur que l'atout.

*Triple Bésigue* (1 500 points): trois Dames de pique et trois Valets de carreau (ou Dames de trèfle et Valets de coeur si l'atout est en pique ou en carreau).

*Quadruple Bésigue* (4 500 points): quatre Dames de pique et quatre Valets de carreau (ou Dames de trèfle et Valets de coeur si l'atout est en pique ou en carreau).

*Dernière levée* (50 points).

Quant au jeu lui-même, diffèrent du Bésigue ordinaire ces quelques points essentiels:

1) La partie se joue en une seule manche.

2) C'est le premier Mariage ou la première Quinte annoncé par l'un ou l'autre joueur qui détermine l'atout.

3) Les levées demeurent exposées sur la table jusqu'au moment où une brisque est jouée. Après quoi, on regroupe les levées qu'on retournera comme à l'ordinaire.

4) Si on a joué une carte provenant d'une combinaison déjà déclarée, on peut par la suite recompléter cette combinaison avec une carte correspondante et compter de nouveau pour cette déclaration.

5) Si un joueur déclare deux Mariages de la même couleur, il peut en disposer autrement les Rois et les Dames et annoncer deux Mariages de plus.

6) Les brisques ne comptent pas, sauf pour briser une égalité ou pour empêcher un joueur d'être «rubicon».

7) Si un joueur n'atteint pas 1 000 points, il est «rubicon». Son score est ajouté (et non soustrait) à celui de son adversaire qui reçoit en plus 1 300 points (et non 500) pour la partie. De plus, si un joueur n'a pu accumuler 100 points, le gagnant se voit attribuer une prime de 100 points.

Au BÉSIGUE À TROIS, on utilise trois jeux de cartes et les participants jouent les uns contre les autres. Le jeu est identique au Bésigue ordinaire avec, en plus, un triple Bésigue qui vaut 1 500 points.

Le BÉSIGUE À QUATRE se joue avec six paquets ou un total de 192 cartes. Les joueurs se préparent en deux équipes.

Le donneur empile vingt-quatre cartes muettes et les recouvre d'un marqueur, afin que les joueurs soient avisés lorsque le solde tirera à sa fin. Ensuite, il distribue neuf cartes à chacun et place le reste du paquet (132 cartes en tout) face cachée, par-dessus le marqueur.

En général, on joue de la même façon qu'au Bésigue Rubicon, avec toutefois certaines différences au niveau du pointage et des déclarations:

*Carte blanche:* 1 000 points.

*Double carte blanche* (500 points): Les deux partenaires ont reçu une main sans figure.

*Quintuple Bésigue* (13 500 points): Cinq Dames de pique et cinq Valets de carreau (ou Dames de trèfle et Valets de coeur si l'atout est en pique ou en carreau).

*Sextuple Bésigue:* cette combinaison est tellement rare qu'on ne lui a pas attribué de points. Mais si cela arrivait, sa valeur exacte est de 40 500 points.

*Carré d'As:* 1 000 points

*Carré de 10:* 900 points

*Carré de Rois:* 800 points

*Carré de Dames:* 600 points

*Carré de Valets:* 400 points

La prime du vainqueur est de 1 000 points, le rubicon est établi à 2 500 points et les brisques ne comptent pas.

Quant au reste, on applique le même pointage qu'au Bésigue Rubicon. Toutefois, le fait de jouer en équipe introduit deux éléments nouveaux dans la façon de déclarer. Tout d'abord, après avoir fait une levée, un joueur peut déclarer ou laisser ce droit à son partenaire. En second lieu, un joueur peut faire une annonce avec ses propres cartes (y compris celles qu'il a déjà déclarées et placées sur la table) ou avec une ou plusieurs de ses cartes et une ou plusieurs de celles déclarées par son partenaire. En fait, étant donné qu'un joueur n'a que neuf cartes en main, il ne peut déclarer un quintuple Bésigue (de même qu'un sextuple, si jamais cela arrive) qu'avec l'aide de son partenaire.

Le joueur à la gauche du donneur entame la première levée.

Compte tenu de ces modifications, le jeu se déroule comme au Bésigue Rubicon.

Le BÉSIGUE À SIX PAQUETS, qu'on appelle parfois mais rarement le **Bésigue chinois,** se joue à deux et on le considère habituellement comme le plus populaire de la famille du Bésigue. Sir Winston Churchill en était un joueur assidu et fort habile.

Après avoir brassé ensemble les six paquets, les joueurs déterminent leur place et le droit à la donne en coupant. Le privilège de choisir revient à celui qui coupe la carte la plus haute, et il se montrerait avisé en laissant la donne à son adversaire parce qu'elle comporte un léger désavantage. Si les cartes sont de valeur identique, les joueurs coupent de nouveau.

Le donneur prend au hasard un certain nombre de cartes sur le dessus du paquet et son adversaire doit deviner combien il en a ramassées. Si son estimation est juste, il inscrit 150 points. Le donneur donne douze cartes, l'une après l'autre, à son adversaire et à lui-même, et s'il a ramassé exactement vingt-quatre cartes, il marque 250 points.

Il n'y a pas de retourne pour déterminer l'atout. Tout comme au Bésigue Rubicon, il est établi par le premier Mariage ou la première Quinte que déclare l'un des deux joueurs.

Les déclarations se comptent comme suit:

*Quinte majeure d'atout:* 250 points

*Quinte «porte arrière»:* 150 points

*Mariage d'atout:* 40 points

*Mariage:* 20 points
*Bésigue:* 40 points
*Double Bésigue:* 500 points
*Triple Bésigue:* 1 500 points
*Quadruple Bésigue:*
   4 500 points

Selon l'atout, ces Bésigues comprennent: en pique, Dame de pique et Valet de carreau; en carreau, Dame de carreau et Valet de pique; en coeur, Dame de coeur et Valet de trèfle; en trèfle, Dame de trèfle et Valet de coeur.

*Carré d'As d'atout:*
1 000 points
*Carré de 10 d'atout:*
900 points
*Carré de Valets d'atout:*
400 points
*Carré d'As:* 100 points
*Carré de Rois:* 80 points

*Carré de Rois d'atout:*
800 points
*Carré de Dames d'atout:*
600 points

*Carré de Dames:* 60 points
*Carré de Valets:* 40 points
*Carte blanche:* 250 points

Le non-donneur entame la première levée. Il n'est pas obligatoire de jouer dans la couleur demandée et la carte d'entame fait la levée à moins que l'adversaire ne joue une carte plus haute de la même famille ou ne coupe. Comme on ne compte pas de points pour les brisques ni pour les levées remportées, il n'est pas nécessaire de regrouper et de retourner celles-ci et on les empile, face découverte. Le gagnant d'une levée peut compter pour une déclaration. Il ramasse la carte supérieure du paquet (le perdant prend la suivante) et entame la prochaine levée.

On déclare en étalant les cartes correspondantes, face visible, sur la table où on les laisse ainsi afin de pouvoir les jouer de nouveau comme si elles faisaient encore partie de la main. On inscrit les déclarations au moment où on les expose, et la même carte peut être comptée plus d'une fois dans une déclaration.

Chaque manche constitue une partie en elle-même et le vainqueur est celui qui obtient le plus haut score. Il reçoit une prime de 1 000 points, et son adversaire est rubicon s'il a accumulé moins de 3 000 points.

Le BÉSIGUE À HUIT PAQUETS est identique au Bésigue précédent, compte tenu du nombre accru de cartes et des différences suivantes:

1) Chaque joueur reçoit quinze cartes.

2) La valeur des Bésigues est la suivante:

*Bésigue:* 50 points
*Double Bésigue:* 500 points
*Triple Bésigue:* 1 500 points
*Quadruple Bésigue:* 4 500 points
*Quintuple Bésigue:* 9 000 points

3) En atout, les points se comptent ainsi:

*Cinq As:* 2 000 points
*Cinq 10:* 1 800 points
*Cinq Rois:* 1 600 points
*Cinq Valets:* 800 points

4) Un joueur qui n'atteint pas 5 000 points est rubicon.

## BRIDGE LUNE DE MIEL

Après que chaque joueur ait reçu treize cartes, on place le solde entre eux, face au tapis.

Le non-donneur débute la première levée et l'entame reviendra ensuite au gagnant de chaque pli. Les joueurs sont tenus de fournir. Celui qui fait une levée tire la première carte du solde, le perdant prend la suivante. Les treize premières levées sont jouées sans atout et ne comptent pas pour la marque finale.

Quand il ne reste plus de cartes dans le solde, les deux joueurs, en commençant par le donneur, doivent déclarer tout comme au Bridge, jusqu'à ce que l'un d'eux passe, contre ou surcontre. Celui qui n'a pas fait la dernière enchère entame alors la première levée et le jeu se poursuit comme une partie de Bridge ordinaire, sauf que les participants ne sont que deux au lieu de quatre. Les points sont calculés de la même façon qu'au Bridge.

Si un joueur renonce à faux durant les treize premières levées, se sert dans le solde quand ce n'est pas son tour ou voit plus d'une carte au moment où il tire, son adversaire a le droit, lorsque c'est à lui de prendre dans le solde, de regarder les deux cartes du dessus et de choisir celle qui lui convient. Dans le cas des autres irrégularités, ce sont les règles du Bridge qui s'appliquent.

Dans le BRIDGE LUNE DE MIEL AVEC VEUVE, les joueurs s'asseoient côte à côte et on répartit les cartes en quatre mains de douze cartes chacune (comme au Bridge ordinaire). Les quatre dernières (la veuve) sont placées, couvertes, au centre de la table.

Les joueurs déclarent tout comme au Bridge, le donneur étant le premier à ce faire; si l'un d'eux passe, contre ou surcontre, le gagnant de la déclaration ramasse la veuve et, sans la montrer à son adversaire, y prend une carte pour sa main, une autre pour sa «main fermée» et donne les deux autres au second joueur qui les partage de la même façon.

Le joueur qui a gagné la déclaration peut demander à son adversaire d'entamer la manche avec une carte provenant soit de sa main, soit de sa main fermée.

La partie et le pointage se déroulent ensuite comme au Bridge.

Au BRIDGE LUNE DE MIEL SEMI-DÉCOUVERT, les joueurs s'asseoient encore l'un à côté de l'autre et les cartes sont distribuées comme au Bridge, avec la différence suivante: les six premières cartes des deux mains fermées sont alignées, face au tapis, et à moitié recouvertes par six cartes exposées. La dernière, qui reste seule, est également découverte.

Le donneur déclare le premier, et cette étape de la partie

se termine quand un joueur passe, contre ou surcontre. On entame la première levée avec une carte prise dans la main déposée à la gauche du joueur qui a remporté l'enchère. Nonobstant le fait qu'un joueur ne peut prendre dans sa main fermée qu'une carte exposée, la partie et le pointage sont les mêmes qu'au Bridge. Après avoir joué une carte découverte, on peut retourner celle qui se trouvait en dessous et la jouer le moment venu.

## CALIFORNIA JACK

Le California Jack se joue avec un paquet de cinquante-deux cartes, dont l'As est la plus haute et le 2 la plus basse. C'est un jeu pour deux personnes qui dérive du All Fours (voir p. 51), mais qu'on considère généralement comme en étant une version améliorée.

Une bonne main au California Jack: elle contient deux cartes permettant de faire une levée et trois autres beaucoup moins valables.

L'adversaire coupe et retourne la carte du dessus qui désigne l'atout. Le donneur distribue six cartes à chacun, une par une, et place le restant du paquet, face découverte, sur la table en prenant soin de l'égaliser pour que seule la carte supérieure soit visible.

L'adversaire entame la première levée. Le gagnant d'une levée prend la première carte du paquet, le perdant ramassant la suivante. Un joueur doit suivre s'il le peut, et il perd un point quand il renonce à faux.

Lorsque le solde est épuisé et qu'on a joué les six dernières cartes, les levées remportées par chacun sont examinées; on compte un point pour avoir gagné la *Haute* (As d'atout), la *Basse* (2 d'atout), le *Valet* (Valet d'atout) et la *Partie* (le maximum de points obtenus). A cette fin, chaque As vaut 4 points, chaque Roi 3 points, chaque Dame 2 points chaque Valet 1 point, et chaque 10 en vaut 10.

La partie revient au premier joueur qui accumule 10 points.

Le joueur devrait conserver à la fois les bonnes et mauvaises cartes de sa main parce que si la carte visible du solde s'avère intéressante, il souhaitera l'obtenir, tandis que, dans le cas contraire, il préférera perdre la levée au cas où la prochaine carte lui conviendrait davantage. Les 10 sont, bien sûr, les cartes à rechercher.

Le SHASTA SAM est une variante du California Jack; au lieu d'exposer le solde, on le laisse face contre table. Le jeu requiert évidemment moins d'adresse, le gagnant d'une levée ne pouvant savoir quelle carte il va tirer.

# LE CASINO

Le Casino (qu'on orthographie parfois à tort Cassino) se joue habituellement à deux, avec un paquet de cinquante-deux cartes, mais on peut aussi y jouer à trois ou à quatre. La seule différence réside dans le fait que si les joueurs sont au nombre de trois, ils jouent les uns contre les autres, tandis que s'ils sont quatre, ils se séparent en deux équipes.

Le donneur sert deux cartes muettes à son adversaire, deux découvertes à la table et deux muettes à lui-même. Il recommence une autre fois, pour que chaque joueur ait quatre cartes en main et qu'il y en ait également quatre, découvertes (constituant le tableau), sur la table. Les quarante cartes qui restent (le solde) sont placées face au tapis.

Les cartes numériques conservent leur propre valeur, tandis que les As comptant pour 1 et que les figures, qui sont sans valeur, vont par paires.

Le but du jeu est de remporter des cartes dont la valeur est la suivante:

| | |
|---|---|
| *10 de carreau (Grand Casino):* | 2 points |
| *2 de pique (Petit Casino):* | 1 point |
| *La majorité des cartes (27 ou plus):* | 3 points |
| *La majorité des piques (7 ou plus):* | 1 point |
| *Chaque As:* | 1 point |
| *Toutes les cartes du tableau (Balayage):* | 1 point |

En commençant par le non-donneur, les joueurs abattent une carte à tour de rôle jusqu'à ce qu'ils aient épuisé leurs quatre cartes. A ce moment-là, le même donneur en redistribue quatre autres à son adversaire et à lui-même, mais n'en ajoute pas au tableau. Le jeu se poursuit de la sorte jusqu'à ce qu'il ait ainsi donné tout le paquet. Il faut cependant six donnes pour compléter la partie, et avant de procéder à la dernière distribution le donneur doit l'annoncer. S'il ne le fait pas, son adversaire a le droit d'annuler la donne.

Lorsqu'un joueur joue une carte de sa main, il a le choix entre plusieurs possibilités.

Il peut *faire des paires:* si, par exemple, le tableau comprend un ou plusieurs 5, il peut jouer un 5 de sa main et faire une levée en ramassant celui ou ceux de la table et en les ajoutant au sien. Toutefois, une figure ne peut être couplée qu'avec une seule carte de même valeur, à la fois.

**73**

Il peut *combiner:* c'est une prolongation de l'appariement qui permet à un joueur de ramasser des cartes du tableau dont le total correspond à celui d'une carte qu'il a en main. Ainsi, un joueur qui joue un 9 peut prendre sur la table un 7 et un 2, ou un 6 et un 3, ou encore ces quatre cartes si elles y sont toutes.

Il peut *bâtir:* il s'agit d'ajouter une carte à une autre du tableau, le total des deux correspondant à la valeur d'une troisième en main, ce qui permettra de les ramasser. Si, par exemple, un joueur détient un 9 et un 2 et qu'il y a un 7 sur la table, il peut bâtir le 2 sur le 7 et la prochaine fois qu'il jouera (à condition que son adversaire ne l'ait pas devancé), il pourra abattre le 9 et ramasser les trois cartes comme levée. La *bâtisse* peut être complétée par l'un ou l'autre joueur jusqu'à un maximum de cinq cartes, mais elle est ramassée en un tout. Le joueur qui bâtit doit prendre la combinaison au tour suivant, à moins qu'il ne préfère gagner autre chose ou qu'il décide de faire une autre bâtisse.

Il peut *annoncer:* par cette prolongation de la bâtisse, un joueur peut «réserver» une ou plusieurs combinaisons en vue d'une prochaine prise. Ainsi, un joueur qui a, par exemple, deux 8 en main alors qu'un 5 et un 3 sont sur la table (voir l'illustration), pourra évidemment combiner l'un de ses 8 avec le 5 et le 3; mais il n'aurait alors qu'une levée de trois cartes. Par conséquent, il fera mieux de jouer un de ses 8 en annonçant «huit», et lorsque ce sera de nouveau son tour, si son adversaire ne l'a pas devancé, il jouera son second 8 et ramassera les quatre cartes en une seule levée.

Lorsqu'un joueur ne peut faire de paires, combiner, bâtir ou annoncer, il doit verser l'une de ses cartes au tableau. Cela s'appelle *laisser une piste.* Il vaut mieux jouer une petite carte, mais en aucun cas ni un As, ni un petit Casino, ni un pique.

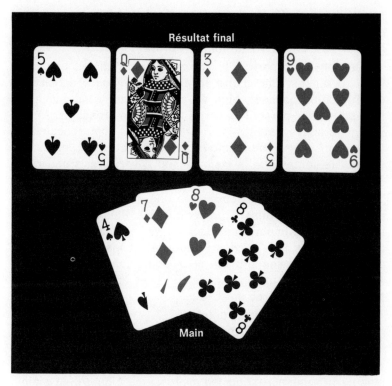

Résultat final

Main

Lorsque les huit cartes ont été jouées, celles qui restent sur le tapis appartiennent au vainqueur de la dernière levée, mais ne comptent pas pour un balayage.

Le jeu se termine ainsi et les joueurs n'ont plus qu'à examiner leurs levées et à compter les points.

Une bâtisse mal construite n'entraîne pas de pénalité, non plus que le fait de ramasser des cartes auxquelles on n'a pas droit, parce que l'adversaire à l'occasion de voir l'erreur et de demander qu'elle soit corrigée. Toutefois, si un joueur bâtit sans avoir en main la carte qui lui permet de ramasser ou qu'il laisse un piste alors qu'il a une bâtisse sur la table, il perd ce jeu. Si une carte du paquet est dé-couverte ou si le donneur expose une carte durant la distribution — sauf s'il s'agit de celles du tableau —, cette carte est ajoutée au tableau et le donneur joue avec une main contenant moins de quatre cartes.

On considère parfois le Casino comme un jeu pour enfant, ce qui est loin d'être le cas. Les joueurs de cartes expérimentés pensent, bien au contraire, qu'il est l'un des jeux pour deux personnes parmi les plus intéressants, et on y engage souvent des mises fort élevées. Pour réussir, un joueur doit jouir d'une mémoire fabuleuse et être capable de deviner le contenu de la main de son adversaire, à partir de la carte que celui-ci vient de jouer.

Le CASINO ROYAL représente une amélioration par rapport au Casino ordinaire parce que les figures y tiennent une place plus importante. Les As valent 1 ou 14 (au gré du joueur), les Rois 13, les Dames 12, et les Valets 11; on peut également les utiliser pour combiner ou pour bâtir. Ainsi, une Dame peut ramasser un 8 et un 4, Un Roi peut prendre un 6, un 4 et un 3, etc.

La partie se joue en 21 points.

Au CASINO À LA TIRE, après la première distribution, les quarante cartes restantes sont placées muettes sur la table et constituent le solde. Après avoir joué, chacun des joueurs tire une carte pour en avoir toujours quatre en main. Quand le solde est épuisé, on finit de jouer les mains et on compte les points comme à l'ordinaire.

Le CASINO AUX PIQUES se joue comme le Casino royal (ci-dessus) ou comme le Casino ordinaire, avec la différence suivante: l'As, le Valet et le 2 de pique valent 2 points chacun et tous les autres piques comptent pour 1 point.

La partie se joue en 61 points et on considère habituellement qu'il vaut mieux se servir d'un tableau de Cribbage pour inscrire le pointage.

## LE COLONEL

Le Colonel est une version pour deux joueurs du Coon-

Can (voir p.255). On emploie un paquet de cinquante-deux cartes, et chacun en reçoit dix, une par une. Le reste du paquet est placé à l'envers entre les deux joueurs, et la carte du dessus (carte facultative) est retournée et déposée à côté du solde.

Le but du jeu est de former des *séquences* ou des *séries* de trois ou quatre cartes de même valeur, et de les déclarer en les étalant sur la table. La partie se termine lorsqu'un joueur a déclaré toutes ses cartes. Une séquence se compose d'au moins trois cartes, mais une fois qu'elle a été déclarée tout joueur peut la compléter lorsque c'est à lui de jouer. Il en va de même pour les séries; si trois cartes sont déjà exposées, l'un ou l'autre joueur peut y ajouter la quatrième.

Le non-donneur ouvre la partie. Il tire soit la carte facultative, soit celle du dessus du solde, déclare toute séquence ou série qu'il possède, puis écarte. Il déposera sa carte sur la carte facultative ou à sa place, si elle a déjà été ramassée. Le donneur joue ensuite. Il a le choix entre la carte rejetée par son adversaire et celle du solde.

Comme on peut le voir, le jeu est très simple. A tour de rôle, les joueurs ramassent soit la carte supérieure du solde, soit celle écartée par l'adversaire, déclarant, le cas échéant, séries et séquences, complètent les combinaisons déjà déposées par tous deux, et écartent. L'As est la plus forte carte d'une séquence. Un joueur n'est nullement obligé de déclarer; de fait, il est de fort bonne guerre de conserver ses combinaisons le plus longtemps possible pour essayer d'étaler la main en une seule fois. Cette façon de procéder diminue les chances de l'adversaire de déclarer toutes ses cartes, mais il ne faut pas oublier que c'est une arme à deux tranchants: un joueur qui évite de déposer ses cartes lorsqu'il le peut, risque de voir son adversaire disposer les siennes avant lui.

Quand un joueur a déclaré toute sa main, son adversaire

perd des points pour chacune des cartes qui lui restent. L'As, le Roi, la Dame et le Valet comptent chacun pour 10 points, tandis que les autres cartes conservent leur valeur naturelle.

Si le solde est épuisé avant que l'un ou l'autre joueur ait complètement déclaré, les deux adversaires se montrent les cartes qui leur restent, et celui qui a le total le moins élevé remporte la partie. Il y ajoute la différence entre son propre résultat et celui de son adversaire.

Pour ajouter un peu de piquant au jeu, un joueur pourra lancer un défi à son adversaire. Si celui-ci refuse, la partie

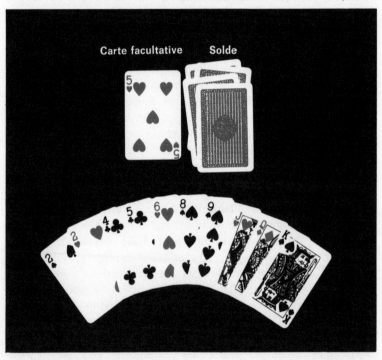

**Il serait sage de ramasser le 5 de coeur, afin de pouvoir éventuellement former une séquence en coeur ou une série de 5. Le Roi de pique pourrait être écarté.**

se poursuit normalement. Dans le cas contraire, les deux joueurs abattent leurs mains et celui qui a le moins de points est le vainqueur. Il ajoute à son gain celui de son adversaire, sans le déduire du sien. Si un joueur n'arrive pas à obtenir les cartes qu'il lui faut pour compléter des séries ou des séquences, il a tout intérêt à ramasser des petites cartes et à accepter le défi.

## LA COMÈTE

On emploie, alternativement, pour ce jeu, deux paquets de cinquante-deux cartes portant le même motif au verso. Après avoir retiré tous les As, on regroupe toutes les cartes rouges en un même paquet et toutes les noires dans l'autre, en interchangeant un 9 rouge et un noir.

Chaque joueur reçoit dix-huit cartes, une à la fois, et on met de côté les douze autres qui ne seront pas utilisées au cours de la partie. Le non-donneur ouvre le jeu et dépose une carte découverte au centre de la table. Il s'agit ensuite pour les deux participants de bâtir dessus, à tour de rôle, en ne tenant compte que de la valeur des cartes, donc sans se préoccuper des familles. On peut déposer en une seule fois autant de cartes qu'on veut, du moment qu'elles sont de valeur identique. Ainsi, les quatre 8 peuvent être bâtis sur un 7, les quatre Valets sur un 10, etc. Il y a «arrêt» lorsqu'un joueur ne peut bâtir, et son adversaire commence une nouvelle séquence en jouant la carte de son choix. Evidemment, un Roi est toujours un arrêt.

Le 9 de couleur opposée est appelé la *Comète*. Il représente n'importe quelle carte, au gré du joueur qui l'a en main, mais il ne peut l'abattre qu'au moment de jouer. En outre, c'est un arrêt et celui qui l'a déposé entame une nouvelle séquence.

Le joueur qui, le premier, se débarrasse de toutes ses cartes remporte la partie. Il ajoute à son score la valeur de la main de son adversaire, les figures comptant pour 10. Si les participants sont tous deux arrêtés avant d'avoir épuisé leurs mains, ils calculent chacun leurs points. Celui qui en a le moins est le vainqueur, et il ajoute à sa marque la différence entre les deux mains. Si un joueur gagne alors que son adversaire a la Comète en main, il double ses points, de même que s'il termine en la déposant. Et s'il remporte la partie en jouant la Comète en tant que 9, il quadruple ses gains.

La PETITE COMÈTE est une version conçue pour davantage de participants. On emploie un paquet ordinaire de cinquante-deux cartes dont on a retiré le 8 de carreau et autant de 8 et de 7 qu'il le faut pour que chaque joueur reçoive le même nombre de cartes.

Les joueurs déposent tous la même quantité de jetons dans une corbeille.

C'est celui qui est à la gauche du donneur qui commence, en jouant une carte au centre de la table. Les autres enchaînent quand ils le peuvent, donc sans se succéder automatiquement. Les cartes doivent se suivre numériquement à l'intérieur d'une même famille. Seul le 6 de pique peut être déposé sur le 5 de pique, le 8 de trèfle sur le 7 de trèfle, etc.

Le 9 de carreau est la Comète et on peut le déposer quand tous les joueurs sont arrêtés ou lorsque celui qui l'a en main a joué régulièrement et est incapable d'enchaîner. Une fois que la Comète a été déposée, le joueur dont c'est le tour par rotation peut soit continuer avec le 10 de carreau, soit avec la carte à laquelle on a substitué la Comète.

Le joueur qui a déposé la Comète reçoit deux jetons de chaque participant, et tout joueur qui joue un Roi en reçoit également un de la part des autres. Celui qui vide sa main le premier remporte la cagnotte, et le détenteur de la Comète lui paye deux jetons, tandis que ceux qui ont un Roi lui en versent chacun un.

## LE CRIBBAGE

Le Cribbage, croit-on, aurait été inventé par Sir John

Suckling qui vivait sous le règne de Charles Ier et se serait inspiré d'un jeu plus ancien, le «Noddy». Bien qu'il s'agisse, à l'origine, d'un jeu pour deux, on peut maintenant y jouer à trois ou à quatre.

La version pour deux joueurs est de beaucoup la plus populaire et il en existe trois variantes: avec cinq, six et sept cartes. On utilise, pour marquer les points, une planchette et des fiches. De forme allongée, la planchette comporte de chaque côté une double rangée de trous, à raison de trente par rangée, lesquels, pour faciliter le pointage, sont divisés par groupe de cinq. On place la planchette entre les joueurs qui commencent tous deux à une même extrémité, en utilisant les fiches pour marquer leurs points, d'abord le long des rangées extérieures, puis des rangées intérieures. On fait le tour du tableau une fois pour le jeu à cinq cartes, deux fois pour celui à six et trois fois pour celui à sept. Dans chacun des cas, la partie se termine lorsque l'un des joueurs revient à son trou de départ. Ainsi donc, le jeu comporte 61 trous lorsqu'on joue avec cinq cartes, 121 pour six et 181 pour sept

Le CRIBBAGE À CINQ CARTES POUR DEUX JOUEURS, qui est le jeu original, est habituellement reconnu comme le plus scientifique. La façon de compter les points lui est spécifique et il diffère probablement de la plupart des autres jeux de cartes parce qu'il ne requiert aucun effort de mémoire. De la concentration et un bon jugement sont des qualités essentielles à qui veut réussir.

On emploie un paquet de cinquante-deux cartes. Les joueurs coupent pour la donne qui revient à celui qui tire la carte la plus basse. Lors de l'attribution de la donne et du décompte des séquences, l'As est la plus basse et le Roi la plus haute; quant aux figures, elles valent 10 points et les autres cartes conservent leur valeur numérale. Chaque joueur reçoit cinq cartes et le non-donneur avance sa fiche de trois trous *(Trois pour la Dernière)* en compensation de l'avantage que représente la première donne de la partie.

Les joueurs examinent leurs cartes et en déposent chacun deux muettes à la droite du donneur. Ces cartes constituent la *huche*. Ensuite, le non-donneur coupe et le donneur retourne la carte supérieur de la coupe qu'il place à l'endroit sur le paquet. C'est la *carte de départ* et, dans le cas d'un Valet, le donneur avance de deux trous *(Deux pour ses Talons)*.

Les points sont calculés d'une part durant la partie et, d'autre part, en fonction de la valeur des cartes de chaque main. On n'inscrit toutefois ces derniers points qu'à la toute fin de la partie.

Les points sont calculés d'une part durant la partie et, d'autre part, en fonction de la valeur des cartes de chaque main. On n'inscrit toutefois ces derniers points qu'à la toute fin de la partie.

Durant le jeu, les points s'accumulent de la façon suivante: si un joueur dépose une carte ayant la même valeur que celle qui vient d'être jouée, il avance de deux trous pour une *Paire;* il faut toutefois se rappeler que les figures ne forment de paire qu'à égalité, c'est-à-dire Roi avec Roi, Dame avec Dame, Valet avec Valet.

Si un joueur joue une troisième carte de même valeur que la Paire, il a droit à six trous pour un *Triplé*, dit aussi *Les Trois* ou *Paire royale*.

S'il s'agit d'une quatrième carte, complétant le Triplé, on avance de douze trous pour les *Quatre,* qu'on appelle également *Double Paire* ou *Double Paire royale*.

On compte un trou par carte dans le cas d'une *Séquence* qui doit en contenir au moins trois et au plus sept. Il n'est pas nécessaire qu'elles soient toutes de la même famille ou qu'on les joue dans l'ordre, mais comme l'As est la plus basse, As-Roi-Dame ne constituent pas une séquence. En outre, elle est annulée par toute paire ou carte étrangère l'interrompant. Si le donneur joue un 7 et son adversaire un

5, le donneur peut alors déposer un 6 et avancer de trois trous, tandis que le non-donneur pourrait enchaîner avec un 4 ou un 5 et progresser de quatre trous.

Quand un joueur joue une carte dont la valeur ajoutée à celle des cartes déposées précédemment donne *Quinze*, il avance de deux trous, puis de deux autres si ce total donne *Trente-et-un*.

Un élément important découle de ce dernier point: lorsque, au moment de jouer, un joueur ne peut le faire sans dépasser Trente-et-un, il dit «Avancez» («Go»). Son adversaire dépose alors une ou plusieurs cartes jusqu'à ce qu'il atteigne cette limite. Si les cartes lui permettent d'obtenir exactement Trente-et-un, il a droit à deux trous; dans le cas contraire, il n'en compte qu'un seul *(Un pour la Dernière)*.

La partie est alors terminée et les joueurs, en commençant par le non-donneur, calculent leurs points en ajoutant tous deux la carte de départ à leurs mains respectives. Le donneur découvre la huche (qui est sa propriété exclusive) et, selon la valeur des combinaisons qu'elle permet — en utilisant pleinement, à cette fin, la carte de départ —, il avance d'autant de trous.

Le joueur qui possède un Valet de la même famille que la carte de départ progresse d'un trou *(Un pour sa Caboche)*. S'il a trois cartes d'une même famille, il avance de trois trous pour une *Flush,* et de quatre si la carte de départ appartient aussi à cette famille. Par ailleurs, une «flush» contenue dans la huche ne donne aucun point, à moins qu'en y ajoutant la carte de départ on ne forme une «flush» de cinq cartes. Si tel est le cas, le donneur a droit à cinq trous.

Deux autres caractéristiques du pointage méritent d'être soulignées. Tout d'abord, un joueur doit calculer sa main à haute voix et s'il oublie des points pour son jeu ou autre, son adversaire peut dire «Muggins», préciser l'oubli et s'en attribuer la valeur. Deuxièmement, si un joueur rejoint le trou de départ avant que son adversaire ait parcouru la moitié du tableau, on inscrit un *Pétrin,* ce qui veut dire que le vainqueur remporte deux parties au lieu d'une.

Au cours de la partie, un joueur inscrit ses points en ajoutant la valeur de la carte jouée par son adversaire à une autre provenant de sa propre main. Ainsi, si un 10 ou une figure est déposée et que l'adversaire joue un 5, il compte quinze et avance de deux trous (on abrège en disant Quinze-Deux). Si un 6 a été déposé et qu'il en ajoute un second, il obtient une paire et avance également de deux trous. Ou encore, un joueur dépose un 4, son adversaire joue un 6, et le premier, ajoutant un 5, progresse de trois pour une séquence et de deux trous supplémentaires pour un quinze. Et ainsi de suite.

La description d'une partie rudimentaire permettra d'illustrer ici les principes généraux de ce jeu.

Ouest       Est

Est donne les cartes.

Ouest a une séquence de quatre. Aussi déposera-t-il le Roi de trèfle dans la huche et, comme deuxième carte, il devra choisir entre le 6 de trèfle et le 9 de coeur. Ceci n'est pas tellement important, mais comme le 6 de trèfle est de la même famille que le Roi, il est un peu plus avantageux d'écarter le 9 de coeur car le 6 de trèfle (ajouté au Roi) pourrait permettre à Est d'avoir une «flush» dans sa huche.

Est n'a, pour sa part, aucun problème. Il est évident qu'il écartera l'As de trèfle et le 3 de carreau.

Ouest coupe et Est retourne le Roi de pique.

La situation se présente maintenant comme suit:

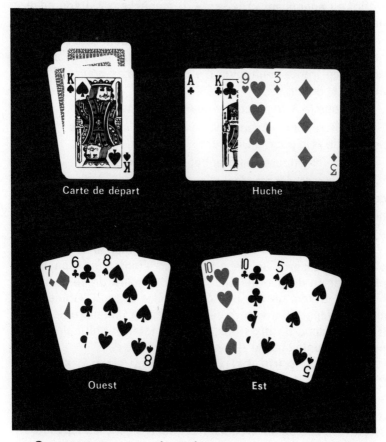

Carte de départ                    Huche

Ouest                              Est

Ouest attaque avec le 7 de carreau et annonce «Sept». C'est ce qu'il peut jouer de mieux parce que si Est joue un

8 et avance de deux pour un quinze, il pourra ensuite déposer le 6 de trèfle et progresser de trois trous pour une séquence. Bien entendu, il ne jouera pas le 8 de pique au cas où Est aurait l'autre 8, ce qui lui permettrait d'inscrire non seulement un triplé, mais également un trente-et-un.

Dans le cas présent, Est ne peut jouer un 8 et obtenir un quinze. Sa meilleure riposte sera de déposer le 10 de trèfle, en annonçant «Dix-sept». Il empêche ainsi son adversaire de marquer un quinze à son détriment.

Ouest n'a pas d'autre choix que de déposer le 8 de pique et de déclarer «Vingt-cinq», parce que plus le total se rapproche de trente-et-un, plus il y a de chances pour qu'Est ne puisse répliquer.

Est joue le 5 de pique et annonce «Trente».

Ouest répond «Avancez», et comme Est n'a pas d'As, il avance de «Un pour la Dernière».

Les deux joueurs comptent alors leur main.

La carte de départ n'est d'aucune utilité pour Ouest. Tout ce qu'il peut faire, c'est d'avancer de deux trous pour un quinze et de trois pour une séquence. Ceci, ajouté au «Trois pour la Dernière», lui donne un total de huit trous.

Est avance de six trous pour quinze (deux 10 et le Roi de pique de la carte de départ, chacun étant ajouté au 5 de pique) et de deux trous encore pour la paire de 10. Dans la huche, il trouve un As, un Roi, un Valet et un 3. Grâce à la carte de départ, il a encore deux trous pour une paire de Rois. Il avance donc de dix trous, pour un total définitif de onze, puisqu'il a déjà obtenu «Un pour la Dernière».

CRIBBAGE POUR DEUX JOUEURS AVEC SIX ET SEPT CARTES: ces deux versions diffèrent très peu du Cribbage à cinq cartes. Le jeu et la huche sont les mêmes et quelques technicalités à peine sont modifiées. Outre le nombre de cartes, les seules différences marquantes sont les suivantes: le non-donneur ne reçoit pas «Trois pour la Dernière»; les cartes sont jouées jusqu'à épuisement du solde (le joueur qui oublie de compter pour un «Avancez» entame de nouveau, ce qui donne à son adversaire la chance de faire une paire ou un quinze); et dans la version à six cartes, on fait deux fois le tour de la tablette (121 trous) et trois fois dans celle à sept cartes (181 trous).

Les principes généraux qui régissent le Cribbage ordinaire s'appliquent également au Cribbage à six cartes. Toutefois, comme dans cette variante la huche contient autant de cartes que la main, il importe beaucoup moins pour le non-donneur d'essayer d'en diminuer l'importance lorsqu'il écarte. Les deux objectifs — préserver les combinaisons qu'on a en main et neutraliser la huche de l'adversaire — ont ici autant d'importance et le choix entre l'un et l'autre est fonction du contenu de la main.

Au CRIBBAGE À TROIS JOUEURS, chaque participant reçoit cinq cartes et le donneur en sert une de plus pour la huche à laquelle tous verseront seulement une carte. Il n'y a pas de «Trois pour la Dernière». On coupe pour la carte de départ comme au Cribbage ordinaire. Le joueur assis à la gauche du donneur entame, et il donnera la main suivante. On peut inscrire les points sur un tableau triangulaire ouvert en son centre, ou sur une tablette ordinaire dotée d'un bras pivotant pour permettre au troisième joueur de marquer. On en fait le tour une fois.

Au CRIBBAGE À QUATRE, les joueurs se séparent en deux équipes se faisant face. Chacun d'entre eux reçoit cinq cartes et en verse une à la huche qui est la propriété du donneur. Le joueur à la gauche de celui-ci ouvre la partie, les autres se succédant dans le sens des aiguilles d'une montre. Les partenaires n'ont le droit ni de se consulter, ni de s'influencer mutuellement; mais un joueur peut seconder son partenaire pour le décompte de la main ou pour la huche. On joue toutes les cartes jusqu'à la fin, comme dans les autres variantes. Habituellement, on fait deux fois le tour de la planchette (121 points).

# L'ÉCARTÉ

L'Ecarté se joue avec un paquet de trente-deux cartes, c'est-à-dire un paquet dont on a retiré les 2, 3, 4, 5 et 6. L'ordre des cartes est le suivant: Roi (haute), Dame, Valet, As, 10, 9, 8 et 7.

Le donneur distribue cinq cartes (la tournée) à chacun, par groupes de trois et deux, ou de deux et trois, et les autres sont déposées à l'envers entre eux. On en retourne la carte supérieure pour déterminer l'atout. Après avoir examiné ses cartes, le non-donneur peut soit jouer d'autorité, soit proposer (demander des cartes). S'il propose, le donneur a le choix entre accepter ou jouer. S'il accepte, les joueurs peuvent tous deux échanger une ou toutes leurs cartes contre d'autres provenant du talon. A la suite d'une entente mutuelle, cet échange peut se poursuivre jusqu'à ce que le talon soit épuisé.

Le non-donneur entame. Le jeu consiste à *faire trois mains* (trois plis), ce qu'on appelle la *levée*. Elle vaut un point, et si celui qui l'a faite la prolonge en gagnant aussi les deux autres mains, pour un total de cinq levées (la *vole*), il marque 2 points. La partie revient au joueur qui, le premier, accumule 5 points; habituellement, si l'adversaire n'a alors compté aucun point, on inscrit un triple, un double s'il n'en a obtenu qu'un ou deux, et un simple s'il en a trois ou quatre.

Jusqu'à maintenant, l'Ecarté semble d'une simplicité enfantine. Néanmoins, il renferme tant de subtilités que c'est réellement un jeu pour adultes. Si le non-donneur ne propose pas, mais joue d'autorité et ne peut faire la levée, son adversaire compte 2 points au lieu d'un. De la même façon, si le donneur refuse et ne réussit pas la Levée, c'est le non-donneur qui gagne 2 points. Le fait de jouer d'autorité ne modifie nullement la valeur de la vole (2 points).

Une autre caractéristique du jeu veut que si le donneur retourne un Roi comme carte d'atout, ou qu'un joueur reçoive le Roi d'atout lors de la donne, il compte un point. Toutefois, le non-donneur ne peut inscrire ce point que s'il déclare le Roi avant d'entamer; quant au donneur, il lui faut le déclarer avant de jouer la première levée. Un joueur n'est pas forcé de déclarer le Roi et il est parfois préférable de sacrifier ce point, dit *point du Roi,* au lieu d'avertir ainsi l'adversaire de la menace que représente pour lui cette carte importante.

Ouest ayant accumulé 3 points et Est 4, Est donne et retourne le 8 de pique.

Ouest                    Est

Est décide de jouer et doit pouvoir remporter la partie s'il manie ses cartes adroitement. Mais, dans le cas présent, il perdra par imprudence. Il attaque avec le Roi de trèfle et Ouest joue le 7 de trèfle. Ouest ne déclare pas le Roi de pique — Roi d'atout — parce qu'Est, ayant joué d'autorité, risque de perdre 2 points s'il ne réussit pas la Levée. D'un autre côté, s'il la fait, déclarer son Roi n'aura été d'aucune utilité pour Ouest.

Est se laisse aller à un faux sentiment de sécurité et, inconscient de la menace que représente le Roi de pique, il considère pouvoir jouer sans danger la Dame de pique. Ouest l'emporte avec le Roi, joue la Dame de carreau, forçant Est à la battre avec son Valet de pique, et finalement remporte les deux dernières levées, et avec elles la partie, en abattant l'As de pique, puis l'As de coeur.

Il existe de nombreuses combinaisons permettant au joueur qui les a en main de jouer d'autorité et donc de refuser la proposition de l'adversaire. Les plus importantes sont énumérées ici. Dans tous les cas, le pique est atout.

1) Trois cartes d'atout complétées par deux autres cartes plus faibles, de familles différentes — pique: Valet, 10, 7; coeur: 8; carreau: 10.

2) Deux cartes d'atout soutenues par trois cartes d'une autre famille — pique: 10, 8; coeur: Valet, 8, 7.

3) Deux cartes d'atout soutenues par un Roi et une petite carte d'une même famille, et par toute autre carte — pique: As, 8; coeur: Roi, 7; carreau: 9.

4) Toute carte d'atout renforcée par quatre cartes d'une même famille dont la plus haute est le Roi (ou la Dame) — pique: Valet; coeur: Roi, 9, 8, 7 (ou Dame, Valet, 8, 7).

5) Toute carte d'atout soutenue par trois cartes d'une même famille, dont une figure, et par une figure d'une autre famille — pique: 10; coeur: Valet, 10, 7; carreau: Dame.

6) Toute tournée qui contient trois Dames (ou mieux) et ce, même sans carte d'atout — coeur: Dame, 7; carreau: Dame, 7; trèfle: Roi.

7) Toute tournée comprenant quatre cartes élevées (Roi, Dame, Valet), même sans carte d'atout — coeur: Roi; carreau: Dame, Valet; trèfle: Dame, 7.

Ces combinaisons reposent sur la Loi des probabilités, comme le confirme le fait que des joueurs chevronnés leur accordent une réelle importance. Pour le donneur, elles représentent le minimum de tournées qu'il peut jouer. Dans nombre de cas, il pourra faire mieux s'il se fie à sa chance ou décide de jouer selon ce qu'on appelle un *pressentiment*. Par contre, le non-donneur ne devrait jamais proposer quand il possède l'une de ces tournées. La raison en est que c'est lui qui ouvre le jeu, ce qui, à l'Ecarté, est d'une importance vitale.

Est donne; le 10 de pique est la retourne.

Ouest joue et s'il dépose la Dame de coeur, il fait la Levée, quelle que soit la riposte d'Est.

Au contraire, si Ouest avait donné, Est entamerait et, en jouant le Roi de carreau, ferait la Levée, peu importe le jeu d'Ouest. En fait, Ouest aurait beaucoup de mal à l'empêcher de faire la vole et ne pourrait vraiment y parvenir qu'en conservant le Valet de trèfle au lieu de la Dame de coeur. Un joueur expérimenté garderait en effet le Valet de trèfle (même si la Dame de coeur est plus haute) parce qu'il a trois coeurs en main et un seul trèfle; comme il y a seulement huit cartes dans une famille, il y a sept chances contre cinq pour que la dernière carte d'Est soit un trèfle et non un coeur.

Cette manche s'avère fort intéressante parce qu'elle illustre le danger qu'il y a à entamer avec la Dame d'atout, quand le Roi d'atout n'est pas la retourne. On peut voir que si Ouest décide d'attaquer avec la Dame de pique, Est fait la main avec le Roi de pique, continue avec son carreau (faisant la Levée) et Ouest ne pourra empêcher la vole qu'en conservant le Valet de trèfle. D'un autre côté, il faut noter que le fait d'entamer avec un Roi d'atout singleton est presque toujours une bonne tactique et altère rarement la main de celui qui attaque.

En règle générale, il est préférable pour un joueur de jouer d'autorité quand il ne croit pas pouvoir écarter plus de deux cartes; mais, si d'après sa main, il est virtuellement assuré de faire la Levée, il devrait proposer ou accepter: si la proposition est refusée, il demeure en aussi bonne position (puisque la Levée lui est plus ou moins acquise); si elle est acceptée, il a là l'occasion d'améliorer sa main en vue de la vole.

## LE GIN RUMMY

De toutes les variantes du Rami (voir p.273), il en est une que préfèrent les joueurs lorsqu'ils jouent à deux: c'est le Gin Rummy avec barême Hollywood, ainsi nommé à cause de l'importante publicité que lui firent, au cours de la guerre, les vedettes de cinéma.

On emploie un paquet de cinquante-deux cartes qui vont, en ordre décroissant, du Roi à l'As. Les joueurs coupent pour la première donne, mais, par la suite, c'est celui qui remporte la manche qui distribue.

Dix cartes sont servies à chacun des joueurs et la suivante est placée à l'endroit entre eux; c'est la retourne. Le reste du paquet est déposé à côté, face contre table.

Le jeu consiste à former des séries de trois ou quatre cartes de valeur égale et des séquences de trois cartes ou plus d'une même famille. Séries et séquences sont indépendantes les unes des autres; un joueur ne pourra donc ajouter la même carte à la fois à l'une et à l'autre.

Le non-donneur peut, le premier, choisir la retourne. S'il ne la prend pas, il doit l'offrir au donneur. Celui qui la ramasse doit placer sur la table, à l'endroit, une carte provenant de sa main. Lorsqu'aucun des joueurs ne prend la retourne, le non-donneur ramasse la carte supérieure du solde et dépose une de ses cartes sur la retourne. Le donneur peut ensuite choisir entre la carte écartée par son adversaire et celle du dessus du solde. Après avoir tiré l'une ou l'autre, il écarte à son tour. Les cartes ainsi rejetées doivent se superposer de telle sorte que seule celle du dessus soit visible et que les joueurs ne puissent examiner le solde durant la partie.

Le jeu se déroule donc ainsi — chaque joueur prenant à son tour la première carte du talon ou du solde — jusqu'à ce que l'un d'eux décide de *frapper* ou qu'il ne reste plus que deux cartes dans le solde. On ne peut les ramasser et si le joueur qui tire la cinquantième carte écarte sans frapper, la manche est annulée. Personne ne compte de points et le même donneur redistribue.

Le joueur qui frappe doit le faire après avoir tiré et écarté, quand ses cartes non assorties valent moins de 10 points; les figures comptent chacune pour 10 et les autres cartes conservent leur valeur numérale.

A moins qu'un joueur n'ait déclaré *gin* (i.e. qu'il ait cogné quand toutes ses cartes sont rassemblées en séries ou en séquences), son adversaire peut réduire ses pertes en complétant à partir de sa main les combinaisons de son adversaire.

Nord qui n'a pas déclaré «gin», frappe après avoir groupé les cartes suivantes:

Sud a en main: pique: Valet, 6, 3, 2; coeur: Dame, As; carreau: Dame, Valet; trèfle: Roi, 6; et il diminue ses pertes en ajoutant le Valet de pique, le 6 de pique et l'As de coeur aux séquences de Nord, ainsi que le Roi de trèfle à la série de Rois.

La partie est alors terminée et les joueurs comptent leurs points comme suit:

1) On additionne la valeur des cartes non regroupées des deux joueurs pour établir leurs totaux respectifs.

2) Celui qui a déclaré «gin», reçoit une prime de 25 points.

3) Quand personne ne déclare «gin», si le frappeur a totalisé moins de points que son adversaire, il remporte la manche et inscrit à son crédit la différence entre leurs deux totaux. Par contre, s'il a davantage de points ou en cas d'égalité, la main revient à l'adversaire qui fait ainsi *undercut*, ce pour quoi il reçoit 20 points plus la différence (le cas échéant) entre les deux mains.

On inscrit les points sur une feuille préparée selon le modèle ci-dessous:

|  | Jean | Jacques | Jean | Jacques | Jean | Jacques |
|---|---|---|---|---|---|---|
| Boîte 1 |  |  |  |  |  |  |
| Boîte 2 |  |  |  |  |  |  |
| Boîte 3 |  |  |  |  |  |  |
| Boîte 4 |  |  |  |  |  |  |
| Boîte 5 |  |  |  |  |  |  |
| etc. |  |  |  |  |  |  |

On inscrit dans ce qu'on appelle une *boîte*, le total des points remportés par les joueurs pour chaque manche. Le premier résultat est inscrit uniquement dans la première colonne; le second est porté dans la deuxième et ajouté à celui de la première; le troisième est inscrit dans la troisième colonne et ajouté aux totaux entrés dans les première et deuxième colonnes. Par la suite, chaque fois qu'un joueur inscrit un résultat, il l'ajoute à ceux qu'il a précédemment entrés dans ces trois colonnes.

Lorsque les points obtenus par un joueur totalisent 100 ou plus dans une colonne, on ferme celle-ci. Le détenteur de cette colonne reçoit 100 points pour avoir gagné et 20 points supplémentaires par boîte en surplus de celles de son adversaire. Mais si ce dernier remporte davantage de boîtes que le gagnant de la colonne, il touche une prime de 20 points pour chaque boîte qu'il a en plus, et il déduit ce total de celui du vainqueur de la colonne.

Un joueur qui n'a compté dans aucune colonne fait un *blitz* et le gagnant de la colonne double son résultat. Celui qui a fait un blitz dans une colonne inscrira son premier ou second résultat dans la colonne contiguë à celle où il a perdu.

Le jeu se termine lorsque les trois colonnes ont été gagnées.

Le résultat définitif d'un joueur qui l'emporte dans les trois colonnes est la somme des scores finals de ces colonnes. S'il n'en gagne que deux, la troisième revenant à son adversaire, le résultat final s'obtient en additionnant les totaux du vainqueur des deux colonnes et en soustrayant le score le plus bas du plus fort.

## JO-JOTTE

Bien que la Jo-jotte ait été inventée par Ely Culbertson en 1937, ce n'est pas vraiment un jeu récent, mais plutôt une version de la bonne vieille Belote française qui ressemble beaucoup elle-même au Klaberjass (voir p.101 ) et à ses multiples variantes.

C'est un jeu à deux pour lequel on utilise un paquet réduit, c'est-à-dire un paquet ordinaire dont on a retiré toutes les cartes inférieures à 7.

L'ordre des cartes est variable. En atout, il est le suivant:

Valet, 9, As, 10, Roi, Dame, 8, 7. Dans les autres familles, ou si la manche est jouée en sans atout, les cartes se succèdent comme suit: As, 10, Roi, Dame, Valet, 9, 8, 7.

Chaque joueur reçoit six cartes (une par une ou en groupes de deux ou de trois), et la treizième est exposée. C'est la retourne.

Les enchères se font en deux étapes. Le non-donneur déclare le premier. Il peut accepter la retourne comme atout ou passer. Dans ce dernier cas, le donneur a droit à la même alternative. Si les deux joueurs décident de passer, le non-donneur a le choix entre désigner une autre couleur comme atout (donc différente de la retourne), opter pour en sans atout ou passer de nouveau. S'il passe une seconde fois, le donneur a encore droit à ces trois mêmes options. Au cas où tous deux auraient préféré passer, la manche est annulée et la donne revient au second joueur; par contre, si l'un des participants décide d'une couleur pour l'atout, son adversaire peut contrer en annonçant sans atout, mais non en choisissant une troisième couleur. Tout joueur a le droit de contrer et tout contre peut être surcontré.

Une fois cette enchère terminée (qu'on ait passé, contré ou surcontré), le donneur sert trois cartes supplémentaires à son adversaire et autant à lui-même, puis retourne la carte du dessous du paquet qu'il place sur le dessus. Cette carte, dit d'information, n'a aucune autre fonction, durant la partie, que de renseigner, d'où son nom.

Le joueur qui a déclaré le dernier porte le nom de *déclarant,* et son adversaire est le *répondant.*

C'est à ce moment que plutôt que de se défendre contre le contrat de son adversaire, le répondant peut indiquer son intention de devenir lui-même déclarant en annonçant un contrat *Nullo;* cela signifie qu'il s'engage à ne faire aucune levée. Le déclarant peut alors annoncer un *Chelem.* Selon ce contrat, il devra remporter toutes les levées soit dans la couleur qu'il a initialement choisie (il ne peut en changer), soit en sans atout.

Le répondant annonce alors ses séries, s'il en a en main. Une série comprend quatre cartes d'une même famille (à l'exception des 9, 8 et 7 en sans atout, et des 8 et 7 dans la famille qui a été désignée). Elle vaut 100 points et (comme au Bridge, voir p. 166) on l'inscrit au-dessus de la ligne. Seul obtient des points le joueur dont la série comporte les cartes les plus hautes; il pourra également, le cas échéant, marquer pour une seconde série.

Après quoi, les deux joueurs, en commençant par le répondant, inscrivent les points que leur valent les séquences; dans ce cas-ci, les cartes reprennent leur ordre habituel: As (la plus haute), Roi, Dame, Valet, 10, 9, 8, 7. Le détenteur d'une séquence de cinq cartes inscrit 50 points au-dessus de la ligne, 40 pour quatre cartes, et 20 pour trois. Si deux séquences comportent le même nombre de cartes, la priorité revient à celle qui renferme la carte la plus haute.. Si toutes deux sont identiques, celle en atout l'emporte sur l'autre, et si aucune n'est en atout, personne ne compte de points. Seul le joueur dont la séquence contient les cartes les plus fortes peut marquer pour celle-ci, comme pour toute autre qu'il aurait en main.

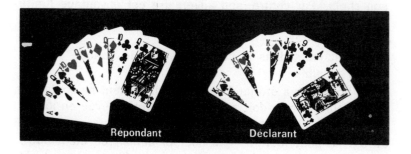

Répondant　　　　　Déclarant

Le trèfle est atout. Le répondant inscrit 200 points au-dessus de la ligne pour ses séries de 10 et de Dames, tandis que le déclarant ne peut en compter pour sa série de Rois parce qu'en atout, le 10 est supérieur au Roi.

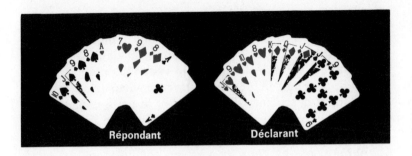

Répondant    Déclarant

Le Coeur est atout. Aucun joueur n'a de série. Le répondant déclare sa séquence de quatre cartes en pique qui s'avère sans valeur pour lui parce que le déclarant en a une de même longueur en atout (coeur). Celui-ci inscrit donc 40 points au-dessus de la ligne pour sa séquence de quatre cartes en coeur, plus 20 autres points pour celle de trois cartes en carreau.

Enfin, il convient de noter que si le déclarant choisit de jouer dans la couleur de la retourne, le joueur qui a le 7 d'atout peut l'échanger contre celle-ci.

Celui qui entame une levée peut le faire avec la carte de son choix. Par contre, son adversaire est davantage limité dans son jeu parce qu'il est tenu de respecter les trois règles suivantes:

1) Il doit jouer dans la couleur demandée lorsque cela lui est possible.

2) Si une carte a été jouée en atout, il ne peut se contenter de fournir, mais doit au contraire faire la levée en jouant un atout plus fort s'il en a un en main.

3) S'il ne peut fournir — la couleur demandée étant autre que l'atout —, il doit remporter la levée en coupant s'il le peut.

Ce même joueur est autorisé à se défausser s'il est dans l'impossibilité d'appliquer l'une ou l'autre de ces trois règles.

Le fait de remporter une levée n'a pas de valeur en soi.

Ce qui compte, ce sont les levées qui contiennent certaines cartes. On leur attribue les points suivants:

| | |
|---|---|
| Levée contenant le Valet d'atout: | 20 points |
| Levée contenant le 9 d'atout: | 15 points |
| Levée contenant tout As ou 10: | 10 points |
| Levée contenant tout Roi ou Dame: | 5 points |
| Dernière levée (sauf dans le cas d'un nullo): | 10 points |

L'exemple ci-dessous illustre les mécanismes de ce jeu.

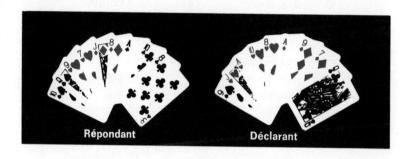

Le Coeur est atout; la retourne est le Roi de pique et la carte d'information est la Dame de carreau.

Le défenseur entame avec l'As de trèfle et la partie se déroule ainsi:

| Répondant | Déclarant |
|---|---|
| **As de trèfle** | Dame de trèfle |
| 10 de trèfle | **10 de coeur** |
| 8 de carreau | **As de carreau** |
| **Valet de carreau** | 7 de carreau |
| 8 de trèfle | **8 de coeur** |
| **9 de coeur** | **8 de coeur** |
| **10 de pique** | 9 de pique |
| Dame de pique | **As de coeur** |
| 7 de coeur | **Valet de coeur** |

Le déclarant obtient des points pour avoir ramassé les cartes suivantes:

| | |
|---|---|
| Valet d'atout (coeur) | 20 points |
| As de coeur | 10 points |
| As de carreau | 10 points |
| 10 de coeur | 10 points |
| 10 de trèfle | 10 points |
| Dame de pique | 5 points |
| Dernière levée | 10 points |
| | 75 points |

Les gains du répondant s'accumulent comme suit:

| | |
|---|---|
| 9 d'atout (coeur) | 15 points |
| As de trèfle | 10 points |
| 10 de pique | 10 points |
| Dame de trèfle | 5 points |
| | 40 points |

Outre les éléments précédents, le joueur qui possède le Roi et la Dame d'atout (lorsqu'ils sont dans le jeu) a le droit d'inscrire 20 points, pourvu qu'il annonce «Jo» en jouant le Roi et «Jotte» en déposant la Dame plus tard. Il ne peut marquer de points s'il joue la Dame avant le Roi.

Le premier joueur qui obtient 80 points sous la ligne remporte la partie, qu'il y soit parvenu en une manche ou en accumulant des scores partiels; celui qui réalise un *robre* (deux manches sur trois) reçoit une prime de 300 points.

Le déclarant d'un contrat nullo a droit à 200 points supplémentaires si, effectivement, il ne fait aucune levée; dans le cas contraire, une prime de 200 points est attribuée à son adversaire pour la première levée de chute, les autres levées similaires valant chacune 100 points.

Quant au déclarant d'un chelem, le fait de remporter toutes les levées lui vaut une prime de 500 points; au cas où il les réussirait sans avoir annoncé ce chelem au préalable, il n'aurait droit qu'à une prime de 100 points.

Les points inscrits en dessous de la ligne sont calculés de la façon suivante:

1) Si le grand total du déclarant (incluant séries, séquences, levées et primes, le cas échéant) dépasse celui du répondant, il inscrit la valeur de ses levées en dessous de la ligne, tandis que son adversaire marque la sienne au-dessus.

2) Si le score total du répondant est plus élevé que celui du déclarant, on additionne la somme de leurs levées respectives, sommes que le répondant inscrit en dessous de la ligne.

3) En cas de contre ou de surcontre, le joueur qui a obtenu le plus de points inscrit la valeur de ses levées plus celles de son adversaire, doublée ou quadruplée selon le cas, en dessous de la ligne.

4) S'il y a égalité au niveau des totaux finals, on met en *prison* les points acquis pour leurs levées par les deux joueurs; ils reviendront à celui qui aura obtenu le plus haut score pour la manche suivante.

## LE KLABERJASS

Le Klaberjass est probablement plus connu aux Etats-Unis qu'en Angleterre, Damon Runyon en ayant souvent fait mention dans ses amusantes nouvelles sous les noms de Glabber, Clobber, Clubby, Klab et Klob; en outre, dès 1937, Ely Culbertson popularisait la Jo-jotte (voir p. 95 ) qui s'inspire de ce jeu. Malgré la similitude des noms, le Klaberjass ne correspond nullement au jeu hongrois «Kalabriās» qui rassemble trois ou quatre joueurs. Il demeure néanmoins possible qu'ils dérivent tous deux d'un même jeu, ou encore que des immigrants venus d'Europe centrale aient fait connaître le Kalabriās au Nouveau-Monde où, à la suite de multiples transformations, il serait devenu ce jeu pour deux personnes, le Klaberjass.

On se sert d'un paquet dont on a retiré les 2, 3, 4, 5 et 6. En atout, l'ordre des cartes est le suivant: Valet, 9, As, 10, Roi, Dame, 8 et 7; tandis qu'en sans atout, elles se succèdent comme suit: As, 10, Roi, Dame, Valet, 9, 8, 7.

Les deux joueurs reçoivent chacun six cartes, données trois par trois. La carte suivante (la retourne) est exposée et recouverte à moitié du reste du paquet, lequel reste muet.

Le non-donneur parle le premier. Il peut *prendre* (i.e. accepter la couleur de la retourne comme atout), *passer* (la refuser comme atout) ou encore déclarer *schmeiss* (offrir à l'adversaire de choisir entre la retourne comme atout ou l'abandon de la main). Si l'adversaire répond «oui» à un schmeiss, il y a une nouvelle donne; dans le cas contraire, la carte retournée devient effectivement l'atout et la partie commence.

Si le non-donneur avait passé, le donneur aurait pu prendre, passer ou déclarer schmeiss.

Lorsque les deux joueurs décident de passer, on procède à une seconde enchère. Le non-donneur doit alors proposer comme atout l'une des trois autres familles, déclarer schmeiss (proposer à l'adversaire soit cette nouvelle couleur pour atout, soit l'abandon de la main) ou passer. Dans cette dernière hypothèse, l'adversaire décide ou de désigner une couleur d'atout ou d'abandonner la main.

Les enchères se terminent lorsqu'un joueur accepte l'atout proposé ou en désigne un nouveau; il devient alors le *faiseur*.

Il ne peut y avoir plus de deux enchères et quand l'atout a été choisi, le donneur sert trois cartes, une par une, à lui-même et à son adversaire. Il retourne ensuite la dernière carte du solde et la place sur le dessus. Cette carte n'est d'aucune utilité au cours de la partie. Elle est là seulement pour être vue.

Le joueur qui a reçu le 9 d'atout peut l'échanger contre la retourne.

On peut uniquement constituer des séquences, et, à cette fin, l'ordre des cartes va de l'As (la plus haute) au 7 (la plus basse). Une séquence de trois cartes vaut 20 points et une de quatre ou plus en vaut 50.

Le non-donneur commence en annonçant la valeur en points de sa meilleure séquence. Si elle comprend trois cartes, il déclare «vingt», et «cinquante» si elle en contient quatre ou plus. Le donneur répond «pas bonne» s'il en possède une plus forte, «bonne» dans le cas contraire, ou encore demande «à quel niveau?» si elle est de même valeur. Le non-donneur est alors tenu de lui indiquer la plus forte carte de sa séquence et, selon le cas, son adversaire doit répondre «bonne», «pas bonne», ou préciser si sa propre séquence débute par la même carte. Dans ce dernier cas, aucun des joueurs ne remporte de points, à moins que l'une des séquences ne soit en atout et ait donc priorité sur toute autre couleur.

Le non-donneur entame la première levée; par la suite, ce droit reviendra au gagnant de la levée. Un joueur doit fournir quand il le peut, ou couper. Lorsqu'une carte d'atout est déposée, le second joueur est tenu de faire la levée si la chose lui est possible.

Une fois la première levée jouée, le joueur qui a en main la combinaison la plus forte l'expose et compte les points de toutes ses séquences. Par contre, son adversaire ne pourra en compter aucune.

Le joueur qui possède le Roi et la Dame d'atout gagnera 20 points s'il annonce *Bella* au moment où il joue la deuxième carte de cette paire dans une levée. S'il possède en plus le Valet d'atout, il accumulera des points et pour la séquence et pour Bella.

Une fois toutes les cartes jouées, chaque joueur examine ses levées et obtient des points pour les cartes suivantes:

| | |
|---|---|
| Jasz (Valet d'atout) | 20 points |
| Menel (9 d'atout) | 14 points |
| As | 11 points |
| 10 | 10 points |
| Roi | 4 points |
| Dame | 3 points |
| Valet autre que le Jasz | 2 points |
| Dernière levée | 10 points |

Si le total des combinaisons et cartes du faiseur dépasse celui de son adversaire, chacun inscrit ses gains respectifs. En cas d'égalité, l'adversaire marque ses points et le faiseur n'en compte aucun. Enfin, si le faiseur obtient un total inférieur à celui de son adversaire, on additionne les deux totaux qui sont tous deux attribués à l'adversaire.

Le joueur qui, le premier, accumule 500 points remporte la partie.

LE KLABERJASS À QUATRE se joue en équipe. Chaque joueur reçoit huit cartes et le donneur retourne sa dernière carte pour déterminer l'atout.

A tour de rôle, en commençant par celui qui est à la gauche du donneur, les joueurs prennent ou passent. Il n'y a pas de schmeiss. Si tous passent, on procèdera alors à un second tour pendant lequel chacun pourra proposer un nouvel atout. Dans le cas où tous passeraient de nouveau, il y aurait une nouvelle donne.

Le joueur qui désigne l'atout devient le faiseur, et son équipe est tenue d'accumuler davantage de points que le côté adverse.

Le voisin de gauche du donneur entame la première levée.

## PATIENCES À PLUSIEURS

Tout comme sur le terrain, le GOLF se joue mieux à deux, mais il n'est guère difficile d'organiser des matches à trois ou à quatre, auquel cas les joueurs se répartissent en équipes.

Chaque joueur utilise un paquet de cinquante-deux cartes. Les trente-cinq premières cartes, qui constituent le parcours, sont alignées en cinq rangées de sept, légèrement superposées.

Les dix-sept autres sont déposées une par une sur un talon. Chaque fois qu'on en retourne une, on peut y bâtir l'une des cartes à la base des colonnes constituant le parcours, en ordre ascendant ou descendant et sans tenir compte de la famille ou de la couleur. Supposons que la première carte jouée sur le talon soit le 7 de coeur. On peut y bâtir, dans cet ordre, le 8 et le 9 de carreau, le 10 de pique, puis le 9 de coeur sur ce 10 de pique, et ainsi de suite. Le jeu se poursuit de la sorte, jusqu'à ce qu'il soit bloqué soit par un Roi, soit parce qu'on ne peut plus bâtir. On dépose alors la carte suivante sur le talon et la partie se continue tant que les dix-sept cartes n'ont pas été retournées. Le nombre de cartes laissées sur le parcours représente le nombre de coups jouées pour chaque trou. On joue en neuf ou dix-huit trous.

Il pourra arriver qu'un joueur complète le parcours avant d'avoir versé ses dix-sept cartes sur son talon. Dans ce cas, le nombre de cartes qui lui restent en main constitue un handicap en sa faveur qu'on déduira de son score final à la fin de la partie. Les joueurs jouent chaque trou simultanément.

Le POKER convient à un nombre variable de joueurs. Chacun dispose d'un paquet de cinquante-deux cartes et l'un d'eux expose sa première carte n'importe où sur la table. Il continue avec une deuxième, une troisième, une quatrième carte, et ainsi de suite, jusqu'à ce qu'il en ait placé vingt-cinq. Toute carte, où qu'on la pose, doit toucher une autre carte déjà jouée, soit par le haut, le bas, l'un des côtés ou encore l'un des quatre angles. Le jeu consiste à former un carré ayant cinq cartes par côté, en formant l'une ou l'autre des combinaisons du Poker dans chaque colonie et rangée.

Un joueur qui prélève une carte de son paquet doit l'annoncer; les autres tirent alors la même carte de leurs jeux respectifs et la placent sur la table.

Une fois que les vingt-cinq cartes ont été disposées en carré, les joueurs additionnent leurs points, et le vainqueur est celui qui en a accumulé le plus. Il existe différentes façons de compter les points. Nous recommandons la méthode ci-dessous qui permet d'en arriver à un résultat plus équitable; en effet, elle tient davantage compte de la difficulté relative inhérente à la formation de combinaisons dans cette patience, que de l'évaluation des probabilités, au niveau des mains, selon le Poker ordinaire:

| | |
|---|---|
| *Quinte royale (Royal Flush) | 50 points |
| Quinte (Straight Flush) | 37 points |
| Brelan carré (Fours) | 25 points |
| Main pleine (Full House) | 12 points |
| Flush | 10 points |
| Séquence (Straight) | 7 points |
| Brelan (Threes) | 5 points |
| Deux paires | 3 points |
| Une paire | 1 point |

Ce jeu requiert une habileté considérable. Un joueur pourrait avoir formé le tableau suivant:

---

* Les combinaisons au Poker sont décrites à la page 265.

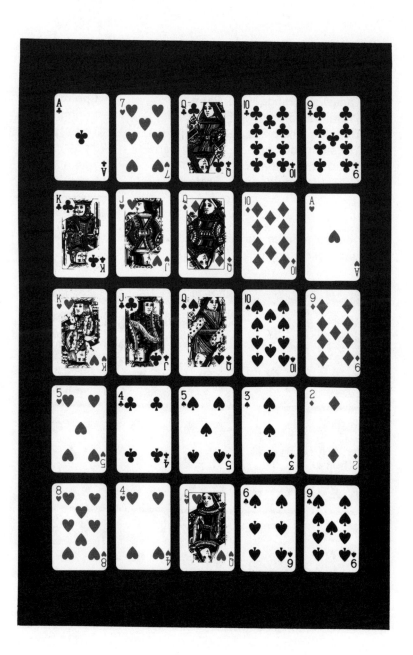

Ce qui lui donne ce score:

| | | |
|---|---|---|
| Deuxième rangée | Séquence | 7 points |
| Troisième rangée | Séquence | 7 points |
| Quatrième rangée | Paire | 1 point |
| Première colonne | Paire | 1 point |
| Deuxième colonne | Deux paires | 3 points |
| Troisième colonne | Brelan carré | 25 points |
| Quatrième colonne | Brelan | 5 points |
| Cinquième colonne | Brelan | 5 points |
| | | 54 points |

Avec les mêmes cartes, un autre joueur pourrait obtenir le résultat ci-dessous:

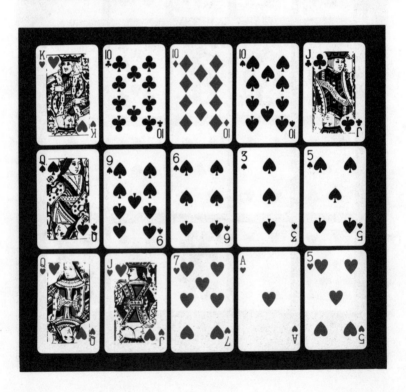

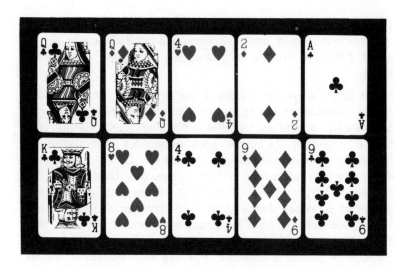

Ses points seront calculés comme suit:

| | | |
|---|---|---|
| Première rangée | Brelan | 5 points |
| Deuxième rangée | Flush | 10 points |
| Troisième rangée | Flush | 10 points |
| Quatrième rangée | Paire | 1 point |
| Cinquième rangée | Paire | 1 point |
| Première colonne | Main pleine | 12 points |
| Deuxième colonne | Séquence | 7 points |
| Troisième colonne | Paire | 1 point |
| Cinquième colonne | Paire | 1 point |

48 points

Que les joueurs de Poker sacrifient parfois la proie pour l'ombre n'est pas douteux; quoiqu'il en soit, avant la première guerre mondiale, ce jeu avait de nombreux adeptes: des rencontres étaient organisées, des tournois avaient lieu et des ligues étaient même formées.

La CRAPETTE, connue également sous les noms de **Stop** et de **Banque russe,** se joue à deux. Les joueurs s'assoient l'un en face de l'autre et utilisent chacun un paquet de cin-quante-deux cartes dont les versos sont de couleur ou de motif différent, afin qu'on puisse les distinguer plus facile-ment.

Le premier joueur (désigné par la coupe) empile douze cartes muettes et les recouvre d'une treizième découverte, *la Crapette*, à côté de laquelle il dispose quatre cartes visibles en colonne: les *cases*. Lorsque les As apparaissent, il les aligne en une seule rangée devant lui. Ce sont les *bases des piles* sur lesquelles seront bâties des familles ascendantes allant jusqu'aux Rois. Les cartes des cases sont empilées en ordre descendant avec alternance de couleurs. Un espace vacant parmi les cases est comblé par une carte de la Crapette dont on exposera alors la carte suivante. Lorsque le joueur a effectué tous les jeux possibles au niveau des cases et de la Crapette, il retourne une carte du *talon*. S'il peut la déposer sur un des As ou sur une case, il retourne la suivante et continue ainsi. S'il ne peut jouer la retourne du talon sur le tableau, il la dépose sur un *pot* et la recouvre avec la carte supérieure du talon.

Le second joueur dispose ses cartes de la même façon, et lorsqu'il a terminé tous les jeux possibles, son adversaire recommence à jouer, et ainsi de suite.

Un joueur peut bâtir sur les bases et les cases de son adversaire; de la même façon, il peut jouer des cartes provenant de sa crapette et de ses cases (mais non de son pot ni de son talon) sur le pot de son adversaire en ordre ascendant ou descendant, indépendamment de la famille ou de la couleur.

Quand un joueur a épuisé son talon, il utilise son pot sans en brasser les cartes.

La partie est remportée par celui qui se débarrasse le premier de toutes les cartes de son talon et de son pot, ainsi que de celles que son adversaire aurait déposé sur le pot.

Assujettie aux dix règles énumérées ci-après, la crapette se caractérise en outre par l'élément suivant: quand un joueur contrevient à l'une de ces règles, son adversaire peut l'interrompre en disant «Crapette» et préciser l'erreur commise avant de jouer lui-même la carte impliquée. Il n'est pas obligatoire de déclarer «Crapette», mais il faut le faire avant que le joueur fautif ait joué le coup suivant.

1) On dépose une carte sur une base plutôt que sur une case.

2) Un joueur doit placer une carte sur une case plutôt que sur son pot.

3) Un joueur doit jouer une carte provenant de sa Crapette plutôt que d'une case ou de son pot.

4) S'il y a un espace vacant parmi les cases, on doit le remplir avec une carte de la Crapette, avant tout autre jeu.

5) Quand on a joué une carte de la Crapette, on doit en retourner la suivante, avant toute autre chose.

6) Il faut employer la carte supérieure de la Crapette pour remplir un espace libre parmi les cases, plutôt que de la jouer ailleurs.

7) On ne bâtit sur une case qu'en séquence descendante avec alternance de couleur.

8) On ne bâtit sur une base que des familles ascendantes allant jusqu'aux Rois.

9) Un joueur ne peut jouer une carte provenant des cases de son adversaire.

10) Un joueur est obligé de jouer quand il le peut.

## LE PINOCLE

Semblable au Bésigue (voir p. 54 ), le Pinocle est, dans sa version originale, un jeu pour deux personnes. On utilise quarante-huit cartes, ou plus exactement deux paquets dont on ne conserve, pour chaque famille, que les cartes suivantes se succédant ainsi: As, 10, Roi, Dame, Valet, 9.

Le jeu consiste, d'une part, à remporter des levées dont les cartes ainsi gagnées valent un certain nombre de points et, d'autre part, à former des combinaisons auxquelles on attribue également des points.

Quand ils sont ramassés dans une levée, les As valent chacun 11 points, les 10 comptent pour 10, les Rois pour 4, les Dames pour 3 et les Valets pour 2. En outre, la dernière levée vaut aussi 10 points.

Les combinaisons sont évaluées comme suit:

*Catégorie A*

| | |
|---|---|
| As, 10, Roi, Dame, Valet d'atout | 150 points |
| Roi et Dame d'atout ( mariage d'atout) | 40 points |
| Roi et Dame d'une autre couleur (mariage simple) | 20 points |

*Catégorie B*

| | |
|---|---|
| Pinocle (Dame de pique et Valet de carreau) | 40 points |
| Dix (9 d'atout) | 10 points |

*Catégorie C*

| | |
|---|---|
| Quatre As (un par famille) | 100 points |
| Quatre Rois (idem) | 80 points |
| Quatre Dames (idem) | 60 points |
| Quatre Valets (idem) | 40 points |

Le non-donneur entame la première levée. Par la suite, le gagnant de chaque pli commence le suivant. Un joueur n'est pas obligé de fournir. Le gagnant d'une levée renfloue sa main en prenant la première carte du solde et son adversaire tire la suivante.

Le joueur qui a fait une levée peut, avant de se servir dans le solde, étaler l'une ou l'autre des combinaisons décrites plus haut. Pour ce faire, il expose les cartes devant lui et les y laisse jusqu'à ce qu'il décide de les utiliser pour une levée, ou jusqu'au moment où le solde sera épuisé.

La formation des combinaisons obéit aux trois règles suivantes:

1) On ne peut constituer qu'une seule combinaison à la fois.
2) Il faut, à chaque fois, qu'au moins une carte provienne de la main et soit exposée sur la table.
3) Il est possible de réutiliser une carte déjà étalée pour une combinaison de catégorie différente, ou de même catégorie si on l'intègre à une combinaison valant davantage.

Ainsi, si le coeur est atout, un joueur peut étaler Roi et Dame de coeur et compter pour un mariage d'atout; en y ajoutant plus tard l'As, le 10 et le Valet de coeur, il pourra marquer d'autres points pour une séquence. Par contre, il n'aura pas le droit de déclarer d'abord As, 10, Roi, Dame et Valet de coeur, d'inscrire une séquence et d'annoncer ensuite un mariage d'atout.

Le donneur obtient 10 points, s'il retourne le Dix comme carte d'atout. Durant la partie, il suffit au joueur qui l'a en main de le montrer lorsqu'il fait une levée pour avoir également droit à cette prime; en outre, ceci lui permettra d'étaler une autre combinaison au même tour. Enfin, il pourra échanger ce Dix contre la retourne, après avoir remporté une levée.

Le joueur qui gagne la douzième levée est autorisé à exposer ses combinaisons si cela lui est possible. Il tire alors la dernière carte muette du talon qu'il doit montrer à son adversaire. Celui-ci ramasse la carte d'atout exposée sur la table.

On passe ensuite aux douze dernières levées pendant lesquelles un joueur doit fournir ou couper, le cas échéant, s'il a de l'atout. Lorsque l'entame est faite en atout, le second joueur est tenu de remporter la levée quand il le peut.

On inscrit les points attribués aux combinaisons au fur et à mesure qu'elles sont déclarées. Par contre, ce n'est qu'à la fin de la manche qu'on ajoute à leur total la valeur des cartes contenues dans les levées, et un gain de 7, 8 ou 9 est compté comme valant 10 points.

Selon ce qu'auront décidé les joueurs, une partie pourra ou se jouer en une seule donne ou être fixée à 1 000 points, par exemple, le gagnant étant celui qui les accumule le premier.

Au Pinocle, l'expérience et l'habileté comptent pour beaucoup, tout comme le fait de pouvoir se rappeler les cartes qui ont été jouées. Au moment de procéder aux douze dernières levées, le joueur expérimenté n'entretiendra aucun doute quant au contenu de la main de son adversaire. Aussi, faudrait-il qu'avant d'entamer la levée qui précède la fin du solde, un joueur soit capable d'évaluer la meilleure de ces deux possibilités: remporter la levée et étendre ses combinaisons, empêchant par le fait même son adversaire de déposer les siennes, ou perdre cette levée et ramasser la carte d'atout pour augmenter sa main en atout en vue de la dernière étape de la partie.

## LE PIQUET

Le Piquet est probablement le plus connu de tous les jeux pour deux personnes; indubitablement, il est plus intéressant et requiert davantage d'adresse que tout autre. On se sert d'un paquet de trente-deux cartes, c'est-à-dire d'un paquet ordinaire dont on a retiré les 2, 3, 4, 5 et 6, dit d'ailleurs *jeu court* ou *jeu de piquet*. L'ordre des cartes va de l'As (la plus haute) au 7 (la plus basse), et la première donne revient à celui qui tire la carte la plus haute; le joueur à qui elle échoit ferait bien de l'accepter parce qu'elle comporte certains avantages.

Chaque joueur reçoit huit cartes par groupes de deux ou de trois, et les huit autres (le talon) sont déposées entre eux, face au tapis. Le non-donneur peut alors remplacer cinq de ses cartes par les cinq premières du talon. Même s'il n'est pas tenu d'en échanger autant, il lui faut en prendre au moins une, auquel cas il sera autorisé à regarder celles qui auraient pu lui revenir. C'est ensuite le tour du donneur qui doit échanger au moins une carte et peut, s'il le veut, ramasser le reste du talon à la place de sa main. S'il préfère ne pas procéder à cet échange, il a, lui aussi, le droit de regarder le talon, mais doit alors le montrer à son adversaire. Les joueurs déposent devant eux, face au tapis, les cartes qu'ils ont écartées, mais sans les mélanger parce qu'ils pourront, au cours de la partie, examiner leurs écarts respectifs.

Les points se calculent en trois étapes: la valeur de la main; le total acquis durant la partie; les scores extraordinaires.

On compte la main de la façon suivante:

1) *Le point:* c'est le plus grand nombre de cartes d'une même couleur; il revient donc à celui qui a en main la famille la plus longue et qui obtient un point pour chacune des cartes qui la composent. En cas d'égalité, le point est attribué au joueur dont les cartes représentent un total supérieur (l'As vaut 11, le Roi, la Dame et le Valet, 10 chacun, et les autres cartes conservent leur valeur numérale). Enfin, il n'est attribué à personne s'il y a, là encore, égalité.

2) *Les séquences:* elles doivent comprendre un minimum de trois cartes d'une même famille; seul le joueur qui a en main la séquence la plus longue a le droit de l'inscrire. Si tous deux ont des séquences d'égale longueur, c'est la valeur en points qui détermine le gagnant. Une séquence de trois cartes (tierce) vaut 3 points; celle de quatre cartes (quatrième) en donne 4. Pour une séquence de cinq cartes (quinte ou cinquième), on obtient 15 points; pour six cartes (sixième ou seizième): 16 points; enfin, pour des séquences de sept cartes (septième ou dix-septième) et de huit cartes (huitième ou dix-huitième), on compte 18 points.

3) *Les quatorze et brelans* (ou *trios*): ils sont composés de trois ou quatre cartes, supérieures au 9 et de même valeur. C'est le quatorze ou le brelan le plus fort qui l'emporte. Ainsi donc, le détenteur d'un brelan d'As bat son adversaire, même si celui-ci a en main des brelans de Rois *et* de Dames. Dans le même ordre d'idées, le joueur qui possède des brelans d'As, de Rois, de Dames et de Valets, doit baisser pavillon devant son adversaire si celui-ci a un quatorze de 10. Les quatorze valent 14 points, et les brelans en donnent 3.

La valeur d'une main s'annonce dans l'ordre suivant: point, séquences, quatorze et brelans; un joueur est tenu d'exposer, sur demande, toute combinaison pour laquelle il a marqué des points. Cette règle est toutefois rarement appliquée parce qu'en général l'adversaire est capable, à partir de ses propres cartes, de déduire quelles sont celles de son adversaire.

Lors du décompte de la main, un joueur n'est pas forcé de déclarer tout ce qu'il possède. Cette façon de procéder est parfaitement de règle et constitue même parfois la meilleure tactique, parce qu'en déclarant moins que ce qu'on a réellement en main, on abuse l'adversaire sur sa propre force. Cela s'appelle un *abandon*. Le joueur qui possède un quatorze d'As peut n'annoncer qu'un brelan. Si son adversaire demande quel est l'As manquant, il peut indiquer celui qu'il veut parce que le fait de répondre avec exactitude «je ne compte pas l'As de trèfle» ne signifie nullement qu'il ne l'a pas en main.

Après avoir compté sa main, le non-donneur joue une carte. Le donneur compte alors la sienne et dépose également une carte. Deux cartes constituent une levée, et il est obligatoire de fournir lorsque c'est possible. Autrement, le second joueur se défaussera de la carte de son choix puisqu'il n'y a pas d'atout. Le joueur qui entame obtient un point pour ce faire, et son adversaire en compte un autre s'il fait la levée (sauf pour la dernière qui vaut 2 points); il entame alors la suivante, ce qui lui vaut également un point. Une fois les douze levées jouées, celui qui en a fait le plus marque 10 points (ce qu'on appelle la *carte*). Aucun point n'est attribué en cas d'égalité.

Il existe quatre scores extraordinaires:

1) *Le dix de blanc* (ou *dix de cartes blanches*): le joueur qui n'a aucune figure dans sa main peut le déclarer, obtenant ainsi 10 points, et ce avant de compter pour toute autre combinaison. C'est donc tout de suite après avoir ramassé ses cartes qu'il doit annoncer son dix de blanc; en outre, il lui faudra montrer sa main à son adversaire, bien qu'il puisse attendre pour ce faire que ce dernier ait écarté.

2) *Pic*: si un joueur accumule 30 points pour sa main et son jeu avant que son adversaire ait compté quoi que ce soit, il annonce »pic«, ce qui lui vaut encore 30 points. Seul le non-donneur peut annoncer pic puisqu'il obtient 1 point pour l'entame avant que le donneur ait pu évaluer sa main; aussi, le donneur est-il automatiquement privé de la possibilité de compter pour un pic.

3) *Repic*: un joueur dont la seule main vaut 30 points avant que son adversaire en ait compté un seul, gagne un repic et marque 60 points. Il est possible à l'un ou l'autre joueur de compter pour un repic, parce qu'on calcule les points de la main avant ceux qui seront gagnés durant la partie.

4) *Capot*: si un joueur fait les douze levées, il remporte un capot et obtient 40 points — dits points de *capote* — et ce, à la place des 10 points de la carte. Toutefois, le capot n'entre pas en ligne de compte pour le pic parce qu'il est inscrit après que la main ait été jouée.

Les joueurs servent les cartes à tour de rôle et une partie comprend six manches (donc trois donnes par joueur). La partie terminée, le joueur qui a la plus haute marque inscrit la différence entre son total et celui de son adversaire et y ajoute 100 points. Celui qui n'a pu accumuler 100 points est *rubicon* et son adversaire additionne alors leurs totaux respectifs et y ajoute 100 points supplémentaires. En cas d'égalité au niveau du décompte après six manches, les joueurs jouent une autre manche, et s'ils sont encore ex-aequo, la partie est nulle.

Alors que la plupart des jeux se déroulent en silence, le Piquet donne lieu à un dialogue continuel. Un joueur qui compte sa main annonce son point, ses séquences, son quatorze et ses brelans, et son adversaire confirme en disant «bon», «mieux» (ou «pas bon» ou «ne veut pas») selon que ses propres annonces sont inférieures ou supérieures, ou encore «égalité»; dans ce dernier cas, le joueur devra préciser la valeur en points de sa combinaison que son adversaire évaluera de nouveau comme «bon», «mieux» ou «égal». En outre, durant la partie, les joueurs annoncent leurs scores à chaque levée.

La manche ci-dessous (décrite après que les deux joueurs aient écarté) illustre la façon de compter les points; il ne faudrait toutefois pas considérer ce simple exemple comme l'expression d'un jeu de qualité.

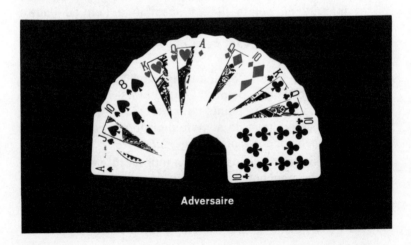

Adversaire

Donneur

| *Adversaire:* | point de quatre. |
| *Donneur:* | combien? |
| *Adversaire:* | trente-neuf. |
| *Donneur:* | mieux. |
| *Adversaire:* | Dames et 10: six. |

L'adversaire compte les points pour ses brelans, sans attendre que le donneur confirme s'ils sont bons. En fait, il est sûr de la valeur de son brelan de Dames parce qu'il peut évaluer, à partir de son propre jeu, la main du donneur, soit aucun quatorze et au mieux un brelan de Valets. En annonçant «Dames et 10», il indique qu'il a en main trois Dames et trois 10. S'il avait possédé quatre Dames et trois 10, il aurait déclaré «Quatorze de Dames et trois 10».

L'adversaire, qui ne peut plus rien déclarer, entame avec l'As de pique.

*Adversaire:* sept.

Le donneur calcule maintenant la valeur de sa main.

*Donneur:* point de quatre: quarante . . .

(L'adversaire aurait le droit de lui demander en quelle couleur. Dans le cas présent, c'est toutefois superflu puisque, en se fiant à ses cartes, il sait que ce ne peut être qu'en coeur.)

*Donneur:* . . . et tierce au Valet: sept.

(Ici encore l'adversaire sait, toujours d'après ses cartes, que cette tierce est forcément en coeur.)

Le donneur joue la Dame de pique sur l'As de pique déposé par son adversaire et répète son total:

*Donneur:* sept.

Le reste de la partie se déroule comme suit:

| Adversaire | | Donneur | |
|---|---|---|---|
| Valet de pique | Huit | **Roi de pique** | Huit |
| Dame de coeur | Huit | **As de coeur** | Neuf |
| **Roi de coeur** | Neuf | Valet de coeur | Dix |
| **10 de pique** | Dix | 7 de trèfle | Dix |
| 8 de pique | Onze | 8 de trèfle | Dix |
| Roi de trèfle | Douze | **As de trèfle** | Onze |
| 10 de carreau | Douze | **10 de coeur** | Douze |
| Dame de carreau | Douze | **9 de carreau** | Treize |
| **Dame de trèfle** | Treize | Valet de trèfle | Quatorze |
| **As de carreau** | Quatorze | Valet de carreau | Quatorze |
| **10 de trèfle** | Quinze | Roi de carreau | Quatorze |

L'adversaire, gagnant la levée, annonce son jeu:

*Adversaire:* seize et la Carte; vingt-six.

La manche se termine donc avec le résultat suivant: l'adversaire remporte 26 points et le donneur, 14.

La première chose qu'un joueur doit prendre en considération, c'est le point. On ne peut en surestimer l'importance parce que non seulement il augmente la marque d'un joueur, mais il le protège en outre contre pic et repic; et, bien entendu, compter pour le point diminue d'autant les gains de l'adversaire. Par conséquent, un joueur devrait normalement garder intacte sa famille la plus longue et écarter parmi les autres. Ceci, toutefois, ne s'avère pas toujours pertinent, surtout si la famille la plus longue se compose principalement de petites cartes et que les autres contiennent des cartes plus élevées. Le joueur inexpérimenté qui reçoit:

aura tendance à conserver le pique et à écarter parmi les autres couleurs afin de marquer pour le point et la séquence. Par contre, un joueur plus chevronné se défera des cinq piques parce que seul le Valet de pique lui permettrait d'avoir une sixième plutôt qu'une quatrième, et il n'a qu'une chance sur trois de l'obtenir. Il est probable que le point serait chose acquise en conservant l'ensemble des piques, mais il est tout aussi certain que ces cartes seront alors perdues. Il en résultera une différence notoire au niveau du total, et il faut toujours tenir compte autant des cartes que du point. Si le non-donneur possède plusieurs cartes hautes dans une même couleur, il est habituellement assuré de gagner et le point et les cartes. Il doit alors conserver cette couleur à tout prix; cette situation revêt beaucoup moins d'importance pour le donneur puisqu'il n'aura jamais l'entame.

Une règle générale émane de cette constatation: le non-donneur devrait écarter de façon à obtenir une main d'attaque; par contre, son adversaire aurait intérêt à se constituer une main défensive, c'est-à-dire une main dont le maximum de couleurs possèderait une certaine force.

Compte tenu de ces considérations, il est donc préférable d'écarter parmi le moins de familles possible. Et une fois qu'un joueur a décidé de se défaire dans une couleur, il devrait l'écarter entièrement, à moins qu'il ne préfère se garder dans cette couleur.

Il vaut mieux conserver, de préférence aux autres, les cartes constituant une séquence et, bien entendu, celles qui permettrait de former des brelans et des quatorze.

Il est très important de jouer en fonction du score final, surtout au cours de la dernière donne. Par exemple, un joueur qui a beaucoup d'avance et entrevoit la possibilité d'un rubicon, devrait se défausser avec précaution et jouer de façon à empêcher son adversaire d'éviter le rubicon en accumulant 100 points. Si, au contraire, il est menacé, il lui faudra prendre certains risques, étant donné que seul un total élevé pourra le sauver. On doit néanmoins se rappeler que si un joueur est rubicon, ses points sont ajoutés à ceux de son adversaire; aussi, s'il n'a aucune chance d'y échapper, il devrait jouer de telle sorte que son résultat demeure très faible. A cette fin, il pourrait se contenter de déclarer les actions («equities») et autres gains lui permettant d'éviter le pic et repic, tout en s'efforçant de diviser les cartes.

C'est d'Oxford que vient le PIQUET AUX ENCHÈRES, et ce sont des prisonniers britanniques qui le rendirent populaire, durant la guerre de 1914.

En commençant par le non-donneur, les joueurs déclarent avant d'écarter. Ils ont le droit de passer et si tous deux s'en prévalent, le même joueur sert de nouveau. La plus basse enchère peut être au niveau de 7. C'est un contrat pour faire, ou perdre, sept des douze levées possibles. Déclarer quand ce n'est pas son tour, ou au-dessous de ses moyens, n'entraîne pas de pénalité parce que ces irrégularités servent tout simplement à renseigner l'adversaire.

L'aspect le plus intéressant de ce jeu, c'est l'enchère négative selon laquelle on s'engage à perdre un nombre déterminé de levées. Ce contrat n'est ni inférieur ni supérieur à une enchère normale. Dans une manche négative, le joueur compte tout ce qu'il y a de bon dans la main de son adversaire. Un joueur peut contrer son adversaire, celui-ci pouvant alors surcontrer ou surenchérir.

Les enchères terminées, les joueurs écartent. Le reste de la partie se déroule comme au Piquet ordinaire, compte tenu du fait qu'on n'est pas tenu ici d'écarter au moins une carte.

Les joueurs procèdent aux déclarations et peuvent annoncer point, séquences, brelan et quatorze dans l'ordre qui leur convient. L'abandon est autorisé pour les manches positives, mais non pour les négatives.

Les points se comptent comme suit: les valeurs des points, séquences, brelans, quatorze, carte et capot demeurent les mêmes. Dans les manches positives, le pic (30 points) s'obtient à partir de 29, et le repic (60 points) à partir de 30. Dans les manches négatives, pic et repic sont tous deux acquis à partir de 21.

La partie (six manches) vaut 150 points, et le rubicon se situe au-dessous de cette marque. En cas d'égalité, on joue une septième manche, et si elle se répète, la partie se termine là.

Un joueur a droit à 10 points par levée remportée durant une manche positive (ou perdue dans une manche négative supérieure ou inférieure au contrat annoncé).

Si un joueur échoue à remplir son contrat, son adversaire compte 10 points pour chaque levée de chute.

Les levées de chute et les surlevées sont contrées et surcontrées; par contre, cela ne s'applique pas aux totaux de la main et de la partie.

Même si un joueur gagne un point par levée remportée, il ne compte rien ni pour avoir entamé avec une carte perdante, ni pour avoir fait la dernière levée.

## TABLE NETTE

La Table nette est un jeu à deux facile à apprendre et

qui en vaut la peine parce qu'il est vraiment fascinant.

Chaque joueur reçoit six cartes muettes d'un paquet de cinquante-deux et on en expose quatre autres sur la table. Le reste du paquet est mis de côté temporairement. S'il se trouve un ou plusieurs Valets parmi les cartes exposées, on les enlève pour les placer sous le paquet et on les remplace par des cartes prises sur le dessus du solde.

Le non-donneur joue le premier. Si la carte qu'il dépose a la même valeur que l'une des quatre cartes de la table, il ramasse celle-ci, tout comme celles dont la valeur cumulative correspondrait à celle de la carte qu'il vient de jouer. A cette fin, un Roi vaut 14 points, une Dame 13 et un As 11 ou 1. Le rôle particulier du Valet sera expliqué plus loin. Les autres cartes conservent leur valeur naturelle.

Si la table et la main du joueur se présentent comme suit:

il jouera le Roi de coeur et ramassera le Roi de pique. Par contre, si sa main est la suivante:

il échangera l'As de coeur contre le 2 de coeur et le 9 de trèfle qui sont sur la table, parce qu'ils totalisent 11, soit la valeur de l'As.

Le joueur conserve en une pile cachée la carte jouée et celles provenant de la table.

Quand, à quelque moment que ce soit, un joueur peut ramasser toutes les cartes de la table (qu'il y en ait seulement une ou plus de quatre), il annonce «Table nette» et inscrit la valeur totale des cartes ramassées plus celle de la carte qu'il a jouée. Si, par exemple, la table se présente comme suit:

et qu'un joueur possède l'un des trois autres Rois, il pourra annoncer «Table nette» parce que son Roi prendra le Roi de pique et les trois autres cartes qui totalisent 14. Il obtiendra pour ce coup 42 points (i.e. 14 x 3).

Le rôle particulier du Valet tient à ce qu'il permet au joueur qui l'utilise de ramasser toute la table, sans pouvoir toutefois compter pour une table nette. Il est important, sans contredit, d'avoir un Valet en main parce que le fait de le jouer oblige l'adversaire à déposer une carte solitaire; or, quand il ne reste plus qu'une carte sur la table, le joueur dont c'est alors le tour est bien placé pour faire table nette.

Les joueurs jouent à tour de rôle jusqu'à ce qu'ils aient épuisé leurs six cartes. Le donneur en redistribue alors six autres à chacun, et ainsi de suite jusqu'à la fin du paquet.

Lorsqu'on a joué la dernière série de six cartes, toute carte laissée sur la table revient à celui qui a été le dernier à ramasser une carte du tableau.

Les joueurs examinent les cartes qu'ils possèdent et comptent un point pour le 2 de trèfle et pour chaque As, Roi, Dame, Valet et 10 (à l'exception du 10 de carreau qui en vaut 2). Enfin, un joueur qui a accumulé 27 cartes ou plus gagne 3 points.

Chacun donne à tour de rôle et le vainqueur est celui qui arrive le premier à 251 points.

Le jeu requiert plus d'habileté qu'il ne paraît à première vue. Si, par exemple, il n'y a qu'un 8 sur la table et que la main du joueur est la suivante:

il a tout intérêt à jouer le 4 de coeur parce que, comme aucune carte ne vaut 12, son adversaire sera donc dans l'impossibilité de faire table nette.

Comme dans tout autre jeu, il est important de se souvenir des cartes qui ont été jouées. L'adversaire vient de faire table nette et le joueur a en main:

Il lui faut déposer une carte et, instinctivement, il sera porté à jouer le 3 de coeur qui donnera peu de points à l'adversaire s'il annonce encore «Table nette». Mais si c'est un 10 qui a été déposé au lieu d'un 3, il vaut mieux alors jouer l'un des 10 parce qu'en termes de probabilités, il y a moins de chances pour que l'adversaire ait le dernier 10, alors qu'il peut fort bien détenir l'un des trois autres 3.

La TABLE NETTE À TROIS se joue de la même façon, sauf que les joueurs reçoivent quatre cartes à la fois au lieu de six.

## LE WHIST PRUSSIEN

Le Whist prussien est un jeu très simple. Chaque joueur reçoit treize cartes. Après quoi, les vingt-six autres sont

127

placées face contre table entre eux et on retourne la carte du dessus pour déterminer l'atout.

Le non-donneur amorce la première levée. Par la suite, celui qui fait le pli entame le suivant et ainsi de suite. Un joueur doit fournir s'il le peut. Dans le cas contraire, il peut couper ou écarter. Le gagnant d'une levée ajoute la retourne à sa main, le perdant prend la carte suivante du solde (sans la montrer à son adversaire) et en retourne la prochaine.

Lorsque le solde est épuisé, les joueurs terminent avec les treize cartes qui leur restent en main; et à ce stade de la partie, celui qui jouit d'une bonne mémoire saura avec précision quelles sont les cartes de son adversaire.

La partie se déroule en une manche; le joueur qui fait le plus de levées se voit attribuer un nombre de points fixé d'avance pour chaque levée excédant le nombre qu'en a accumulés son adversaire. Bien entendu, si chacun des joueurs a remporté treize levées, il n'y a pas de points.

Quoique le Whist prussien soit fort simple, il constitue un excellent exercice de mémoire pour ceux qui souhaitent participer à des jeux plus complexes, et, simultanément, il permet un bon apprentissage des cartes.

Si un joueur a une main riche en atout, il pourra les utiliser au début de la partie afin de contrôler vers la fin, et si la carte exposée est en atout, il est toujours bon d'essayer de la ramasser.

Par ailleurs, il n'est pas toujours avantageux de faire une levée. Cela dépend beaucoup de la valeur de la retourne. Supposons que ce soit le 9 de carreau. Ouest joue le 7 de carreau et Est a en main: Dame, 6 et 3 de carreau. Est devrait riposter avec le 3 de carreau et laisser Ouest faire la levée. Il est inutile de se défaire de la Dame de carreau qui s'avérera sûrement utile plus tard, au cours de la partie. Au contraire, si la retourne est le Valet de carreau, Est devra remporter la levée en jouant la Dame de carreau parce qu'il l'échangera contre une carte de même importance, ajoutant en outre une levée à son total.

Il est souhaitable d'avoir en main, dans la mesure du possible, des cartes des quatre familles afin de pouvoir, en faisant un pli, ramasser la retourne lorsqu'elle en vaut la peine, et ce, sans perdre le contrôle de ces familles.

La main de Ouest est celle-ci:

Le trèfle est atout et la retourne est le Roi de trèfle. Il vaut la peine de ramasser ce Roi, tandis que ce serait une erreur de jouer l'As de trèfle. Ouest ferait la levée sans aucunement modifier la valeur de sa main. Il aurait donc intérêt à entamer avec le Roi de carreau parce que s'il l'emporte, sa main en sera améliorée, et au cas où Est ferait la levée en jouant l'As de carreau, la Dame de carreau demeurerait quand même la carte la plus forte de cette famille.

# JEUX POUR
# TROIS PERSONNES

# LA DAME DE PIQUE (Black Maria)

Le Black Maria qu'on appelle parfois **Black Lady** (la Dame noire) ou **Slipperry Anne**, ressemble beaucoup aux Coeurs et à leurs diverses variantes (voir p. 214 ). C'est à trois que ce jeu est le plus intéressant, même si davantage de joueurs peuvent y participer.

Après avoir retiré le 2 de trèfle du paquet, le donneur sert dix-sept cartes à chacun. Les cartes suivent l'ordre habituel, l'As étant la plus forte et le 2 la plus basse. Chaque joueur examine sa main, puis passe trois cartes à son voisin de droite et en reçoit trois autres de son voisin de gauche, mais il ne pourra les regarder qu'après avoir lui-même passé les siennes.

Une fois cet échange terminé, le voisin de gauche du donneur entame le premier pli. L'entame reviendra ensuite au gagnant de chaque levée. Un joueur est tenu de fournir s'il le peut; autrement, il se défausse de la carte qui lui convient. Il n'y a pas d'atout.

Le jeu consiste à éviter de faire des levées qui contiennent une ou plusieurs cartes entraînant une pénalité. Ces cartes, de même que les pénalités qui les accompagnent, sont les suivantes:

| | |
|---|---|
| Chaque coeur: | 1 point |
| As de pique: | 7 points |
| Roi de pique: | 10 points |
| Dame de pique (Black Maria): | 13 points |

La donne passe dans le sens des aiguilles d'une montre.

Le joueur inexpérimenté qui a reçu un pique élevé est généralement porté à croire que la seule solution consiste à la passer à son voisin de droite. Ce n'est pourtant pas toujours la meilleure tactique. Il vaut souvent beaucoup mieux garder les piques élevés, du moment qu'ils sont soutenus par des petits piques, afin de pouvoir contrôler cette couleur durant la partie. De fait, un joueur qui a en main des piques ou des coeurs inférieurs à la Dame serait fort avisé de les conserver; il serait ainsi à même de se protéger contre les grosses cartes des autres familles qu'il pourrait recevoir. L'objectif principal, en écartant, consiste soit à essayer de constituer une couleur «nulle» — pour se débarrasser des cartes de pénalité en s'en défaussant durant la partie —, soit de former de longues familles, à condition qu'elles comportent des cartes basses. Un joueur qui a reçu la main suivante:

n'a d'autre alternative que de passer les trois carreaux. Il doit garder les piques au cas où il recevrait une haute carte dans cette famille; les coeurs sont adéquatement protégés, et il n'a rien à craindre du côté du trèfle.

Pour pouvoir gagner, il est absolument essentiel d'être capable de compter les cartes. Vers la fin d'une manche, un joueur expérimenté saura parfaitement quelles sont les cartes qui restent à jouer et, presque à coup sûr, qui les a en main. C'est donc à la toute fin de la partie qu'il aura l'occasion de prouver son habileté.

Après quatorze plis, chacun des joueurs devrait savoir ce que ses adversaires ont en main.

Ouest, qui a l'entame, joue le 6 de pique, Nord dépose le 2 de pique et Est, qui n'a pas le choix, l'emporte avec le Roi de pique. Dès lors, si Est joue les 5 de carreau, Ouest devrait faire la levée avec le 8 de carreau, en plus d'hériter de la Dame de pique (Black Maria) déposée par Nord. Si, par contre, Est entame avec le 3 de trèfle, Nord gagne avec le 6 de trèfle, tandis qu'Ouest joue son As de pique.

Le jeu d'Est sera fonction du score, selon qu'il s'avèrera plus avantageux pour lui de faire attribuer les 20 points à Ouest ou à Nord.

Cette stratégie est parfaitement honnête, du moment qu'Est ne considère que son propre intérêt et n'agit pas avec malice et préméditation.

Le BLACK MARIA À QUATRE se joue de la même façon, sauf qu'on ne retire aucune carte et que chaque joueur, par conséquent, en reçoit treize. Les joueurs peuvent jouer chacun pour soi ou en équipes.

Le BLACK MARIA À CINQ varie également fort peu. Les seules modifications sont les suivantes: on retire les 2 de trèfle et de carreau et chaque joueur reçoit dix cartes.

## LE BRIDGE À TROIS

On a maintes fois proposé des variantes du Bridge (voir p. 162) conçues à l'intention de trois joueurs. La plus intéressante est le Towie (voir p. 147), mais la plus originale, et en même temps la plus simple, est celle qu'on connaît sous le nom de Bridge à trois, ou **Cut Throat Bridge** en anglais.

Les joueurs s'assoient où ils veulent et après qu'on ait tiré pour la donne, brassé et coupé normalement, le donneur sert treize cartes à chacun et constitue une quatrième main qui sera temporairement mise de côté.

Le donneur ouvre les enchères qui se déroulent comme au Bridge, et son voisin de gauche entamera la première levée, après qu'un des joueurs ayant déclaré, contré ou surcontré, les deux autres auront décidé de passer. Le joueur qui a obtenu le contrat final, arrange la quatrième main et l'étale devant lui. Il la jouera comme le *mort,* contre les deux autres joueurs qui forment équipe. La partie et le décompte sont les mêmes qu'au Bridge à quatre, sauf que si un joueur perd son contrat, les points de pénalité reviennent à ses deux adversaires. Le gagnant d'un robre a droit à une prime de 700 points si aucun adversaire n'a gagné de manche, ou de 500 points si l'un d'eux en a remporté une.

De toute évidence, il s'agit là d'un jeu de hasard parce que les joueurs sont forcés de déclarer en espérant trouver dans le jeu du mort les cartes dont ils ont besoin.

Selon une variante conçue afin de diminuer l'impact du hasard dans ce jeu, chaque joueur reçoit dix-sept cartes, et la cinquante-deuxième, muette, est servie au mort à qui chacun donnera quatre cartes également muettes, après avoir examiné leurs cartes et avant de déclarer. Ainsi, les trois joueurs connaissent quatre des treize cartes sur lesquelles ils devront miser.

Dans une autre version, au lieu de déclarer pour le mort, les joueurs fixent un nombre de manches (divisible par trois) et jouent à tour de rôle en équipe avec le mort contre les deux autres.

Dans cette version, le robre n'existe pas. Mais le joueur qui déclare et réussit son contrat obtient une prime de 300 points. Il n'y a pas non plus de vulnérabilité.

## LE CINQ-CENTS

Des quelques jeux convenant à un groupe de trois joueurs, le Cinq-Cents, qui est une variante de l'Euchre (voir p. 219 ), est sans contredit l'un des meilleurs. On se sert d'un paquet auquel on a ajouté un Joker et dont on a retiré toutes les cartes inférieures à 7. En tout, donc, trente-trois cartes qui sont distribuées aux joueurs par groupes de trois, deux, trois, deux et dont les trois dernières, muettes, constituent la *veuve* qu'on laissera sur la table.

L'ordre des cartes est le suivant: *Joker, bosquet de droite* (Valet), *bosquet de gauche* (Valet de la même couleur), *As, Roi, Dame, 10, 9, 8, 7*. Dans les trois familles autres que l'atout, les cartes suivent l'ordre habituel, l'As étant la plus haute et le 7 la plus basse.

Le voisin de gauche du donneur déclare le premier. Les

enchères se succèdent dans le sens des aiguilles d'une montre, et un joueur qui passe ne peut surenchérir.

Les couleurs se succèdent ainsi: sans atout (la plus forte), coeur, carreau, trèfle, pique. Le joueur doit préciser le nombre de plis (au moins six) qu'il se propose de faire dans une couleur donnée ou en sans atout. L'un après l'autre, les joueurs passent ou surenchérissent. Si tous passent, la manche est jouée en sans atout. Personne ne ramasse la veuve; le voisin de gauche du donneur ouvre le jeu et celui qui fait une levée remporte 10 points.

Il y a dix cartes en atout: Joker, Bosquet de droite, Bosquet de gauche, As, Roi, Dame, 10, 9, 8, 7. De ce fait, il n'en reste que sept dans la famille de la même couleur que l'atout puisque son Valet est devenu le Bosquet de gauche, soit la troisième plus forte carte d'atout. Les deux autres familles contiennent huit cartes chacune. Comme il n'y a pas de Bosquet en sans atout, les quatre couleurs sont théoriquement composées de huit cartes, mais, en pratique, l'une d'elles en comprend neuf parce que celui qui a le Joker, décide, au moment où il le joue, de quelle famille il fait partie (et le Joker l'emporte); toutefois, ce joueur ne peut intégrer le Joker à une couleur où il aurait précédemment renoncé. De même, une levée amorcée avec le Joker l'emporte sur toute autre couleur, à moins, également, que son détenteur n'y ait déjà renoncé.

Les valeurs des déclarations sont les suivantes:

|            | Six | Sept | Huit | Neuf | Dix |
|------------|-----|------|------|------|-----|
| Pique      | 40  | 140  | 240  | 340  | 440 |
| Trèfle     | 60  | 160  | 260  | 360  | 460 |
| Carreau    | 80  | 180  | 280  | 380  | 480 |
| Coeur      | 100 | 200  | 300  | 400  | 500 |
| Sans atout | 120 | 220  | 320  | 420  | 520 |

Il existe divers barèmes, mais le barème Avondale, décrit

ici, est le plus satisfaisant parce que les couleurs augmentent de 20 points à chaque fois et que toute levée faite au-delà de six permet de remporter 100 points supplémentaires, du moment que le joueur s'est engagé à les faire. C'est, en outre, le moins compliqué de tous les barèmes.

Un joueur marque uniquement pour le nombre de plis annoncés dans son contrat et réussis, mais quand il remporte les dix levées (chelem) — qu'il l'ait annoncé ou non — il a droit à une prime qui varie selon la valeur du contrat; si celui-ci est inférieur à 250 points, la prime sera de 250 points, mais s'il y est supérieur, elle sera de la même valeur que ledit contrat. Par conséquent, quand un joueur déclare huit piques (240 points) et fait les dix levées, il accumule 490 points (240+250), mais s'il déclare huit trèfles (260 points) et remporte toutes les levées, il obtient 520 points (260+260). Comme la victoire revient à celui qui accumule le premier 500 points, il est possible à un joueur de gagner la partie en une seule manche.

Le joueur qui fait la déclaration finale — l'ouvreur — ramasse la veuve et la remplace par trois cartes qu'il écarte sans avoir à les montrer à ses adversaires. Puis, il amorce la première levée. Un joueur doit fournir quand il le peut, et s'il entame avec le Joker ou le Bosquet de gauche dans un contrat en couleur, les autres peuvent jouer une carte d'atout s'il en ont. En sans atout, les adversaires doivent suivre dans la couleur que choisit celui qui entame avec le Joker.

Le gagnant d'une levée commence la suivante et on doit les jouer toutes les dix parce que les adversaires de l'ouvreur inscrivent 10 points pour chacun des plis qu'ils font.

Quand un joueur ne fait pas toutes les levées prévues à son contrat, ses deux adversaires récupèrent la valeur de son contrat.

S'il y a plus d'un gagnant au cours d'une même manche et que l'un d'eux est l'ouvreur, celui-ci est proclamé vainqueur s'il a réussi son contrat. Lorsqu'aucun des deux n'est l'ouvreur, le gagnant est celui qui, le premier, a remporté suffisamment de levées pour obtenir 500 points.

Le joueur qui accumule moins de 300 points paie au vainqueur le double de la valeur numérale de ses pertes, et s'il s'agit de moins de 100 points, il lui en paye le triple. Ces doubles et triples paiements sont facultatifs.

Le CINQ-CENTS À DEUX est très proche du jeu de base. Les joueurs s'installent l'un en face de l'autre et, outre la veuve déposée au milieu de la table, le donneur constitue, à sa gauche, une main supplémentaire qu'on appelle le *mort*.

On ne peut ni toucher ni regarder le mort. Les deux joueurs s'affrontent comme au Cinq-Cents, mais leurs enchères pourront être assez hautes puisqu'elles consistent essentiellement en une forme de spéculation par rapport aux cartes de l'adversaire et du mort qui sont sans danger.

Le CINQ-CENTS À QUATRE se joue également de la façon décrite plus haut, à ce détail près que les joueurs se regroupent en équipes. Pour que chacun des participants puissent recevoir dix cartes et la veuve trois, on utilise un paquet de trente-trois cartes, comme au Cinq-Cents à trois, auquel on a rajouté les 6, les 5 et deux 4.

# LE HOMBRE

Le Hombre est un jeu espagnol dont les origines sont très anciennes. Catherine de Bragance, qui épousa Charles II en 1662, le fit connaître en Angleterre où il devint aussitôt très en vogue. Pourtant, il y est maintenant presque oublié, alors qu'on l'apprécie beaucoup au Danemark (où il a fait l'objet d'un livre publié en 1965); on y joue également en Espagne, où il s'appelle Trefillo, de même qu'en Amérique latine. C'est un jeu qui mériterait vraiment d'être connu davantage.

On utilise un paquet de quarante cartes, c'est-à-dire un

paquet ordinaire dont on a retiré les 8, 9 et 10. Quoique le Hombre ne soit pas vraiment difficile, il faut d'abord maîtriser l'ordre inhabituel et quelque peu complexe des cartes.

Pour les *familles autre que l'atout*, les *cartes rouges* observent l'ordre suivant: Roi, Dame, Valet, As, 2, 3, 4, 5, 6, 7; tandis que pour les *cartes noires*, on respecte l'ordre habituel: As, Roi, Dame, Valet, 7, 6, 5, 4, 3, 2.

En *atout*, si c'est une *famille rouge*, les cartes se succèdent comme suit: As de pique *(Spadille)*, 7 *(Manille)*, As de trèfle *(Basto)*, As *(Punto)*, Roi, Dame, Valet, 2, 3, 4, 5, 6; si l'*atout est noir:* As de pique (Spadille), 2 (Manille). As de trèfle (Basto), Roi, Dame, Valet, 7, 6, 5, 4, 3.

On attribue aux trois plus fortes cartes d'atout — Spadille, Manille et Basto — le nom collectif de *Matadors.* Si une levée est commencée en atout, le joueur qui a l'un des Matadors en main n'est pas obligé de l'utiliser comme une carte d'atout; par contre, il est tenu de le jouer si un adversaire a entamé avec un Matador plus élevé et s'il n'a pas d'autre atout en main.

Pour déterminer qui sera le donneur, on sert une carte découverte à chaque joueur et le premier qui reçoit un As noir sert les cartes. Il convient de noter ici que, dans tous les jeux d'origine espagnole, la donne et le jeu se déroulent dans le sens inverse des aiguilles d'une montre.

Le donneur distribue neuf cartes, trois par trois, à chacun des joueurs. Les treize autres sont déposées au milieu de la table, face au tapis.

Chaque manche est complète en elle-même. Un des joueurs (le *Hombre*) se trouve opposé aux deux autres qui forment équipe. Le joueur à la droite du donneur peut, le premier, choisir de devenir le Hombre. Deux avantages découlent de ce privilège: le Hombre peut désigner l'atout, et il peut écarter autant de cartes qu'il le désire et les remplacer par d'autres tirées dans le solde. Si, donc, ce joueur accepte d'être le Hombre, il dit «Je joue». Ensuite, son voisin de droite a le droit, à son tour, d'exprimer la même intention et, par cette annonce, il accepte tacitement de jouer sans échanger aucune carte. Le premier joueur peut reconsidérer sa position et conserver le droit d'être le Hombre s'il accepte, lui aussi, de ne pas échanger de cartes. Si le second joueur préfère passer, le troisième (qui est le donneur) peut lui aussi annoncer son intention de jouer sans écarter. A nouveau, le premier joueur est autorisé à reparler et à demeurer le Hombre en conservant toutes ses cartes.

Quand les trois joueurs passent, donc quand aucun ne souhaite être le Hombre, la manche est abandonnée.

Si le premier joueur ne rencontre aucune opposition et devient le Hombre, il écarte de sa main toutes les cartes qu'il choisit et les remplace par d'autres provenant du solde. Le second joueur l'imite, puis c'est au tour du donneur de faire de même. S'il reste des cartes dans le solde après que les trois joueurs aient procédé à ces échanges, le donneur a le droit de les regarder. Il devra alors les montrer aux deux autres joueurs, mais s'il décide de ne pas examiner ces cartes, ses adversaires ne pourront pas les voir non plus.

Ceci étant réglé, le Hombre désigne l'atout et joue une première carte. Les joueurs se succèdent de droite à gauche et doivent fournir dans la couleur de l'entame s'ils le peuvent ou, dans le cas contraire, couper ou se défausser. Le gagnant d'une levée amorce la suivante, et ce, jusqu'à ce que les neuf plis aient été joués.

Au début de chaque manche, les joueurs déposent une somme convenue dans une corbeille. Maintenant, on a les possibilités suivantes:

*Sacardo:* si le Hombre remporte davantage de levées que l'un ou l'autre de ses adversaires, il ramasse le contenu de la corbeille.

*Codille:* dans le cas où c'est l'un des adversaires qui fait plus de levées que le Hombre, celui-ci lui verse un montant égal à celui de la corbeille, lequel est conservé pour la manche suivante.

*Puesta:* en cas d'égalité, au niveau du nombre de levées, entre le Hombre et l'un de ses adversaires — ou même les deux —, le Hombre double la somme déposée dans la corbeille, somme qui sera également conservée pour la prochaine manche.

La donne ne circule pas en rotation. Comme pour la première, on détermine le donneur en servant des cartes découvertes, jusqu'à ce qu'un des joueurs reçoive un As noir.

La manche décrite ici illustre simplement la façon dont se déroule le jeu.

|         | *Ouest*                   | *Nord*           | *Est*      |
|---------|---------------------------|------------------|------------|
| Coeur   | Roi, 7                    | aucun            | 4, 5, 6    |
| Carreau | 6                         | 7                | 2, 3, 4, 5 |
| Pique   | 7, 5                      | Valet, 6, 4, 3, 2 | Dame       |
| Trèfle  | Manille, Basto, Roi, 5    | Dame, Valet, 6   | 7          |

La donne revient à Nord.

Ouest déclare «Je joue». Est et Nord passent. Ouest écarte les 7 et 6 de carreau et les 5 et 7 de pique; il tire le 3 de coeur, l'As et la Dame de carreau, ainsi que le 4 de trèfle.

Est écarte les 4, 5 et 6 de coeur. Sa main est sans valeur et il espère pouvoir terminer avec une couleur nulle. Il tire l'As et la Dame de coeur et le Spadille.

Nord écarte le 7 de carreau, les Valet, 6, 4, 3 et 2 de pique et ramasse le 2 et le Valet de coeur, le Valet et le Roi de carreau, le Roi de pique et le 3 de trèfle.

Les mains sont maintenant celles-ci:

|        | Ouest              | Nord             | Est           |
|--------|--------------------|------------------|---------------|
| Coeur  | Roi, 3             | Valet, 2         | Dame, As      |
| Carreau| Dame, As           | Roi, Valet       | 2, 3, 4, 5    |
| Pique  | aucun              | Roi              | Dame          |
| Trèfle | Manille, Basto,    | Dame, Valet,     | Spadille, 7   |
|        | Roi, 5, 4          | 6, 3             |               |

Ouest désigne le trèfle comme atout. Sa main n'est pas très bonne, mais il lui faut entamer en atout. Il attaque donc avec le Roi de trèfle qu'Est bat avec le Spadille, parce que Ouest n'aurait sûrement pas joué un Roi d'atout s'il n'avait en main une Manille, de même que, probablement, un Basto. Est ne peut faire mieux que de jouer le 7 de trèfle que Nord remporte avec le Valet de trèfle. Ouest le laisse gagner en n'abattant que le 4 de trèfle, conscient du fait que Nord a la main la plus dangereuse et que, tôt ou tard, il perdra une levée en atout. Nord doit conserver ses fortes cartes en carreau et son Roi de pique, et il ne peut, sans risques, attaquer en coeur. Il est donc obligé d'entamer avec un trèfle. Ouest gagne avec le Basto, fait tomber le dernier atout de Nord avec la Manille et continue en jouant le 5 de trèfle. Ce coup provoque la fin de Nord. S'il se défausse du Valet de carreau, Ouest attaquera dans cette couleur et, plus tard, l'emportera avec le Roi de carreau et un autre carreau; s'il joue le 2 de coeur ou le Roi de pique, Ouest gagnera avec le Roi de coeur et poursuivra avec le 3 de coeur, de telle sorte qu'ou bien il sera vainqueur grâce à la Dame de carreau, ou bien Nord et Est diviseront leurs levées en trois-deux. De toute façon, c'est un Sacardo et Ouest ramasse le contenu de la corbeille.

## OKLAHOMA

Quoique le Oklahoma convienne aussi bien à deux joueurs qu'à sept, on considère généralement qu'il est plus intéressant quand les participants sont au nombre de trois.

On bat ensemble deux paquets et un Joker pour avoir cent cinq cartes en main. L'As est la plus forte et le 2 la plus faible; toutefois, le Joker et les 2 sont des cartes «frimées» et remplacent n'importe quelle autre, au gré du joueur. Quand on bâtit des séquences, l'As peut être la plus haute dans As-Roi-Dame . . ., ou la plus basse comme dans... 3-2-As; mais il ne peut «tourner le coin», comme dans . . . 2-As-Roi . . .

On sert treize cartes à chaque joueur. Le solde est déposé face contre table et la carte du dessus, découverte, est placée à côté.

Le jeu consiste à former des séquences de trois cartes ou plus, de la même famille, ainsi que des séries de trois ou quatre cartes de même valeur, indépendamment de la couleur.

Une fois la donne complétée, le joueur assis à la gauche du donneur peut ramasser la carte exposée ou la refuser; si tel est le cas, cette option revient à son voisin de gauche, et ainsi de suite. Le joueur qui accepte la carte exposée est tenu de l'assortir immédiatement à deux ou plusieurs cartes de sa main, de déposer sur la table une carte découverte provenant également de sa main et, enfin, d'étaler sa séquence ou sa série devant lui.

Si personne ne ramasse la retourne, le joueur à la gauche du donneur ouvre le jeu et prend la carte supérieure du solde. Qu'il étale ou non une combinaison, de toute façon, il lui faut écarter une carte de sa main qu'il déposera, visible, sur la carte exposée.

Le jeu se poursuit en tournant de gauche à droite, chaque joueur prenant, à tour de rôle, ou la carte supérieure du solde, ou celle qui se trouve sur le dessus de la pile d'écarts. Le joueur qui choisit cette dernière carte est obligé de l'utiliser immédiatement, soit en l'ajoutant à une séquence ou série déjà étalée, soit en l'échangeant contre le Joker s'il fait déjà partie d'une combinaison, soit encore en en constituant une nouvelle avec la carte ramassée et deux ou plusieurs autres provenant de sa main. Le joueur ramasse ensuite le reste de la pile d'écarts et peut étaler d'autres combinaisons comprenant ces nouvelles cartes, avant d'écarter.

Une séquence peut contenir un maximum de quatorze cartes (une famille complète avec un As à chaque extrémité), mais une série n'en comprend qu'au plus quatre, toutes de même valeur.

Lorsqu'il constitue une combinaison à l'aide du Joker ou d'un 2, le joueur doit préciser quelle est la carte ainsi représentée. Au tour suivant, il pourra remplacer le Joker par la bonne carte, mais non un 2, pas plus qu'il ne pourra échanger le Joker s'il appartient à la combinaison d'un autre joueur.

Un joueur écarte la carte de son choix, à l'exception de la Dame de pique tant qu'il lui est possible de se défaire d'une autre carte.

La manche prend fin quand un joueur n'a plus de cartes en main (on dit qu'il «sort»). Comme il est toutefois obligatoire d'écarter après avoir exposé une combinaison, un joueur dont les dernières cartes seraient le 4 de carreau, le 4 de pique et le 4 de trèfle, ne pourrait sortir; en effet, s'il étalait sa série, il serait dans l'impossibilité d'écarter.

Une fois la partie terminée, le joueur inscrit à son crédit les cartes contenues dans ses combinaisons tandis qu'il débite celles qui lui restent en main.

| | Cartes combinées | Cartes en main |
|---|---|---|
| Joker | + 100 | − 200 |
| Dame de pique | + 50 | − 100 |
| As | + 20 | − 20 |
| 2 (représentant Roi, Dame, Valet, 10, 9, 8, y compris la Dame de pique, | + 10 | − 20 |

| | | |
|---|---|---|
| Roi et Dame (sauf la Dame de pique), | | |
| Valet, 10, 9, 8 | + 10 | − 20 |
| 7, 6, 5, 4, 3 | + 5 | − 5 |
| 2 (représentant 7, 6, 5, 4, 3 ou 2) | nil | − 20 |

Le joueur qui sort se voit attribuer une prime de 100 points, mais s'il tire la dernière carte du solde et écarte sans sortir, on procède à l'addition des points sans que personne reçoive de prime.

Un joueur qui sort à son premier tour n'a pas droit non plus à une prime. S'il sort au deuxième tour ou plus tard sans avoir étalé de combinaison précédemment (lors d'un tour antérieur), on dit qu'il sort *masqué* et il obtient une prime de 250 points qui ne pourront toutefois être inscrits en prévision du score final.

La partie se joue en 1 000 points et le premier joueur qui les accumule reçoit une prime de 200 points. Si deux ou plusieurs participants obtiennent 1 000 points ou plus au cours de la même manche, le vainqueur est celui qui a la plus forte marque et, en cas d'égalité, on partage la prime de 200 points entre les gagnants.

# TOWIE

Le Towie a été conçu par J. Leonard Replogle comme une variante du Bridge (voir p.162). Un nombre variable de joueurs peuvent y participer, mais il est préférable d'y jouer à trois, puisque seulement trois personnes prennent une part active à chaque manche.

On sert, comme au Bridge, quatre mains de treize cartes; celle qui est en face du donneur est le mort et on l'utilisera lors des enchères. Après la distribution, le donneur tire (sans les regarder) six cartes dans la main du mort et les expose devant lui.

En commençant par le donneur, les joueurs ouvrent les

enchères comme au Bridge, mais on ne tient pas compte des scores partiels et si les enchères se terminent sans qu'on soit parvenu à la manche ou à un contrat plus élevé, il y a une donne *goulash\**, suivie d'autres donnes semblables, le cas échéant.

Compte tenu des différences qui suivent, les marques sont les mêmes qu'au Bridge.

1) Dans un contrat en sans atout, chaque levée vaut 35 points.

2) S'il remporte la première manche, le déclarant reçoit une prime de 500 points et devient vulnérable. S'il gagne la seconde — donc le robre —, il obtient 1 000 points.

3) Le déclarant qui réussit un contrat contré ou surcontré reçoit une prime de 50 points, s'il n'est pas vulnérable où de 100 points, s'il l'est.

4) Des surlevées non contrées valent chacune 50 points à leur auteur. En cas de contre ou de surcontre, le score est le même qu'au Bridge.

5) Les pénalités pour les levées de chute sont les suivantes:

*Non vulnérable*

| | |
|---|---|
| non contré: | 50 points par levée |
| contré: | 100 points pour chacune des deux premières levées |
| | 200 points pour les troisième et quatrième |
| | 400 points pour la cinquième et pour toute levée subséquente |

---

\* Pour une donne goulash, les joueurs regroupent leurs cartes par familles (le donneur se chargeant du mort) et on les empile face contre table devant le donneur. On coupe sans rebattre les cartes et le même donneur les sert à nouveau par groupes de cinq-cinq-trois.

*Vulnérable*

non contré:    100 points pour la première levée
                          200 points pour chacune des suivantes
contré:          200 points pour la première levée
                          400 points pour toute autre.

En cas de surcontre, on double les scores établis pour les contrats contrés.

Lorsque plus de trois joueurs prennent part au jeu, ceux qui sont inactifs sont les adversaires du déclarant. Ils ne participent ni aux enchères ni au jeu lui-même, mais plutôt au score, perdant quand le déclarant réussit son contrat, ou comptant pour les pénalités des levées de chute si celui-ci échoue.

Une fois la manche terminée, le déclarant se retire et cède sa place à l'un des joueurs inactifs, indépendamment du fait qu'il ait réussi ou perdu son contrat. Les autres joueurs inactifs entrent ainsi dans le jeu, à tour de rôle, remplaçant le déclarant de la manche précédente. Un joueur vulnérable ne peut cependant revenir au jeu si une autre personne, non vulnérable, attend son tour.

**Le mort après qu'on en ait exposé les cartes muettes.**

La partie prend fin quand un joueur a remporté deux manches. Au Towie, il n'est pas rare de voir infliger de lourdes pénalités, parce que les joueurs n'ont pas de partenaires durant la période des enchères et qu'ils ne peuvent faire plus que de déclarer d'après la valeur de leur propre main, les six cartes du mort qui sont exposées, et les sept qu'ils espèrent y trouver. Les annonces forcées sont fréquentes, mais il est nécessaire de prendre des risques et ce jeu ne s'adresse pas aux poules mouillées ou aux parieurs timorés. Un jeu défensif permet de prouver son habileté, mais, dans l'ensemble, un joueur doit viser essentiellement à jouer le mort, en particulier quand cinq personnes prennent part au jeu.

Le mort

Ouest

Est

Sud

Sud et Est sont vulnérables et Sud a donné. Il déclare timidement un pique et après qu'Ouest ait passé, Est annonce trois sans atout. Sud n'ayant pas osé monter jusqu'à quatre piques, Est n'a aucune difficulté à réussir son contrat en s'aidant des cartes du mort qui sont devant lui.

## LES VALETS

Jeu pour trois participants, les Valets sont ainsi nommés parce que ces quatre cartes entraînent des pénalités et que les joueurs devront donc éviter de faire des levées les contenant.

Dix-sept cartes ayant été servies à chacun, on retourne la dernière qui détermine l'atout. Elle n'a aucune autre fonction durant la partie.

Le joueur à la gauche du donneur entame la première levée, puis ce sera à celui qui l'a remportée de commencer la suivante. Un joueur est toujours obligé de fournir. S'il n'en est pas capable, il peut ou couper ou se défausser.

Celui qui fait une levée marque 1 point. Mais un joueur perd 4 points pour avoir ramassé le Valet de coeur, 3 pour le Valet de carreau, 2 pour celui de trèfle et 1, enfin, pour le Valet de pique. A moins que la retourne ne soit l'un des Valets, le score global pour chaque manche sera donc de 7 points (i.e. 17 points pour les levées, moins 10 pour les Valets). Le vainqueur est celui qui accumule 20 points le premier.

Bien que chacun joue pour soi, une partie habilement menée peut donner lieu à des associations temporaires, ce qui en augmente de beaucoup l'intérêt. Si un joueur détient une avance importante alors que les deux autres tirent de l'arrière, ces derniers pourront conclure une alliance pour empêcher le premier d'augmenter son avance, même s'ils ne peuvent diminuer ses gains en lui faisant ramasser des Valets. De la même façon, deux joueurs en train de gagner préféreront jouer afin que les points qu'ils ne peuvent respectivement accumuler reviennent au troisième joueur en perte de vitesse, plutôt qu'à l'un d'entre eux.

Ainsi qu'on peut le voir, ce jeu permet de donner libre cours à son habileté. Tant que le dernier Valet n'a pas été joué, les joueurs font face à un dilemme: le désir d'obtenir un point en faisant une levée et la crainte de se voir gratifier d'un Valet, ce qui est nettement désavantageux.

Le jeu est plus complexe qu'il ne le paraît de prime abord. Il suffit d'examiner l'illustration ci-dessous:

Est donne et le 7 de trèfle est la carte d'atout.

Ayant une longue main en atout, Nord semble en fort bonne posture. En réalité, sa main est loin d'être aussi valable qu'elle le paraît, parce que, en dépit du fait qu'il puisse ainsi faire plusieurs levées, il risque néanmoins de se voir forcé de ramasser des Valets, ce qui est très dangereux. Il est donc probable que son score sera peu élevé; en outre, si Ouest joue habilement, Nord pourra difficilement éviter de ramasser les Valets de coeur et de carreau — ce qui signifie une perte de 7 points — ou en tout cas, de recevoir au moins l'un des deux.

# JEUX POUR
# QUATRE PERSONNES

# AUCTION PITCH

L'Auction Pitch, communément appelé Pitch et parfois **Set Back,** est une variante du All Fours (voir p.151). C'est à quatre (chacun jouant pour soi) qu'il est à la fois le plus intéressant et le plus populaire.

Comme au All Fours, les cartes se succèdent dans l'ordre habituel, l'As étant la plus haute et le 2 la plus basse. Chaque joueur en reçoit six, en deux groupes de trois.

Le joueur à la gauche du donneur déclare le premier et les autres peuvent, à tour de rôle, déclarer ou passer. Une enchère doit valoir au moins 2 points et être supérieure à la précédente, sauf dans le cas du donneur qui est autorisé à relancer pour la valeur de l'enchère antérieure. Le maximum de points accumulables au cours d'une manche est de 4, et un joueur qui croit pouvoir les obtenir déclare «Smudge».

Celui qui emporte le contrat devient le *faiseur* et il entame la première levée. La carte qu'il joue détermine l'atout.

A chaque levée, un joueur doit fournir quand il le peut; autrement, il doit se défausser ou couper. Le gagnant d'une levée entame la suivante.

On compte les points de la même façon qu'au All Fours:

*Haute:* le joueur qui détient l'atout le plus élevé obtient un point.

*Basse:* celui qui a l'atout le plus faible marque un point.

*Valet:* le joueur qui remporte une levée contenant le Valet d'atout (s'il est dans le jeu) inscrit un point.

*Partie:* l'As compte pour 4, le Roi pour 3, la Dame pour 2, le Valet pour 1 et le 10 pour 10; le joueur dont les levées totalisent la plus haute marque a droit à un point. En cas d'égalité, personne ne compte.

Chaque joueur inscrit ses gains, et si le faiseur ne peut réussir son contrat, il en perd la pleine valeur. Il inscrit son score et l'encercle si celui-ci est négatif. Un joueur qui détient un score négatif est dit *dans le trou.*

La partie est gagnée par celui qui le premier accumule 7 points et si, durant la même manche, le faiseur et un ou plusieurs joueurs obtiennent ce total, c'est le faiseur qui l'emporte. Tout comme les trois autres joueurs, il calcule les points dans l'ordre suivant: Haute, Basse, Valet, Partie.

Un joueur qui a déclaré Smudge et obtenu les 4 points, remporte automatiquement la partie, quel que soit son résultat final, à moins qu'il n'ait été dans le trou au moment où il a annoncé Smudge. Dans ce cas, il n'a droit qu'à 4 points.

# LE BOSTON

Le Boston Whist, ou plus simplement le Boston, est une version du Whist à la couleur (voir p. 240) qui, quoique très intéressant, ne jouit pas d'une aussi grande vogue que le jeu original à cause du pointage qui est quelque peu complexe.

Quatre joueurs, chacun jouant pour lui-même, y prennent part. Les couleurs se succèdent de façon régulière, l'As étant la haute et le 2 la basse. On sert treize cartes à chaque joueur en groupes de quatre-quatre-cinq. Le joueur qui fait face au donneur coupe un second paquet dont la carte supérieure de la partie inférieure déterminera ce qu'on appelle la *première préférence;* la seconde famille de même couleur indique la seconde préférence. Les deux autres familles conservent le statut habituel.

Le joueur à la gauche du donneur ouvre les enchères. Chacun déclare à tour de rôle, jusqu'à ce que trois joueurs décident de passer. On est tenu de faire une enchère supérieure à la précédente, et une fois qu'un participant a passé, il ne peut reparler, sauf pour déclarer une misère ou une misère sur table supérieure à l'enchère précédente.

Un joueur peut choisir parmi les quatorze déclarations suivantes:

*Passer*

*Boston:* faire cinq levées.

*Indépendance* ou *Six:* faire six levées.

*Sept:* faire sept levées.

*Petite misère:* perdre douze levées après avoir écarté une carte muette.

*Huit:* faire huit levées.

*Neuf:* faire neuf levées.

*Grande misère:* perdre les treize levées.

*Dix:* faire dix levées.

*Onze:* faire onze levées.

*Petite misère sur table:* perdre douze levées après avoir écarté une carte muette et en étalant son jeu.

*Douze:* faire douze levées.

*Grande misère sur table:* perdre les treize levées en étalant son jeu.

*Chelem:* faire les treize levées.

Dans cette liste, chaque annonce est supérieure à la précédente et, à l'exception des misères qui sont jouées en sans atout, une enchère faite dans la première préférence a la priorité sur une autre qui est dans la seconde préférence, celle-ci primant à son tour sur une troisième dans une couleur ordinaire.

Quand il annonce, un joueur ne précise pas la catégorie. Il dit simplement «Indépendance», «Six», «Sept», etc. Si un adversaire croit pouvoir faire le même nombre de levées dans la seconde préférence, il déclare «Je tiens», et si un troisième pense également pouvoir y parvenir dans la première préférence, il dit «Je tiens par-dessus toi».

Après que le contrat final ait été établi, le donneur désigne l'atout et son voisin de gauche entame la première levée. Selon l'objectif du jeu, le déclarant doit réussir son contrat, tandis que ses trois adversaires tenteront de l'en empêcher. Enfin, il faut fournir quand la chose est possible, autrement, on coupe ou on se défausse.

Le gagnant d'un pli commence le suivant.

Avant le début d'une manche, les joueurs déposent un montant déterminé dans une corbeille.

Le joueur qui réussit son contrat reçoit de chaque adversaire un certain nombre de jetons, tel qu'indiqué dans la table ci-dessous, et si son contrat était de sept levées ou plus, il ramasse toute la corbeille.

| Nombre de levées prévues au contrat | Nombre de levées effectivement remportées | | | | | | | | |
|---|---|---|---|---|---|---|---|---|---|
| | 5 | 6 | 7 | 8 | 9 | 10 | 11 | 12 | 13 |
| Boston, 5 | 12 | 12 | f3 | 13 | 14 | 14 | 14 | 15 | 15 |
| Six | | 15 | 16 | 16 | 17 | 18 | 19 | 20 | 20 |
| Sept | | | 18 | 20 | 21 | 22 | 23 | 24 | 26 |
| Huit | | | | 23 | 24 | 26 | 28 | 29 | 31 |
| Neuf | | | | | 32 | 34 | 36 | 39 | 41 |
| Dix | | | | | | 42 | 45 | 48 | 52 |
| Onze | | | | | | | 63 | 68 | 72 |
| Douze | | | | | | | | 106 | 114 |
| Treize | | | | | | | | | 166 |

En Amérique, la coutume veut que l'on ne tienne pas compte des surlevées. Ceci est préférable parce que le pointage s'en trouve simplifié et qu'il faut faire preuve d'une plus grande habileté, étant donné qu'un joueur doit déclarer en fonction de la valeur réelle de sa main, s'il veut obtenir le maximum.

Le barème est le suivant:

| | | |
|---|---|---|
| Boston (5) | = | 10 |
| Six | = | 15 |
| Sept | = | 20 |
| Huit | = | 25 |
| Neuf | = | 35 |
| Dix | = | 45 |
| Onze | = | 65 |
| Douze | = | 105 |
| Treize | = | 170 |

Un joueur qui ne réussit pas son contrat paye en double à la poule qu'on conservera pour la manche suivante; en outre, il verse à chaque adversaire le nombre de jetons indiqué dans la table ci-dessous:

| Nombre de levées prévues au contrat | Nombre de levées de chute | | | | | | | | | | | | |
|---|---|---|---|---|---|---|---|---|---|---|---|---|---|
| | 1 | 2 | 3 | 4 | 5 | 6 | 7 | 8 | 9 | 10 | 11 | 12 | 13 |
| Boston, 5 | 10 | 20 | 30 | 40 | 50 | | | | | | | | |
| Six | 15 | 25 | 35 | 45 | 55 | 65 | | | | | | | |
| Sept | 20 | 30 | 40 | 50 | 60 | 70 | 80 | | | | | | |
| Huit | 25 | 35 | 45 | 55 | 65 | 75 | 85 | 95 | | | | | |
| Neuf | 35 | 45 | 55 | 65 | 75 | 85 | 95 | 105 | 115 | | | | |
| Dix | 45 | 55 | 65 | 75 | 85 | 95 | 105 | 115 | 125 | 135 | | | |
| Onze | 70 | 80 | 90 | 100 | 110 | 120 | 130 | 140 | 150 | 160 | 170 | | |
| Douze | 120 | 130 | 140 | 150 | 160 | 170 | 180 | 190 | 200 | 210 | 220 | 230 | |
| Treize | 180 | 190 | 200 | 210 | 220 | 230 | 240 | 250 | 260 | 270 | 280 | 290 | 300 |

Pour les misères et les misères sur table, le déclarant, selon qu'il perd ou qu'il gagne, paye ou reçoit de chacun en fonction du barème suivant:

| | | |
|---|---|---|
| Petite misère | = | 20 |
| Grande misère | = | 40 |
| Petite misère sur table | = | 80 |
| Grande misère sur table | = | 100 |

La donne passe de gauche à droite et, habituellement, entre les distributions, l'adversaire de droite du donneur lui coupe le paquet, sans le mêler.

Le BOSTON DE FONTAINEBLEAU est une variante du jeu précédent dont les principes généraux sont presque les mêmes, compte tenu de certaines différences intéressantes et d'un pointage moins compliqué.

Les préférences n'existent pas et les couleurs se suivent dans cet ordre: carreau, coeur, trèfle, pique *. Ainsi, une annonce des Six trèfles constitue une surenchère par rapport à une autre de Six piques, Six coeurs est plus fort que Six trèfles, etc. On ajoute deux nouvelles déclarations: le *piccolissimo* qui consiste à faire exactement une seule levée en sans atout, après avoir écarté une carte muette; le chelem sur table où l'on s'engage à faire les treize levées en étalant son jeu.

Les cartes sont servies par groupe de quatre-quatre-cinq, comme au Boston, et le voisin de gauche du donneur ouvre les enchères. Il n'y a pas de poule. L'ordre des annonces est le suivant: passer, Boston, six, petite misère, sept, piccolissimo, huit, grande misère, neuf, petite misère sur table, dix, grande misère sur table, onze, douze, chelem, chelem sur table.

---

* Tel est, du moins, l'ordre respecté en Angleterre et aux Etats-Unis. En France, il est le suivant: coeur, carreau, trèfle, pique.

Toujours comme au Boston, les enchères se poursuivent tant que trois joueurs n'ont pas passé. Un joueur qui aurait passé ne pourrait plus reparler.

Même si chacun joue pour soi, il peut arriver que des équipes provisoires se constituent: en effet, un joueur qui a annoncé un Boston ou un contrat entre Six et Dix inclusivement, a le droit de demander un *soutien* (associé). Si quelqu'un accepte de se joindre à lui, les deux partenaires jouent ensemble sans changer de place et le soutien est tenu de faire trois levées supplémentaires.

Le voisin de gauche du donneur entame la première levée; dès lors, le jeu est identique au Boston.

Si la manche est jouée en atout, les As, Roi, Dame et Valet sont les honneurs. Le déclarant (ou le déclarant et son soutien) qui réussit son contrat, inscrit la valeur de quatre levées supplémentaires s'il a les quatre honneurs en main, ou de deux levées s'il n'en a que trois. Mais ce privilège ne lui est accordé que si effectivement il réussit son contrat et si celui-ci se situe entre le Boston et le dix, à l'exclusion des misères, du piccolissimo et de la petite misère sur table.

La table de pointage est présentée ci-dessous; les nombres correspondent à la quantité de jetons qu'un joueur perçoit ou verse à chaque adversaire selon qu'il est battu ou victorieux. S'il a un soutien, ils se partagent les mises — pertes ou gains.

| | Quand l'atout est: | | | Pour chaque |
| | Pique ou trèfle | coeur | carreau | surlevée |
| --- | --- | --- | --- | --- |
| Boston, 5 | | 10 | 20 | 30 | 5 |
| Six | | 30 | 40 | 50 | 5 |
| Petite misère | 75 | | | |
| Sept | | 50 | 60 | 70 | 5 |
| Piccolissimo | 100 | | | |
| Huit | | 70 | 80 | 90 | 5 |

| | Quand l'atout est: | | | Pour chaque |
| | Pique ou trèfle | coeur | carreau | surlevée |
|---|---|---|---|---|
| Grande misère | 150 | | | |
| Neuf | | 90 | 100 | 110 | 5 |
| Petite misère sur table | 200 | | | |
| Dix | | 110 | 120 | 130 | 5 |
| Grande misère sur table | 250 | | | |
| Onze | | 130 | 140 | 150 | 5 |
| Douze | | 150 | 160 | 170 | 5 |
| Chelem | | 400 | 450 | 500 | |
| Chelem sur table | | 600 | 700 | 800 | |

## LE BRIDGE

Il existe une grande variété de systèmes de Bridge dont la popularité varie selon les pays. D'une manière générale, la structure du Bridge, ses lois et ses rouages sont universels, mais le choix du système d'enchères est libre.

Le système dit MODERNE illustré par George S. Hervey est surtout populaire en Europe où il tient lieu de système standard. Ce système se rapproche beaucoup du système ACOL qui connaît une certaine popularité un peu partout.

Au Canada et aux Etats-Unis, le système STANDARD D'AMÉRIQUE modifié par la convention du *Trèfle impératif* est, semble-t-il, le plus populaire de tous.

Dans un ouvrage intitulé *Le Bridge,* récemment paru aux Editions de l'Homme, Viviane Beaulieu a présenté ce système en analysant tous les mécanismes du Bridge. Les subtilités du jeu y sont expliquées si clairement que toute personne peut, à l'aide de ce livre, apprendre seule à jouer au Bridge.

Quel que soit le système de Bridge que l'on choisisse, on doit se souvenir que l'élément essentiel du succès au Bridge, c'est de jouer le même système que son partenaire. (N.D.L.E.)

Issu du Bridge aux enchères (Auction Bridge), le Bridge moderne, ou plus précisément le **Bridge Contrat** (bien qu'on ait abandonné ce dernier terme depuis longtemps), est connu des joueurs de cartes depuis le début des années 20. Dès cette époque, sa vogue est telle qu'il devient rapidement le jeu le plus populaire de toute l'histoire des cartes. Aujourd'hui, soit un demi-siècle après ses «débuts», des millions de personnes s'y adonnent, riches et pauvres, seigneurs et paysans, et il a fait l'objet de multiples ouvrages publiés dans toutes les langues d'Europe.

Le Bridge se joue à quatre, les participants se regroupant en deux équipes, et on se sert d'un paquet de cinquante-deux cartes dont l'As est la plus haute et le 2 la plus basse. As, Roi, Dame, Valet et 10 d'atout constituent ce qu'on appelle «les honneurs». Les familles se succèdent en ordre décroissant, dans l'ordre suivant: sans atout, pique, coeur, carreau et enfin trèfle. Le pique et le coeur sont les couleurs majeures, tandis que le carreau et le trèfle sont les couleurs mineures. Bien qu'on n'utilise qu'un seul jeu à la fois, on en prépare habituellement un second, de verso différent, que le partenaire du donneur mêlera pendant la première distribution afin qu'il soit prêt pour le prochain donneur.

La formation des équipes s'effectue comme suit: on étale un jeu sur la table et chacun choisit une carte; ceux qui tirent les deux plus hautes s'unissent contre les deux autres. En cas d'égalité au niveau de la valeur des cartes, c'est la couleur la plus forte qui prime.

Celui qui a tiré la plus haute carte a le privilège de choisir les places et le jeu; en outre, c'est lui qui distribue les cartes au premier tour; les autres joueurs distribueront les donnes suivantes,chacun à son tour, en allant de gauche à droite. Le partenaire du donneur s'assoit en face de celui-ci, et leurs adversaires s'installent de part et d'autre de la table.

Habituellement, la partie se déroule en deux étapes. Tout d'abord, ce sont les enchères au cours desquelles les deux équipes s'affrontent pour déterminer quel sera l'atout ou plutôt si la partie se jouera en sans atout. Puis, c'est le jeu proprement dit; durant cette seconde étape, le joueur qui a obtenu le contrat final essayera de le réussir en utilisant simultanément sa main et celle de son partenaire qui est exposée sur la table, tandis que l'équipe adverse tentera de l'en empêcher.

Le donneur est le premier à déclarer; les autres enchaînent à tour de rôle, en commençant par celui qui est à sa gauche. Quand un joueur déclare, il annonce le nombre de levées — au delà de six — qu'il a l'intention de remporter et dans quelle couleur il entend le faire. La plus basse déclaration est de niveau Un (contrat prévoyant sept levées), et la plus haute est de niveau Sept (contrat englobant les treize levées). Comme le sans atout a la priorité sur les couleurs qui se succèdent comme suit, en ordre dégressif: pique, coeur, carreau, trèfle, la plus basse déclaration possible est un trèfle, suivie d'un carreau, un coeur, un pique, un sans atout, deux trèfles, deux carreaux... sept coeurs, sept piques, sept sans atout. On appelle *petit chelem* un contrat de six (annonçant douze levées) et *grand chelem* un contrat de sept (qui comprend donc les treize levées).

Chaque joueur, quand vient son tour de déclarer, doit annoncer davantage de levées que celui qui l'a précédé, ou en indiquer autant mais dans une catégorie supérieure. Un joueur qui préfère ne pas s'engager déclare «Je passe», et si tous agissent ainsi, on annule la donne. Le donneur suivant distribue alors de nouvelles cartes.

Au moment de déclarer, un joueur peut contrer l'enchère de son adversaire, ce qui a pour effet d'augmenter la valeur du contrat, qu'il soit réussi ou non; l'équipe dont on vient de contrer l'enchère peut alors surcontrer, faisant monter d'autant la valeur dudit contrat. Néanmoins, un contre et un surcontre n'affectent en aucune façon le niveau même de la déclaration: une enchère de quatre coeurs demeure supérieure à une autre de quatre carreaux, peu importe qu'elle soit contrée ou surcontrée.

Les enchères se déroulent donc ainsi, jusqu'à ce qu'une annonce — qui sera, de ce fait, la dernière et la plus haute — soit suivie de trois «Je passe». Le joueur qui, le premier, a mentionné la catégorie du contrat final, devient le déclarant (ou demandeur).

La coutume veut que l'on utilise les quatre points cardinaux pour désigner les joueurs. L'exemple ci-dessous, en présumant que Sud a donné, illustre quelques éléments des enchères mentionnés plus haut:

| Sud | Ouest | Nord | Est |
|---|---|---|---|
| 1 carreau | Passe | 1 coeur | 1 pique |
| 1 sans atout | 2 piques | 3 carreaux | Passe |
| 3 sans atout | Contre | Passe | Passe |
| 4 carreaux | Passe | 5 carreaux | Contre |
| Surcontre | Passe | Passe | Passe |

Le contrat final, qui est cinq carreaux, revient donc à Sud, puisque celui-ci a été le premier de son équipe à proposer le carreau comme atout.

Le joueur à la gauche du déclarant ouvre le jeu en entamant la première levée. Immédiatement après, le partenaire du déclarant pose ses cartes muettes sur la table et devient le *mort*.

Le jeu se déroule comme tous ceux où il s'agit de faire des levées: un joueur est tenu de fournir quand il le peut; autrement, il coupe ou se défausse. Celui qui a abattu la plus haute carte dans la couleur demandée ou l'atout le plus fort, selon le cas, fait la levée et entame donc la suivante.

Une fois les treize levées terminées, les joueurs inscrivent leurs points et ceux de leurs adversaires sur un carnet de pointage ou sur une feuille semblable à celle qui est illustrée ici:

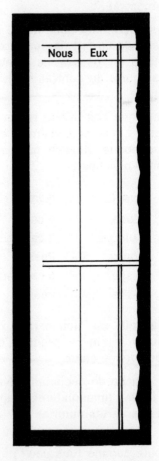

Quand un joueur réussit son contrat, les points des levées remportées sont entrés au-dessous de la ligne horizontale. Toutes les autres marques seront inscrites au-dessus de cette même ligne.

L'équipe qui obtient 100 points de bas de ligne, en une ou plusieurs donnes, remporte la manche. On dit d'une équipe qui accumule moins de 100 points au cours d'une même donne, qu'elle a une partie de manche (ou manche partielle) et elle ne pourra reporter ce résultat au jeu suivant si ses adversaires font la manche.

Quand une équipe vient de gagner une manche, elle tire un trait sous la marque qu'elle vient d'inscrire, et les quatre joueurs entament une nouvelle manche.

C'est après avoir remporté une manche qu'une équipe devient *vulnérable;* ses primes bénéficieront d'une valeur accrue si elle réussit son contrat, tandis qu'un échec lui vaudra des pénalités plus élevées. Néanmoins, la vulnérabilité ne modifie en rien les points acquis pour les levées déclarées et réussies.

Le jeu consiste essentiellement à remporter un *robre,* c'est-à-dire deux manches sur trois.

### Une équipe qui a réussi son contrat compte:

En sans atout:
    40 points pour la première levée
    30 points pour chacune les suivantes

En pique et en coeur:    30 points pour chaque levée

En carreau et en trèfle:    20 points pour chaque levée

Ces points sont doublés si le contrat a été contré, et quadruplés s'il a été surcontré.

### Une équipe qui a fait des levées supplémentaires compte:

Sans contre:    la valeur de la levée

Avec contre:    100 points par levée — si elle n'est pas vulnérable
    200 points par levée — si elle est vulnérable

Avec surcontre:    200 points par levée — si elle n'est pas vulnérable

400 points par levée — si elle est
vulnérable

**Une équipe qui a des levées de chute perd:**

Sans contre:         50 points par levée — si elle n'est pas
vulnérable
100 points par levée — si elle est
vulnérable

Avec contre:         100 points pour la première levée et
200 points pour chaque levée suivante —
si elle n'est pas vulnérable
200 points pour la première levée et
300 points pour chaque levée suivante —
si elle est vulnérable

Avec surcontre:    200 points pour la première levée et
400 points pour chaque levée suivante —
si elle n'est pas vulnérable
400 points pour la première levée et
600 points pour chaque levée suivante —
si elle est vulnérable

**Une équipe qui gagne un robre compte les points suivants:**

En trois manches:   500 points
En deux manches:   700 points

**Une équipe obtient les primes suivantes:**

Pour avoir demandé et
réussi un grand chelem:     1500 points si elle est vulnérable
1000 points si elle n'est pas
vulnérable

Pour avoir demandé et
réussi un petit chelem:     750 points si elle est vulnérable
500 points si elle n'est pas
vulnérable

Si l'un des partenaires a
les 4 As en sans atout ou

| les 5 honneurs dans la couleur du contrat: | 150 points |
| --- | --- |
| Si l'un des partenaires a 4 honneurs dans la couleur du contrat: | 100 points |
| Si elle réussit un contrat contré ou surcontré: | 50 points |

A moins qu'un joueur ne le rende tel par des enchères maladroites, le Bridge n'est nullement un jeu difficile. Sa caractéristique la plus importante, c'est que seules les levées prévues au contrat sont inscrites en dessous de la ligne et donc, logiquement, qu'un joueur ne pourra obtenir les importantes primes rattachées aux chelems que si son contrat prévoit le nombre de levées nécessaire. Aussi est-il de la plus haute importance pour deux partenaires d'évaluer correctement les possibilités de leurs deux mains eu égard aux levées qu'ils pourraient remporter; en outre, un joueur doit non seulement estimer avec le maximum de précision la position et la répartition des hautes cartes de l'équipe adverse (telles que les ont révélées les enchères), mais il lui faut également renseigner le mieux possible son partenaire grâce à ses propres déclarations. Bref, une enchère est en quelque sorte une conversation entre les deux membres d'une équipe, et il est indispensable qu'ils parlent la même langue.

La plupart des joueurs contemporains se réfèrent au barème Milton Work, fort connu, pour évaluer leurs mains; un As est estimé à 4, un Roi à 3, une Dame à 2 et un Valet à 1.

Le joueur qui ouvre les enchères avec une déclaration de Un dans une couleur s'engage à surenchérir si son partenaire enchaîne avec Un dans une couleur plus forte, ou Deux dans une autre qui l'est moins. C'est pourquoi un joueur devrait éviter d'ouvrir si sa main ne lui permet pas de redemander avec certitude, compte tenu de la réponse la plus vraisemblable de son coéquipier.

Les possibilités d'une main, lui permettant ou non d'ouvrir, sont variables, mais on considère habituellement qu'il est possible d'ouvrir si on a au moins 13 points dans sa main. Il demeure néanmoins évident que plus un joueur a de points, moins il a besoin d'une longue couleur d'atout et, inversement, moins il a de points, plus il lui faut de cartes en atout. De façon générale, on admet une ouverture avec

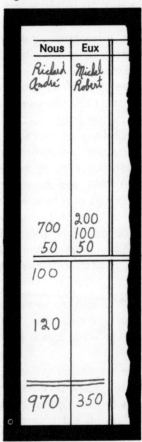

| Nous | Eux | |
|------|-----|---|
| Richard André | Michel Robert | |
| | 200 | |
| 700 | 100 | |
| 50 | 50 | |
| 100 | | |
| 120 | | |
| 970 | 350 | |

une main inférieure à 13 points, soit 11 ou 12, si on a cinq cartes solides d'une même couleur; par contre, avec seulement 10 points et même parfois moins, un joueur doit avoir six fortes cartes dans une couleur ou deux séries de cinq.

Ouverture à Un coeur. La main ne contient que 11 points, mais la suite en coeur permet d'annoncer; en fait, si on ne le fait pas immédiatement, il sera ensuite trop tard.

Ouverture à Un pique. Là encore, c'est une main de 11 points seulement, mais elle tire sa force de la répartition des cartes. Quand on a deux familles d'égale longueur, on ouvre d'abord la plus chère.

Ouverture à un pique. La main totalise simplement 10 points, mais les six cartes en pique sont trop bonnes pour qu'on n'en tienne pas compte.

Il y a 40 points dans un jeu de cartes et l'expérience a démontré qu'on peut remporter la manche si les deux mains totalisent 25 points, le petit chelem si elles en comptent 33, et enfin le grand chelem si elles en valent 37. Il existe bien sûr des exceptions, mais, en fin de compte, on peut se fier à cette règle.

Avec entre 16 et 18 points, on conseille de déclarer Un sans atout. En fait, un joueur ne devrait jamais déclarer au-delà de ses possibilités, puisque la réponse du partenaire est fonction de l'enchère d'ouverture. Avec 9 points, il fera un saut à trois sans atout, tandis qu'avec 7 ou 8 points, il répondra deux sans atout, laissant à l'ouvreur le soin de passer s'il a le minimum de points ou de déclarer trois s'il a le maximum. Une enchère de un sans atout qui varie entre 16 et 18 points est considérée comme un sans atout fort. Par ailleurs, certains joueurs avertis descendent même jusqu'à 14 ou 12 points quand ils ne sont pas vulnérables, mais c'est là ce qu'on appelle un sans atout faible. En fait, jouer un sans atout fort ou faible n'est qu'une question de préférence personnelle; il n'en demeure pas moins que les partenaires doivent s'être mis d'accord sur ce sujet avant le début de la partie, parce que s'il s'agit d'un sans atout faible, le coéquipier de l'ouvreur devra augmenter ses réponses de 4 points.

Toujours dans le même ordre d'idées, on conseille d'ouvrir à deux sans atout si on a entre 20 et 22 points, en laissant au partenaire l'initiative de monter à trois s'il a 5 points, ou de passer avec moins.

Des ouvertures à un et à deux sans atout supposent une distribution équilibrée de 4-3-3-3 ou de 4-4-3-2. Le fait de déclarer trois sans atout n'est qu'une question de tactique. Cela indique qu'on dispose d'une solide couleur mineure et qu'on peut raisonnablement envisager la possibilité de faire

neuf plis si le partenaire possède une ou deux fortes cartes
bien placées.

Cette main permet d'ouvrir à trois sans atout. Il est
parfaitement possible de réussir le contrat; en cas d'échec,
la perte serait de peu d'importance et on pourrait en outre
se consoler à l'idée d'avoir probablement empêché les adversaires de déclarer une manche, ce qui se serait avéré beaucoup plus coûteux.

Le partenaire d'un joueur qui ouvre en sans atout renché-
rit d'un nombre de points très précis, nombre qui pourra
toutefois être légèrement réduit si le répondant possède
cinq cartes dans une même couleur. L'ouvreur a annoncé un
sans atout. Son partenaire a en main les cartes suivantes:

C'est une main de 8 points et il lui en faudrait normalement 9 pour sauter à trois sans atout. Un tel saut est ici
parfaitement justifié, étant donné la longue suite en pique
et la valeur des cartes intermédiaires. Une enchère en pique

serait assez maladroite, car si l'on présume que l'ouvreur a une main régulière de 16 points, il sera tout aussi capable de faire neuf levées en sans atout que le répondant d'en faire dix en pique. De même, si un contrat en trois sans atout est irréalisable, il n'y a aucune raison de croire qu'il deviendra possible avec quatre piques.

Un saut dans une couleur constitue un jeu de force. Néanmoins, ce n'est quand même pas là le signe d'une main bien forte: cela signifierait plutôt que le répondant, connaissant la teneur de l'enchère de son partenaire, peut envisager la manche pour l'équipe, mais est incapable, pour sa part, de préciser s'il vaut mieux jouer leurs deux mains en sans atout ou en couleur.

|  | *Ouest* | *Est* |
|---|---|---|
| Pique: | Dame, Valet, 4, 3 | Roi, 10, 8, 7, 2 |
| Coeur: | As, Dame, 2 | Valet, 6, 4 |
| Carreau: | Roi, 9, 3 | As, Valet, 8, 2 |
| Trèfle: | As, 7, 6 | 8 |
|  | **Enchère** | **Enchère** |
|  | Un sans atout | Trois piques |
|  | Quatre piques | Passe |

Ouest ayant ouvert à un sans atout (16 à 18 points), Est, qui en a 9, peut parfaitement sauter à trois sans atout. Pourtant, il préfère répondre trois piques, enchère qu'Ouest relancera pour aller à la manche parce que si celle-ci est à peu près assurée en pique, il n'en va nullement de même en sans atout dans l'hypothèse où il y aurait une entame en trèfle.

La Convention Stayman est un autre des aspects importants des réponses à une ouverture en sans atout. Elle consiste en une réponse à deux trèfles à une ouverture de un sans atout, ou de trois trèfles si l'ouvreur a déclaré deux sans atout; cette enchère qui ne tient aucun compte de ce que l'on possède réellement dans cette couleur, a pour fonction d'inviter le partenaire à déclarer ses quatre meilleures cartes en majeure ou, s'il lui en manque une, en carreau.

|  | Ouest | Est |
|---|---|---|
| Pique: | Roi, Dame, 2 | As, Valet, 4, 3 |
| Coeur: | As, Valet, 6, 2 | Roi, Dame, 8, 4 |
| Carreau: | Dame, 6, 4 | 3, 2 |
| Trèfle: | As, Dame, 4 | Valet, 8, 5 |

|  | Enchère | Enchère |
|---|---|---|
|  | Un sans atout | Deux trèfles |
|  | Deux coeurs | Quatre coeurs |
|  | Passe | |

Sans cette convention, Est, qui a 11 points, n'aurait d'autre alternative que de sauter à trois sans atout, son partenaire ayant ouvert à un sans atout (16 à 18 points). Leur total commun de 29 points est plus que suffisant dans le cas d'une telle enchère, et s'il était possible d'échouer avec une déclaration de trois sans atout, advenant une entame en carreau, quatre coeurs est, au contraire, un contrat assuré.

Il existe une grande variété d'enchères permettant de signaler une faiblesse et que, selon la logique de la situation, on peut reconnaître comme telles.

| Ouest | Est |
|---|---|
| Un pique | Deux sans atout |
| Trois piques | ? |

En annonçant deux sans atout, Est indique qu'il a entre 11 et 13 points, et Ouest n'a d'autre choix que de répéter sa couleur. Sa main ne peut, toutefois, être forte et son enchère de trois piques représente uniquement la façon la moins coûteuse de tenir la promesse de redemander, qu'il a faite en ouvrant à un pique.

Toujours dans le même sens, si l'enchère est la suivante:

| Ouest | Est |
|---|---|
| Un sans atout | Deux piques |
| ? | |

Ouest devrait passer. Par son annonce, Est doit l'aviser de la faiblesse de sa main et indiquer que, selon lui, il est préférable de jouer en couleur plutôt qu'en sans atout; avec une ouverture à un sans atout, le partenaire se verrait dans l'impossibilité de jouer même deux en couleur.

Ou encore, on peut étudier les séquences suivantes:

| Ouest | Est |
|---|---|
| Un coeur | Deux coeurs |
| Trois trèfles | Trois coeurs |

| Ouest | Est |
|---|---|
| Un coeur | Deux trèfles |
| Deux coeurs | Trois carreaux |
| Trois coeurs | |

| Ouest | Est |
|---|---|
| Un trèfle | Un coeur |
| Un pique | Deux coeurs |
| Deux piques | Trois coeurs |

Dans toutes ces séquences, l'enchère de trois coeurs exprime une faiblesse. Un joueur n'a vraiment pas grand chose en main s'il ne peut faire mieux que de surenchérir au niveau le plus bas de la même couleur; c'est du reste particulièrement significatif quand il la redéclare à deux reprises.

Une ouverture à trois d'une couleur est également une enchère de barrage. On procède ainsi dans le cas d'une main dont la défense est à peu près nulle, qui n'offre guère de chances de faire la manche et, enfin, qui contient une longue avec laquelle, en atout, on ne chutera au maximum que de deux levées si on est vulnérable, et de trois si on ne l'est pas.

Cette main permet d'ouvrir à trois piques, uniquement parce que, même contrée et sans soutien du partenaire, elle ne peut coûter plus de 500 points (deux levées de chute). C'est là une perte raisonnable si les adversaires font la manche dans une autre couleur.

Parallèlement, il existe diverses enchères fortes. La plus solide est une ouverture à deux trèfles qui est strictement conventionnelle et peut être annoncée même si le joueur n'a aucune carte dans cette couleur. Elle garantit qu'il dispose d'au moins cinq cartes fortes et d'une main équilibrée, ou encore qu'outre cette main régulière, il totalise 23 points. A une exception près, cette enchère force à se rendre à la manche. Le partenaire est tenu de répondre, quelle que soit la faiblesse de sa propre main et si, effectivement, tel est le cas, il déclarera deux carreaux. Toute autre réponse de sa part signifierait qu'il détient un As et un Roi ou deux combinaisons Roi-Dame, ou encore l'équivalent en cartes hautes. Le seul cas où l'enchère ne force pas à se rendre à la manche, c'est lorsque l'ouvreur a déclaré deux trèfles avec une main régulière, puis, devant la réponse négative de deux carreaux, a surenchéri à deux sans atout.

|  | *Ouest* | *Est* |
|---|---|---|
| Pique: | Roi, Valet, 3 | Dame, 6, 2 |
| Coeur: | As, Dame, 6 | 9, 7, 4 |
| Carreau: | As, Roi, 4 | 8, 5, 3, 2 |
| Trèfle: | As, Dame, Valet, 2 | 7, 4, 3 |

| **Enchère** | **Enchère** |
|---|---|
| Deux trèfles | Deux carreaux |
| Deux sans atout | Passe |

Avec 24 points, Ouest est dans une trop forte position pour ouvrir autrement qu'à deux trèfles, et devant la réponse négative d'Est, il est forcé de surenchérir à deux sans atout. Est qui n'a que 2 points en main, fait bien de passer, alors qu'un troisième point aurait fait toute la différence parce qu'avec 3 points ou plus, il aurait pu déclarer trois sans atout.

L'ouverture à deux dans toute autre couleur est impérative pendant un tour, et indique une main permettant un minimum de huit levées et contenant au moins une longue.

La meilleure ouverture, dans le cas présent, est deux piques. Si on se limitait à un pique, elle ne permettrait pas de réagir de façon satisfaisante face à une réponse de deux coeurs.

Une main contenant un bicolore (deux longues) permet également d'ouvrir à deux. On déclare d'abord la couleur la plus chère.

Ici aussi, il est possible d'ouvrir à deux, la main contenant une longue. Avec une telle main, du reste, on pourrait ouvrir à deux piques et continuer avec trois piques, quelle que soit la réponse du partenaire.

Les réponses aux ouvertures à deux (en toute autre couleur que le trèfle) ne sont pas aussi claires et précises que dans le cas de celles à deux trèfles. En général, si le partenaire possède une couleur «déclarable», il devrait annoncer au niveau le plus bas. Dans le cas contraire, et s'il a entre 10 et 12 points, il devrait déclarer Trois sans atout. Enfin, s'il n'a ni une couleur «déclarable» ni suffisamment de points pour une enchère à Trois sans atout, mais qu'avec un total de 5 points il peut quand même soutenir adéquatement (i.e.: xxx ou Dx) la couleur de son partenaire, il pourrait faire un simple saut dans cette couleur.

Tout comme l'ouverture à deux trèfles, plusieurs autres enchères forcent à se rendre à la manche. La plus fréquente est un saut avec changement.

|  | *Ouest* | *Est* |
|---|---|---|
| Pique: | Dame, 8, 4 | As, Roi, 6 |
| Coeur: | 9, 2 | As, Dame, Valet, 10, 6, 4 |
| Carreau: | As, Valet, 3 | 8, 2 |
| Trèfle: | As, Roi, 9, 3, 2 | Valet, 4 |
| | **Enchère** | **Enchère** |
| | Un trèfle | Deux coeurs |

Cette situation est caractéristique. L'enchère à deux coeurs d'Est est impérative. Il est vrai qu'Ouest n'aurait pu passer si Est avait annoncé un coeur; mais, dans le cas présent, il vaut mieux pour Est de déclarer selon la valeur réelle de sa main, et, avec une enchère à deux coeurs, il est certain de garder l'enchère ouverte afin de pouvoir se rendre à la manche.

La situation est presque la même si l'ouvreur fait un saut à changement, après que son partenaire lui ait répondu:

|  | *Ouest* | *Est* |
|---|---|---|
| Pique: | Roi, Valet, 6 | As, Dame, 9, 2 |
| Coeur: | As, Roi, Valet, 7, 4 | 10, 8, 3 |
| Carreau: | 6 | Roi, Dame, 9 |
| Trèfle: | Roi, Dame, Valet, 7 | 10, 6, 3 |
| | **Enchère** | **Enchère** |
| | Un coeur | Un pique |
| | Trois trèfles | |

Dans un tel cas (ou dans tout autre semblable), l'enchère à trois trèfles formulée par Ouest est impérative et Est ne peut passer.

Bien souvent, une situation impérative découle de la logique inhérente à l'enchère.

|  | Ouest | Est |
|---|---|---|
| Pique: | As, Roi, 9, 6, 3 | Dame, 7, 4, 2 |
| Coeur: | Roi, Valet, 9, 2 | Dame, 10, 8, 3 |
| Carreau: | As, 8, 4 | Roi, 6, 2 |
| Trèfle: | 9 | 5, 4 |

|  | **Enchère** | **Enchère** |
|---|---|---|
|  | Un pique | Deux piques |
|  | Trois coeurs | ? |

Est ayant indiqué sa faiblesse en répondant deux piques, Ouest surenchérit au niveau de trois alors qu'il n'était pas tenu de le faire; cela signifie que sa main est très forte et Est doit également surenchérir. Il déclare donc quatre coeurs et Ouest passe.

Une telle déduction s'impose encore davantage dans une séquence comme celle-ci:

| Ouest | Est |
|---|---|
| Un coeur | Un pique |
| Deux sans atout | Trois coeurs |

Ouest ne peut passer parce qu'Est l'invite sans aucune ambiguïté à choisir entre trois sans atout ou quatre coeurs, selon le contrat qui lui convient le mieux.

Lorsque, d'après les enchères, une équipe considère qu'elle contrôle le jeu, elle peut envisager un chelem. A titre d'information, les perspectives d'un chelem sont bonnes quand un joueur est assez fort pour répondre de façon positive à une enchère impérative; quand les mains des deux partenaires totalisent au moins 33 points; quand un joueur a assez de jeu pour une enchère d'ouverture, face à un coéquipier qui, lui, a ouvert au niveau de deux ou que lui-même a ouvert et a redéclaré à saut.

Avant de déclarer un chelem en toute sécurité, il est essentiel pour les partenaires de s'assurer qu'ils contrôlent bien, à eux deux, les couleurs vitales. La convention Blackwood a été conçue dans le but de permettre à des partenaires de savoir combien d'As et de Rois ils possèdent conjointement.

Une fois que la couleur d'atout a été établie soit par un soutien direct, soit implicitement, ou après avoir créé une situation impérative, une enchère de quatre sans atout formulée par l'un des associés signifie qu'il demande à son vis-à-vis de déclarer cinq trèfles s'il a les quatre As ou n'en a aucun, cinq carreaux s'il n'en a qu'un, cinq coeurs s'il en a deux et cinq piques s'il en a trois. Si le joueur qui a déclaré quatre sans atout continue, après la réponse de son partenaire avec cinq sans atout, il indique qu'il possède les quatre As et il demande à son coéquipier d'annoncer six trèfles s'il n'a aucun Roi, six carreaux s'il en a un, six coeurs avec deux, six piques avec trois et, enfin, six sans atout s'il les a tous les quatre.

Ouest

Est

| Ouest | Est |
|---|---|
| **Enchère** | **Enchère** |
| Un pique | Deux coeurs |
| Trois sans atout | Quatre piques |
| Quatre sans atout | Cinq coeurs |
| Six piques | Passe |

Une fois qu'Est a confirmé qu'il peut soutenir en pique, Ouest qui, lui, peut seconder en coeur envisage un chelem. Par son enchère de quatre sans atout, il demande à Est combien il a d'As en main et celui-ci, en répondant cinq coeurs, l'informe qu'il en a deux. Il est important pour Ouest de déclarer le chelem en pique, parce que si Est joue en coeur et que ses deux As sont en coeur et en trèfle (ce qui est le cas), Sud, entamant en carreau, pourrait lui faire perdre son contrat de six coeurs. En effet, si Ouest annonce six piques, le Roi de carreau est protégé contre une telle entame et les douze levées sont assurées.

Le grand chelem est hors de question parce qu'Ouest sait qu'il leur manque un As; par conséquent, il est superflu, dans son cas, de déclarer cinq sans atout dans le but de savoir combien de Rois Est a en main.

Cette convention est extrêmement utile mais on doit y recourir avec discrétion car si le partenaire ne possède pas les As nécessaires, l'équipe se trouvera entraînée hors de son terrain. D'une manière générale, on peut dire que si le contrat final est en trèfle, il vaut mieux ne pas déclarer quatre sans atout à moins que le déclarant n'ait au moins deux As; dans le cas d'un contrat en carreau, il lui faudra avoir au moins un As.

Une enchère limitée renseigne le partenaire avec précision sur la valeur de la main, ce qui lui permettra d'évaluer la force commune de l'équipe et de laisser tomber l'enchère si elle lui paraît perdue d'avance.

Comme elles sont basées sur un nombre déterminé de

points, les déclarations en sans atout sont des enchères limitées. Une simple relance dans la couleur du partenaire est aussi une enchère limitée, et signifie qu'on dispose d'une force restreinte tout en ayant un soutien dans cette couleur; une double relance, toujours dans la couleur du partenaire, indique que la main est trop forte pour une simple relance et l'invite à envisager la manche si sa main est au-dessus de la moyenne; une triple relance, enfin, est distributionnelle et promet un bon soutien dans la couleur indiquée et quelques points éparpillés (mais guère plus) parce que si l'on bénéficie d'un bon soutien et de cartes hautes, il serait plus approprié de progresser en fonction d'un éventuel chelem.

Quand un adversaire a déclaré au niveau de un d'une couleur, un joueur ne devrait participer aux enchères que s'il est raisonnablement sûr de ne pas chuter de plus de deux levées s'il est vulnérable ou de trois s'il ne l'est pas. Cette règle appelle cependant certaines réserves. Par exemple, un joueur qui aurait la main suivante:

n'aurait pas tort de déclarer un coeur si son adversaire a annoncé un carreau. L'enchère pourrait s'avérer coûteuse, mais ce n'est pas fréquent. et ce serait faire preuve de poltronnerie que de ne pas disputer une manche partielle par crainte du pire. Un joueur a le droit de présumer que même si son partenaire a une main noire et seulement deux ou trois coeurs, il sera possible, avec cette main, de faire trois levées en coeur et une dans chacune des familles noires.

Une surenchère à saut indique qu'on est dans une position de force et, bien qu'elle ne soit pas impérative, le joueur qui l'annonce s'attend tout de même à ce que son partenaire entre dans la compétition s'il a en main les valeurs permettant de répondre à une ouverture au niveau de un.

Une surenchère devrait s'appuyer sur une série d'au moins cinq cartes, quoiqu'il soit justifié de surenchérir avec As, Roi, Dame, x ou Roi, Dame, Valet, x, au niveau de un. Par contre, une surenchère dans une couleur percée, témoigne presque toujours d'une grande maladresse.

En général, lorsqu'un adversaire a ouvert à un d'une couleur, il vaut mieux riposter avec un contre d'appel qu'avec une surenchère faible. Dans un tel cas, un contre indique une faiblesse dans la couleur contrée, de même qu'un total de 13 ou 14 points avec une main régulière, ou de 11 ou 12 points si elle ne l'est pas. Posant comme postulat que le partenaire de celui qui a contré n'a pas encore déclaré (s'il l'a fait, il s'agit alors d'un contre de pénalité), celui qui contre invite son associé à annoncer sa meilleure couleur.

|  | *Ouest* | *Est* |
|---|---|---|
| Pique: | Roi, Valet, 9, 6, 2 | 5, 3 |
| Coeur: | Roi, Valet, 9, 2 | As, Dame, 8, 3 |
| Carreau: | 6 | Roi, 7, 2 |
| Trèfle: | As, Dame, 7 | 10, 8, 6, 2 |

Si Sud a déclaré un carreau, Ouest devrait contrer. Est déclare en coeur, tombant ainsi sur la bonne couleur. Si, pour répondre à l'enchère de un carreau, Ouest déclare en pique, il sera impossible d'en arriver à une entente en coeur et on aura échangé un bon résultat contre un mauvais.

Quand la meilleure couleur du partenaire est celle qui a été contrée, il peut ou bien déclarer en sans atout ou bien passer pour convertir ce contre en un contre de pénalité, s'il a une longue en main.

On peut contrer une enchère de un sans atout quand on possède d'une part une main régulière et, d'autre part, à peu près 2 points de plus que la moyenne de celui qui a déclaré. Avec une main faible, le partenaire choisira sa meilleure couleur, mais si l'équipe totalise 23 points ou plus, il passera pour en arriver à un contre de pénalité.

Une enchère préemptive se définit comme une enchère d'ouverture au niveau de trois ou à un niveau plus élevé. On lui reconnaît une grande importance pour les motifs suivants: ou bien elle empêche les adversaires de participer; ou bien elle oblige l'un d'eux à déclarer à un niveau fort élevé qui s'avère d'autant plus dangereux qu'il n'a aucune idée de la main de son partenaire. Si l'on admet qu'une enchère au niveau de trois est faible et qu'un des adversaires contrôle les trois autres couleurs, la façon la plus pratique de contrer une enchère préemptive consiste à déclarer trois carreaux après trois trèfles, et trois sans atout après trois piques. L'une ou l'autre de ces enchères invite le partenaire à déclarer sa meilleure couleur.

Une fois les enchères terminées, le jeu commence, et le voisin de gauche du déclarant entame la première levée. C'est seulement après qu'il ait joué que le partenaire du déclarant étale ses cartes qui deviennent le *mort*. Il s'en suit, par conséquent, que l'entame s'effectue dans une certaine ignorance, puisque le joueur ne peut voir que sa propre main et qu'il doit, en tenant compte des renseignements obtenus au cours des enchères, décider seul de la meilleure carte d'entame. Il est indispensable de la choisir avec beaucoup de soin. Cette carte est d'une très grande importance parce que très souvent, selon qu'elle sera bonne ou mauvaise, le déclarant réussira ou perdra son contrat.

Contre un contrat en sans atout et lorsque le partenaire

a déclaré dans une couleur, on a davantage de chances d'empêcher le contrat en entamant dans la couleur de celui-ci
à moins que le joueur qui ouvre le jeu y ait seulement un
singleton ou dispose d'une bonne série dans sa propre couleur.

Avec deux cartes dans la couleur du partenaire, on entame de la plus haute; il en va de même avec trois cartes sauf
s'il s'agit d'un As, d'un Roi, d'une Dame ou d'un Valet, auquel
cas on choisit la plus faible. Avec deux honneurs dans la
couleur du partenaire, on entame du plus fort, tout comme
dans le cas d'une séquence (trois cartes ou plus, consécutives). Dans tous les autres cas, enfin, l'entame se fait avec
la quatrième plus haute carte.

Quand un joueur entame dans sa propre couleur, il devrait le faire avec la quatrième plus haute carte de sa couleur la plus longue sauf dans les trois cas suivants: s'il a
une séquence (auquel cas il entame de la plus haute); s'il
a une longue commandée par l'As et le Roi et une entrée
dans une autre couleur (il devrait, alors, entamer du Roi);
s'il a une *fourchette* composée d'honneurs — i.e. As, Dame,
Valet, x ou Roi, Valet, 10, x (et ici, on entame de la plus
haute des deux cartes contiguës).

C'est ce qu'on appelle la règle de Onze qui justifie le
fait d'entamer de la quatrième plus forte carte d'une couleur:
en effet, si le partenaire soustrait de 11 la dénomination de
la carte entamée, il obtiendra le nombre de cartes, plus hautes que la sienne, que possèdent les trois autres joueurs.

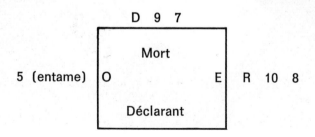

Ouest entame avec le 5. 11 − 5 = 6; comme Est peut voir que sa propre main et le mort contiennent ensemble six cartes plus hautes que le 5, il sait, de ce fait, que le déclarant n'a aucune carte dépassant 4 et que, quelle que soit la carte jouée à partir du mort, il remportera la levée en abattant celle qui vient immédiatement après.

Contre un contrat en couleur, il est habituellement préférable d'entamer dans la couleur du partenaire s'il en a déclaré une. Dans le cas contraire et lorsque le joueur qui a l'entame est tenu de jouer dans sa propre couleur, il devrait entamer de préférence de la plus haute carte d'une séquence d'honneurs. Mais il devrait éviter de jouer une carte qui pourrait lui coûter une levée, i.e. entamer du Roi avec Roi, Dame, x, ou d'une carte qui pourra permettre au déclarant de faire un pli avec une autre qui aurait pu être capturée, i.e. l'As, dans le cas de As, Dame, x. Il est bon d'entamer en atout lorsqu'on peut déduire des enchères que le mort pourra couper les autres couleurs.

Après qu'on ait ouvert le jeu et exposé le mort, il est de toute première importance pour le déclarant, avant de jouer une carte du mort, d'élaborer son plan et d'évaluer quel jeu sera le meilleur.

Ouest

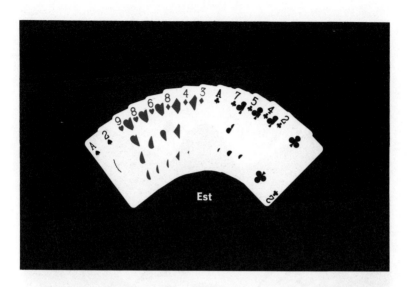

Est

Contre le contrat d'Ouest en trois sans atout, Nord entame de la Dame de pique. Le fait qu'Ouest fasse la levée avec l'As du mort ou avec son propre Roi peut sembler, à premier vue, totalement dépourvu d'importance. Et pourtant, c'est vraiment un élément primordial. En effet, si Ouest étudie bien la situation, il se rendra compte qu'il lui faut faire la première levée avec le Roi de pique (qui fait partie de sa main), l'emporter avec le Roi, la Dame et le Valet de trèfle, rejoindre le mort, en abattant le 4 de pique que battra l'As, gagner avec l'As et le 7 de trèfle du mort et, enfin, terminer vainqueur grâce aux deux As rouges qui sont dans sa main. Mais si Ouest fait la première levée avec l'As de pique du mort, il perdra son contrat si les trèfles des adversaires ne sont pas répartis en 3-2 parce qu'il ne se sera alors gardé aucune porte de sortie en trèfle.

Quand le déclarant joue un contrat en sans atout, il a habituellement comme premier objectif la libération de sa couleur la plus longue. Bien souvent, toutefois, il vaut mieux constituer une couleur longue et une courte plutôt qu'une forte et une faible.

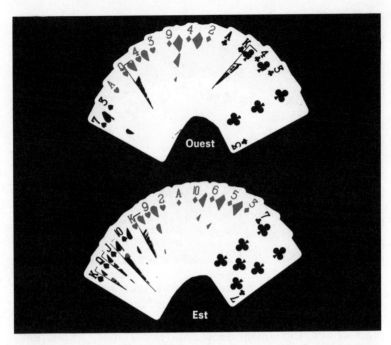

Ouest

Est

Nord entame d'un trèfle contre le contrat de trois sans atout d'Ouest. Une brève analyse démontre que ce qu'Ouest a de mieux à faire, c'est de l'emporter avec le Roi de trèfle, puis de jouer en pique pour faire tomber l'As. De cette façon, il est sûr de réussir son contrat avec trois levées en pique, trois en coeur, une en carreau et deux en trèfle. Le carreau est plus long que le pique, mais Ouest ne peut tirer profit des carreaux d'Est sans perdre d'abord l'entame à deux reprises. A ce moment-là, les adversaires contrôleront en trèfle et auront fait échouer le contrat; dans tous les cas, on ne pourra réussir que trois levées en carreau sur huit, ce qui n'est pas assez.

Dans un contrat en couleur, le déclarant agit en général adroitement en faisant tomber les atouts des adversaires à la première occasion. Cependant, il devrait procéder autrement s'il peut leur trouver un meilleur emploi.

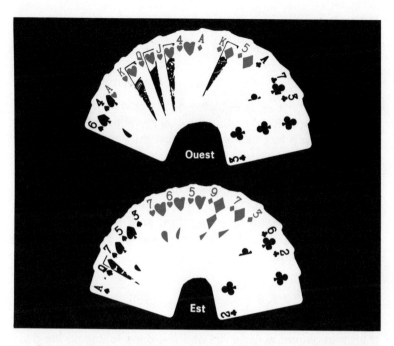

Ouest

Est

Ouest joue quatre coeurs et Nord abat un trèfle. Ouest remporte la première levée avec l'As de trèfle et s'il capture les atouts immédiatement, son contrat reposera sur l'efficacité de son impasse (finesse) avec la Dame de pique. Les chances de réussir sont égales. Le contrat devient une certitude si Ouest, après avoir fait la première levée grâce à l'As de trèfle, joue ensuite le 7 ou le 3 de cette couleur. Le fait que Nord ou Ouest gagne cette levée, de même que la nature de la carte qui est retournée, importent peu. Le déclarant gagne le pli suivant et coupe avec un trèfle du mort. C'est maintenant le moment de faire tomber les atouts des adversaires, et Ouest accumule dix levées, une en pique, cinq en coeur, deux en carreau et une en trèfle, grâce à un jeu mené rondement et au fait d'avoir coupé avec un trèfle de la table.

Une des armes les plus valables du déclarant réside dans

son habileté à contrôler une couleur afin d'en tirer le plus de levées possibles.

| Ouest | Est |
|---|---|
| As, 9, 3, 2 | Roi, Dame, 10, 5, 4 |

Dans un tel cas, il est vital de jouer d'abord le Roi. Ensuite, selon que Nord ou Sud aura dû se défausser, on assiste à une impasse fort habile à l'endroit du Valet et au gain de cinq levées.

Le joueur irréfléchi qui joue d'abord l'As en croyant que le fait d'entamer d'une carte haute plutôt que d'une autre est totalement dénué d'importance, perdra une levée dans cette couleur chaque fois que Nord sera sans carte et que Sud aura les Valet, 8, 7 et 6. Un tel cas se présente environ cinq fois sur cent.

| Ouest | Est |
|---|---|
| As, Roi, 10, 5, 3 | 9, 7, 6 |

Si Est ne peut se permettre de perdre plus d'une levée, il lui faut gagner avec le Roi ou l'As; dans le cas où les deux adversaires pourraient fournir, il jouera une autre couleur à partir de la main d'Est, abattra le 7 qui est sur la table et, si Sud riposte avec le 8, jouera le 10 de sa propre main. Un tel jeu le protégera contre la perte de deux levées dans l'éventualité où Sud aurait commencé avec Dame, Valet, 8, x.

Pour la presque totalité des combinaisons possibles dans une couleur, il existe un jeu à probabilités et un jeu assuré, et c'est en étudiant la répartition des cartes qui restent dans ladite couleur qu'on pourra le déterminer.

| | Ouest | Est |
|---|---|---|
| Pique: | As, Roi, 4, 2 | 5, 3 |
| Coeur: | As, 9, 7 | 10, 6, 2 |
| Carreau: | As, 9, 4 | Roi, 8, 7 |
| Trèfle: | Roi, 7, 6 | As, 10, 5, 4, 3 |

Contre le contrat d'Ouest de trois sans atout, Nord entame d'un pique. Ouest réussira son contrat uniquement s'il peut faire quatre levées en trèfle. Après avoir gagné le premier pli avec le Roi de pique, ce qu'il a de mieux à faire, c'est de remporter le suivant avec le Roi de trèfle. Si Sud et Nord fournissent tous les deux, il continuera avec le 7 de trèfle, puis avec le 4 du mort dans le cas où Nord abattrait un honneur, ou le 10 si Nord joue une carte basse. Si Sud fournit, il ne reste plus qu'un seul pique élevé qui sera battu par l'As d'Est. Mais si Nord ne peut fournir au second tour, c'est donc que Sud a commencé avec Dame, Valet, x, x, et Ouest a alors les mains liées. Néanmoins, un jeu dirigé lui assure le gain de quatre levées dans la couleur si Nord a reçu, au départ, Dame, Valet, x, x, dans cette couleur.

La capacité de mémoriser les cartes est la chose la plus importante. Ce n'est pas aussi difficile qu'on pourrait croire, parce qu'il s'agit surtout, de façon générale, d'interpréter correctement les enchères et le jeu lui-même, tout en s'exerçant à évaluer correctement les situations.

| | |
|---|---|
| Pique | R, 8 |
| Coeur | D, 10, 4 |
| Carreau | 9, 6, 2 |
| Trèfle | D, 9, 6, 4, 3 |

| | | | | | |
|---|---|---|---|---|---|
| Pique | D, V, 9 | **N** | | Pique | 10, 7, 5, 4, 2 |
| Coeur | R, 7 | **O** **E** | | Coeur | 5, 3 |
| Carreau | D, 10, 8 | **S** | | Carreau | A, R, V, 7, 4 |
| Trèfle | R, V, 10, 8, 5 | | | Trèfle | 2 |

| | |
|---|---|
| Pique | A, 6, 3 |
| Coeur | A, V, 9, 8, 6, 2 |
| Carreau | 5, 3 |
| Trèfle | A, 7 |

La donne d'Ouest s'est révélée assez bien répartie, et les enchères sont les suivantes:

| Ouest | Nord | Est | Sud |
|-------|------|-----|-----|
| Un trèfle | Passe | Un carreau | Un coeur |
| Deux carreaux | Deux coeurs | Deux piques | Quatre coeurs |
| Passe | Passe | Passe | |

Ouest entame en carreau et Est fait les deux premières levées avec l'As et le Roi de cette couleur. Sud coupe le troisième en carreau avec le 8 de coeur.

Comme Sud a perdu deux levées, on pourrait croire que son contrat est voué à l'échec, étant donné qu'Ouest, si l'on se base sur son entame et sur le fait qu'il n'a ni l'As ni le Roi de carreau, doit sûrement posséder les Rois de coeur et de trèfle.

Néanmoins, Sud est à même d'évaluer la manche partiellement, ce qui lui permettra de réussir son contrat s'il sait tirer profit de cette évaluation. Si l'on suppose qu'Ouest a très certainement commencé avec trois carreaux et probablement cinq trèfles, cela signifie qu'il ne peut avoir plus de cinq cartes en pique et en coeur. C'est pourquoi Sud fait la levée avec l'As de coeur (au cas où le Roi serait singleton) et comme le Roi n'est pas tombé, il rejoue en pique avec le Roi du mort, rejoue un autre pique de la table pour l'emporter avec son As et, enfin, coupe son dernier pique avec le 10 de coeur du mort. Comme Ouest a joué le 7 de coeur contre l'As de Sud et a fourni aux trois tours en pique, Sud peut reconstituer la situation:

|          |              |
|----------|--------------|
| Coeur    | D            |
| Trèfle   | D, 9, 6, 4, 3 |

| Coeur  | R       |
|--------|---------|
| Trèfle | R ? ? ? ? |

```
        N
  O           E
        S
```

| Pique   | 10, 7 |
|---------|-------|
| Coeur   | 5     |
| Carreau | V, 4  |
| Trèfle  | ?     |

| Coeur  | V, 9, 6, 2 |
|--------|-----------|
| Trèfle | A, 7      |

Maintenant, en entamant de la Dame de coeur du mort, Sud oblige Ouest à jouer son Roi, et comme il doit retourner en trèfle, il remporte deux levées dans cette couleur.

Le jeu des adversaires est beaucoup plus difficile à contrôler que celui du déclarant, parce qu'un adversaire doit tenir compte à la fois de sa main et de celle de son partenaire qui lui demeure cachée. La communication non verbale entre associés leur est tout de même d'un certain secours puisqu'elle leur permet d'échanger des renseignements et des conseils, mais, en fait, le succès de la défense repose essentiellement sur une interprétation judicieuse des enchères et des cartes qui ont été jouées durant les levées précédentes.

Entamer avec la plus forte carte d'une séquence, faire la levée avec la plus basse et fournir quand la situation le dicte, sont les trois éléments d'une règle sur laquelle il est superflu de s'étendre plus longuement. En fait, la plupart des règles relatives au jeu de la défense remontent à l'époque où le Whist était le jeu à la mode. Il convient toutefois de ne pas s'y fier trop aveuglément pour le Bridge, parce que les enchères et le mort, qui est exposé, modifient passablement ce qui n'était, à l'époque, que des généralités.

Revenir dans la couleur d'entame du partenaire n'est pas

toujours la meilleure chose à faire. Il est parfois plus important de saisir l'occasion quand elle se présente.

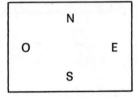

Pique    8, 3
Coeur    10, 2
Carreau   R, D, V, 6, 3, 2
Trèfle    A, 8, 5

Pique    A, 6, 2
Coeur    R, D, 9, 3
Carreau   10, 9
Trèfle    6, 4, 3, 2

Pique    D, V, 7, 4
Coeur    A, 5, 4
Carreau   8, 7, 4
Trèfle    10, 9, 7

Pique    R, 10, 9, 5
Coeur    V, 8, 7, 6
Carreau   A, 5
Trèfle    R, D, V

Sud donne et ouvre les enchères en déclarant un sans atout (de 12 à 14 points), et Nord saute à trois.

Ouest entame du 3 de coeur et Est fait la levée avec l'As. Si Est revient en coeur, Sud n'aura aucune difficulté à remporter neuf levées parce que le 10 de coeur du mort protège son propre Valet et que les adversaires ne peuvent faire plus qu'une levée en pique et trois en coeur. Comme le 2 de coeur est sur la table, Est devrait se rendre compte que son partenaire a tout au plus quatre coeurs qui sont fatalement Roi, Dame, 9, 3, parce que s'ils avaient été Roi, Dame, Valet, 3, Ouest aurait entamé du Roi et non du 3. Aussitôt qu'Est abandonne l'entame, il lui devient impossible de la reprendre; aussi, lui faut-il tirer profit du facteur temps, le tempo, et il joue la Dame de pique. La seule possibilité qu'il a de faire échouer le contrat, c'est de se rendre compte que Ouest a l'As de pique, et comme l'enchère de Sud de un sans atout implique un maximum de 14 points, Est, qui possède 7 points et voit qu'il y en a 10 sur la table, est capable d'estimer que la main d'Ouest lui permet tout juste d'avoir l'As de pique, de même que le Roi et la Dame de coeur.

Bien souvent, il est bon de couvrir un honneur par un autre honneur, sauf quand il fait partie d'une séquence.

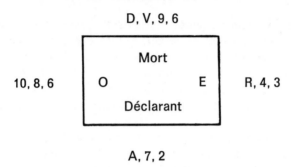

La Dame du mort entame. Si Est la couvre avec le Roi, le déclarant fera quatre levées dans la couleur en gagnant avec l'As puis en retournant dans la couleur grâce à une finesse contre le 10 d'Ouest. Par conséquent, Est ferait mieux de ne pas couvrir. La Reine l'emportera, mais à présent les adversaires feront toujours une levée dans la couleur, parce que si le déclarant enchaîne avec le Valet du mort, il ne s'agira plus d'une entame à partir d'une séquence et Est le couvrira avec le Roi. Est devrait couvrir s'il a seulement Roi, x; autrement, le déclarant, après avoir fait le pli avec la Dame du mort, continuera avec un pique faible (autre que le Valet) provenant de la table, et Est perdra son Roi.

Une autre règle héritée du passé veut que la seconde main joue faible et que la troisième joue fort. Il vaut peut-être la peine de s'en rappeler car les situations où la seconde main devrait jouer fort sont assez exceptionnelles, et lorsque la troisième main voit qu'il n'y a que des cartes basses à sa droite, rien ne l'empêche, en principe, de jouer fort.

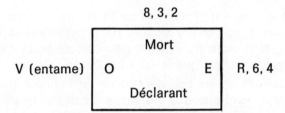

8, 3, 2

Mort

V (entame)   O          E   R, 6, 4

Déclarant

Ouest entame du Valet. Est devrait jouer le Roi, faisant ainsi preuve de courage. Il sait que le déclarant possède la Dame (autrement Ouest aurait plutôt joué cette carte que le Valet) et si celui-ci a également l'As, le Roi est perdu. Par conséquent, Est doit prendre le risque qu'Ouest a entamé à partir de As, Valet, 10, x et que le déclarant a en main Dame, x, x.

L'écho qu'on appelle parfois signal «haute-basse», constitue un atout très important pour les adversaires. Résumé en les termes les plus simples, cela signifie que si l'un des adversaires joue d'abord une carte plus forte puis une plus basse — les deux étant de la même couleur —, il demande à son partenaire de jouer, lui aussi, dans cette couleur. Bien souvent, un adversaire ne peut intervenir qu'une seule fois dans une couleur. Dans un tel cas, le fait d'abattre un 7 ou une carte plus forte constitue une invitation pour le partenaire, tandis qu'une carte plus basse signifie l'inverse. Contre un contrat en atout, le signal haute-basse employé dans une autre couleur veut dire qu'on a un doubleton et qu'on coupera au troisième tour. Si le signal est transmis dans la couleur même de l'atout, c'est qu'on a en main trois cartes d'atout. Enfin, contre un contrat en sans atout, l'écho indique qu'on possède une longue dans la couleur, soit, habituellement, quatre cartes.

Les adversaires sont fréquemment obligés de se défausser, ce qui leur cause presque toujours un problème. Les règles à observer sont de ne pas le faire dans la même couleur que son partenaire; de ne pas se défausser dans une couleur où l'on a une longue égale à celle du mort ou si on

198

soupçonne le déclarant d'en avoir une semblable; ne jamais se défausser de façon à renseigner le déclarant.

Il est, bien sûr, aussi important pour les adversaires que pour le déclarant de savoir évaluer les cartes. Néanmoins, cela s'avérera parfois plus facile pour les adversaires. Si le déclarant a annoncé un contrat en sans atout, sa main correspondra à un nombre défini de points. Aussi, si la limite du déclarant se situe entre 16 et 18 points et qu'il en a déjà exposé 15, les adversaires savent qu'il ne lui reste plus guère en main qu'un seul Roi, ou l'équivalent. Dans le même ordre d'idées, dans un contrat en couleur, le déclarant et le mort posséderont rarement plus que huit cartes d'atout à eux deux. Un adversaire qui en a trois, pourra logiquement en déduire que son partenaire en a probablement deux au maximum.

En conclusion, on peut affirmer qu'un bon jeu défensif consiste à jouer les cartes qui fournissent un maximum d'information au partenaire et lui facilitent les choses autant que faire se peut; cela implique également que ces mêmes cartes doivent renseigner l'adversaire le moins possible, tout en le mettant dans une situation difficile.

Chaque fois qu'il le peut, un adversaire devrait jouer les cartes que le déclarant le soupçonne d'avoir et conserver celles dont il ne sait rien. Tout ceci semble un idéal bien difficile à atteindre — aussi, les meilleurs joueurs de Bridge sont-ils des perfectionnistes.

## BRINT

Ce jeu a été inventé par J.B. Chambers, en 1929. C'est une combinaison du Bridge (voir p. 162 ) et du Vint, le jeu de cartes national de la Russie. On a déjà dit que le Brint était une forme de Bridge utilisant le pointage du Vint parce que le score, qui se calcule tout au long de la partie et qu'on inscrit en dessous de la ligne, dépend entièrement du niveau des déclarations. Les couleurs et le sans atout conservent leur ordre habituel, mais chaque tric (levée faite après les six premières) vaut 10 points au niveau de un, 20 au niveau de deux, et ainsi de suite jusqu'à sept, alors que chacun rapporte 70 points.

Le barème complet est le suivant:

| Niveau du contrat | Chaque tric (contré ou non) | Quand le déclarant n'est pas vulnérable | | | |
|---|---|---|---|---|---|
| | | Non contré | Contré | | |
| | | Pénalité pour chaque levée de chute | Prime pour chaque surlevée | Pénalité pour chaque levée de chute | |
| Un | 10 | 50 | 50 | 100 | |
| Deux | 20 | 50 | 50 | 100 | |
| Trois | 30 | 50 | 50 | 100 | |
| Quatre | 40 | 100 | 100 | 200 | |
| Cinq | 50 | 150 | 150 | 300 | |
| Six | 60 | 200 | 200 | 400 | |
| Sept | 70 | 250 | 250 | 500 | |

Un contre n'affecte en rien les valeurs des levées, mais si un contrat déjà contré est surcontré, on double alors le score des levées, de même que les primes et pénalités correspondantes. Si le joueur est vulnérable, chaque prime ou pénalité augmente de 100 points.

L'équipe qui atteint la première 160 points pour ses levées, remporte la partie.

Les primes accordées pour les enchères, les chelems et les manches, de même que pour les honneurs, sont inscrites au-dessus de la ligne comme au Bridge:

Déclaration réussie de sept:     1000 points

Déclaration réussie de six:      500 points

Déclaration réussie de cinq:     250 points

| | |
|---|---|
| Déclaration réussie de quatre: | 500 points (si le joueur est vulnérable)<br>250 points (s'il ne l'est pas) |
| Contrat en sans atout avec quatre As dans une main: | 150 points |
| Contrat en couleur avec *cinq* honneurs dans une seule main: | 200 points |
| Contrat en couleur avec *quatre* honneurs dans une main: | 100 points |

Ces contrats ne sont pas modifiés par la vulnérabilité, le contre ou le surcontre.

## CALYPSO

Le Calypso a été inventé par R.W. Willis, de Trinidad, vers le milieu des années 50; bien que sa conception soit entièrement nouvelle, il emprunte certains des meilleurs éléments du Bridge (voir p. 162) et de la Canasta (voir p. 204).

On utilise quatre paquets au verso identique qu'on brassera ensemble, mais seulement au début d'une partie. Un joueur ne peut avoir en main que treize cartes à la fois.

C'est un jeu à quatre joueurs et, ceci est un élément inédit, chacun dispose de son propre atout. Pique et coeur font équipe contre carreau et trèfle. Les joueurs coupent pour les places et l'atout. Celui qui tire la plus haute carte a le privilège de choisir les deux, et son partenaire, qui s'assied en face de lui, prend la famille correspondante. Le choix d'une famille d'atout ne comporte aucun avantage particulier; c'est uniquement une question de préférence.

Le donneur sert treize cartes à chacun, puis place le solde à sa gauche à l'intention du donneur suivant, à la fin de la manche.

Son voisin de gauche entame la première levée; ce sera ensuite au gagnant de la levée de commencer la suivante. Un joueur doit fournir quand il le peut; dans le cas contraire, il peut se défausser ou couper en jouant une carte de sa propre famille d'atout.

Une levée revient à celui qui a joué la plus haute carte dans la couleur demandée, à celui qui a coupé, ou encore à celui qui a surcoupé en jouant un atout plus élevé dans la famille d'atout qui lui a été attribuée. Si deux joueurs ou plus abattent des cartes identiques, le premier a la priorité pour ce qui est de la levée; l'une des caractéristiques les plus importantes de ce jeu, c'est peut-être le fait que si un joueur entame avec son atout, il fait automatiquement la levée, à moins qu'il n'ait été coupé par un adversaire ou surcoupé par un autre. Voici quelques exemples:

| *Nord* (trèfle) | *Est* (pique) | *Sud* (carreau) | *Ouest* (coeur) |
|---|---|---|---|
| 8 de coeur | Valet de coeur | 10 de coeur | 3 de coeur |

Nord qui avait entamé avec le 8 de coeur est défait par Est qui a joué l'atout le plus élevé.

| 4 de carreau | 6 de pique | 7 de carreau | 3 de carreau |
|---|---|---|---|

Nord a déposé le 4 de carreau et Est remporte la levée en coupant. Sud s'est tout simplement contenté de fournir.

| 3 de coeur | 4 de pique | 6 de carreau | Valet de carreau |
|---|---|---|---|

Nord joue le 3 de coeur et Sud fait la levée, même si Est a coupé, parce qu'il a surcoupé. Ouest a seulement fourni.

| 9 de trèfle | Valet de trèfle | 6 de trèfle | 5 de trèfle |
|---|---|---|---|

La levée revient à Nord qui avait entamé avec le 9 de trèfle parce que c'est sa famille d'atout. Le fait qu'Est ait joué une carte plus élevée dans cette même sorte est sans importance.

| 6 de trèfle | 7 de pique | 9 de carreau | 5 de trèfle |

Nord joue le 6 de trèfle. Est coupe, mais Sud surcoupe et fait la levée.

| 6 de coeur | Dame de coeur | Dame de coeur | 10 de coeur |

Nord abat le 6 de coeur, et Est qui a joué avant Sud gagne la levée.

Le but du jeu est de constituer des *calypsos,* c'est-à-dire une famille complète (de l'As au 2) dans son atout.

Celui qui fait une levée étale devant lui les cartes correspondant à un calypso et passe à son partenaire celles qui pourront lui être utiles. Quant aux autres, il les dépose à l'envers, à sa droite.

Nord (dont l'atout est le trèfle) joue le 4 de trèfle et remporte la levée suivante:

| 4 de trèfle | 6 de trèfle | Valet de trèfle | 6 de trèfle |

Il expose devant lui les 4, 6 et Valet de trèfle, écarte le second 6 et entame le pli suivant avec le 8 de trèfle:

| 8 de trèfle | Valet de trèfle | 7 de trèfle | 8 de carreau |

Une fois de plus, il gagne la levée, conserve les 7 et 8 de trèfle pour le Calypso, passe le 8 de carreau à son partenaire et écarte le Valet de trèfle puisqu'il en a déjà un.

Le jeu se poursuit jusqu'à ce que les treize levées aient été jouées; après quoi, le donneur suivant distribue treize autres cartes à chacun.

Un joueur ne peut bâtir qu'un calypso à la fois mais est autorisé à en commencer un second quand le premier est terminé. Il peut utiliser à cette fin n'importe quelle carte de la levée à partir de laquelle il a complété un calypso, mais non celles qu'il a écartées. Ce sont des cartes mortes.

Le jeu prend fin quand chaque joueur a donné une fois. Les points se calculent de la façon suivante:

Premier calypso: 500 points ⎫ quand ils ont été consti-
Second calypso: 750 points ⎬ tués par des joueurs
Tout autre calypso: 1 000 points ⎭ individuellement

Chaque carte d'un calypso incomplet: 20 points
Chaque carte de la pile d'écarts: 10 points

Les partenaires additionnent leurs totaux respectifs et les mises sont payées d'après la différence entre les scores des deux équipes.

Une renonce à faux est considérée comme grave. On ne l'établit qu'après qu'un joueur de l'équipe fautive ait joué la levée suivante, et si elle a eu lieu au cours du douzième pli, elle ne sera donc jamais reconnue. Une renonce à faux établie entraîne une pénalité de 260 points.

Le CALYPSO SOLO se joue également à quatre, mais il n'y a pas d'équipes. Le jeu est semblable au précédent, compte tenu de la différence suivante: les joueurs tirent pour le choix des places et des atouts. Celui qui a la plus haute choisit le premier, et celui qui a tiré la plus basse prend ce qui reste.

Au CALYPSO À TROIS, on emploie trois paquets de cartes après avoir enlevé une famille complète (peu importe laquelle) de chacun des jeux. La partie se joue en trois manches. Chaque joueur joue pour lui-même.

## LA CANASTA

La Canasta est une variante du Rami (voir p.273) qui, en Amérique du Sud, a acquis un statut autonome. De deux à six personnes peuvent jouer ensemble, mais le jeu est plus intéressant à quatre. A deux ou trois, chacun joue pour soi;

à quatre, on forme deux équipes — les partenaires s'asseyant les uns en face des autres; à cinq, on joue à deux contre trois, mais sur les trois, seuls deux jouent en même temps par rotation, de telle sorte qu'un joueur différent participe à chaque nouvelle manche; à six, enfin, on forme deux équipes de trois, et les joueurs s'installent de part et d'autre de la table.

On emploie deux paquets de cinquante-deux cartes avec les quatre Jokers. Ceux-ci, de même que les huit 2, sont des cartes frimées: elles peuvent remplacer n'importe quelle autre carte.

Le donneur sert onze cartes à chacun * et le reste du paquet (le solde) est placé à l'envers au milieu de la table. La retourne est déposée à côté. Elle constitue la première carte de la pile de défausses. S'il s'agit d'une carte frimée ou d'un 3 rouge, on la recouvre avec les prochaines cartes du solde jusqu'à ce qu'on retourne une carte ordinaire.

Les 3 rouges sont des cartes-primes qui nuisent ou favorisent — selon le cas — le côté à qui ils échoient. Ils ne peuvent être intégrés à la main d'un joueur et celui qui en a un doit le déposer, à l'endroit, devant lui et compléter sa main en prenant une carte du solde. Le joueur qui tire un 3 rouge dans la pile de défausses procède de la même façon, mais il ne peut le remplacer dans sa main par une carte du solde.

Le jeu consiste à former des séries de trois cartes ou plus ayant la même valeur, avec ou sans cartes frimées. Les séquences ne sont pas considérées comme des séries.

C'est le joueur assis à la gauche du donneur qui commence. On continue ensuite dans le sens des aiguilles d'une montre. Selon le déroulement du jeu, un joueur tire une

---

* Pour deux joueurs, on sert quinze cartes à chacun, et pour trois joueurs, on en sert treize.

carte, forme une série (facultatif) et écarte.

*La tire :* Le joueur prend la carte supérieure soit du solde, soit de la pile de défausses mais à condition toutefois qu'il puisse utiliser cette dernière pour une série. Dans ce cas, il lui faut alors ramasser toute la pile, du moment qu'elle n'est pas «gelée». Au début de la partie, cette pile est gelée tant qu'un côté n'a pas déposé sa première série et elle n'est, à ce moment-là, dégelée que pour cette seule équipe. Néanmoins, si la carte du dessus de la pile est un rouge ou une carte frimée, la pile de défausses demeure gelée même pour cette équipe jusqu'à ce qu'un joueur ramasse la carte en question, parce qu'une pile de défausses «fraîche» ne peut être gelée à moins qu'un joueur n'en commence une avec une carte frimée. Un joueur qui dépose un 3 noir sur la pile, la gèle seulement pour son voisin de gauche.

*La série :* Une série n'est valable que si elle contient au moins deux cartes «naturelles» (i.e. qui ne sont pas frimées) de même valeur et pas plus de trois cartes volantes. On ne peut toutefois constituer une série avec les 3 noirs, à moins qu'on ne les étale en une seule fois. Quant aux cartes frimées, elles ne constituent pas une série par elles-mêmes si elles ne sont pas combinées à des cartes naturelles. Chaque joueur étale ses séries devant lui, et s'il s'agit d'équipes, on les expose devant l'un des deux partenaires. Un joueur a le droit d'ajouter une ou plusieurs cartes, frimées ou de même valeur, à une série déjà commencée par lui-même ou par son associé. Outre l'addition de cartes à des séries entamées, un joueur a le droit d'en former autant de nouvelles qu'il le désire, mais il ne peut ajouter de cartes aux séries de ses adversaires. On ne peut remplacer une carte frimée par une carte naturelle quand elle a déjà été incluse dans une série.

Une *canasta* est une série comprenant sept cartes ou plus et on peut la bâtir à partir d'une première série d'au moins trois cartes. Si elle ne contient aucune carte frimée, on dit qu'elle est *pure* ou *parfaite*. Dans le cas contraire, c'est-à-dire si elle comprend une, deux ou trois cartes volantes, c'est

Canasta pure

Canasta impure

Série de 50 points

Série de 90 points

série de 120 points

une canasta *impure* ou *imparfaite*. S'il est possible d'ajouter un nombre indéterminé de cartes frimées à une canasta, dans le cas des séries, le maximum en est de trois (voir illustration).

Les valeurs des cartes intégrées à une série sont les suivantes:

| | |
|---|---|
| Joker: | 50 points chacun |
| As et 2: | 20 points chacun |
| Roi, Dame, Valet, 10, 9, 8: | 10 points chacun |
| 7, 6, 5, 4, 3 noirs: | 5 points chacun |

On inscrit ces points au débit d'une équipe si ces cartes sont constituées en séries lorsque la manche se termine, ou à son crédit si elles sont encore entre les mains des partenaires.

Les 3 rouges valent chacun 100 points, sauf quand une équipe en a accumulé quatre, auquel cas ils en valent 200 chacun. A la fin d'une manche, le côté qui a étalé une ou plusieurs séries évalue ses 3 rouges comme des primes; l'équipe qui n'a constitué aucune série doit, par contre, déduire de son score, la valeur de ses 3 rouges.

La première série est soumise à une règle stricte. Si une équipe a accumulé moins de 1 500 points, sa série doit en valoir au moins 50; si le score est entre 1 500 et 2 995 points, c'est 90 points; et, enfin, si la marque est de 3 000 ou plus, ce doit être une série de 120 points. Il n'existe pas de minimum pour l'équipe qui a un score négatif.

*L'écart:* Après qu'un joueur ait tiré une carte et, le cas échéant, étalé une série, il doit déposer une carte sur la pile de défausses. Cette carte doit provenir de sa main et non d'une série déjà exposée. Quand un joueur dépose toute sa main d'un seul coup (on dit qu'il sort ou qu'il finit), il n'est pas obligé d'écarter. Il peut arriver qu'un joueur puisse étaler toutes ses cartes en une seule fois, alors qu'il n'avait pas encore constitué de séries. C'est une

208

sortie surprise ou main «fermée», et la prime est alors doublée. Dans l'un ou l'autre cas, cependant, un joueur doit avoir une canasta en main ou être capable de la compléter; d'autre part, comme sa sortie peut ne pas convenir à son partenaire, il devrait, avant de jouer, lui demander «Puis-je sortir?» La réponse du partenaire doit se limiter à un simple «oui» ou «non» et, quelle qu'elle soit, elle lie les deux associés. En effet, si le partenaire répond «Oui» et que le joueur ne puisse finalement sortir, il encourt une pénalité de 100 points.

L'équipe qui a terminé, additionne les points de ses séries; ajoute une prime de 100 points pour sa sortie (200 points si c'est une sortie surprise); 100 points pour chaque 3 rouge (800 si elle les a tous les quatre); 500 points pour chaque canasta parfaite et 300 pour chaque canasta imparfaite. Elle soustrait de ce résultat le total, en points, des cartes que l'adversaire a encore en main.

On calcule de la même façon la marque de l'autre équipe et on la déduit du total obtenu par les adversaires. Si elle n'a pas formé de série, on soustrait de son score la valeur de ses 3 rouges au lieu de l'y ajouter.

L'équipe qui accumule la première 5 000 points — ou davantage si les deux côtés ont dépassé ce nombre au cours de la même manche — remporte la partie.

Le principal objectif d'un joueur doit être de faire des canastas. S'il en a le choix, il devrait commencer par former des séries puisque chacune peut être le début d'une canasta. On devrait tirer profit du fait qu'un joueur peut déposer deux ou trois séries à la fois, à cause du minimum de points nécessaire pour une première série. Parallèlement, il est peu judicieux d'étaler immédiatement toutes les cartes qui peuvent l'être. En agissant ainsi, on se retrouve avec une main dégarnie et on reste à la merci de l'adversaire jusqu'au moment où on pourra sortir. Selon une règle généralement acceptée, il vaut mieux ne pas étaler une première série si elle laisse moins de six cartes dans la main. En fait, cette série initiale devrait toujours, dans la mesure du possible, contenir un minimum de cartes.

Par ailleurs, le joueur aurait intérêt à essayer de conserver au moins une carte frimée et, sauf pour compléter une canasta, il ne devrait pas l'ajouter inutilement à une série alors que ses adversaires risquent de sortir.

Il est presque toujours maladroit d'écarter des As; il vaut mieux les regrouper en séries.

Etant donné que les 3 noirs ne sont pas vraiment utiles pour les séries, on a tendance à les écarter à la première occasion. Cela n'est pas mauvais et permet au moins de geler la pile de défausses pour l'adversaire de gauche. En général, toutefois, il vaut mieux conserver un 3 noir au cas où l'on voudrait écarter sans problème.

Comme les partenaires n'ont que onze cartes à eux deux, il s'avère généralement improbable qu'ils puissent former ainsi plus d'une canasta. Mais il reste soixante-quatre cartes qui n'ont pas été distribuées aux quatre joueurs. Il est clair, par conséquent, qu'il est avantageux de prendre le paquet, ce qui permet d'étaler davantage de canastas.

L'équipe qui gagne le premier paquet ne devrait pas réduire sa main inutilement. Il ne faut pas non plus craindre d'écarter dans sa couleur la plus longue. Au contraire, l'équipe qui a perdu le premier paquet n'a plus qu'une seule solution: jouer en prévision de la sortie. Il y a une différence considérable entre attaquer et défendre son jeu.

Quand le paquet est gelé, il vaut mieux essayer de se constituer une main avec des paires. Elles sont très utiles, étant donné que toute série doit contenir au moins deux cartes de la même famille, soit une paire.

A la CANASTA À TROIS PAQUETS ou **samba** peuvent participer de deux à trois équipes de deux. Un joueur s'assied entre deux adversaires appartenant chacun à une équipe différente.

On emploie trois paquets de cinquante-deux cartes, avec leurs deux Jokers. Chaque joueur reçoit treize cartes. La partie se joue en 10 000 points, et quand une équipe en a accumulé 7 000, le minimum requis pour une première série est de 150 points. Cinq 3 rouges valent 1 000 points; six, 1 200 points. Pour sortir, une équipe doit avoir étalé deux canastas.

## CINCH

Le Cinch, ou **Double Pedro** ou **High Five,** est une variante du All Fours (voir p.51) à laquelle on joue presque toujours en deux équipes de deux, bien que ce jeu convienne autant à deux qu'à six participants.

On utilise un paquet de cinquante-deux cartes. Le 5 d'atout s'appelle le *pedro de droite,* et celui de la même couleur est le *pedro de gauche.* L'As est la carte la plus haute, le 2 la plus basse, et le pedro de gauche se situe entre le pedro de droite et le 4 d'atout.

Les joueurs reçoivent chacun neuf cartes, trois par trois, et, à tour de rôle en commençant par le voisin de gauche du donneur, peuvent passer ou déclarer. On déclare en nommant un nombre de 1 à 14, qui doit être plus élevé que l'annonce précédente. Une fois que tous ont passé ou déclaré, le joueur qui a choisi le nombre le plus élevé désigne l'atout. Dans le cas où tous les autres joueurs ont passé, le donneur (qui est le dernier à déclarer) établit l'atout sans avoir à préciser quelque contrat que ce soit; chaque équipe inscrit alors ses points.

Après la dernière déclaration et la désignation de l'atout, tous les joueurs, à l'exception du donneur, retirent de leurs mains les cartes qui ne sont pas en atout. Elles sont déposées à l'endroit sur la table où on pourra les examiner. Le donneur redistribue ensuite à chacun assez de cartes pour qu'ils en aient tous six en main. Après quoi, il *pille* le paquet. Cela veut dire qu'il retire de sa main toutes les cartes qui ne sont pas en atout et les remplace par d'autres qu'il choisit dans le solde, afin d'en avoir également six.

Comme les joueurs doivent tous avoir six cartes au début de la partie, il s'ensuit que celui qui en reçoit plus de six en atout doit écarter celles qu'il a en trop.

Le jeu consiste à faire des levées contenant les cartes énumérées ci-dessous avec les points qu'elles valent:

| | |
|---|---|
| As d'atout (haute): | 1 point |
| 2 d'atout (basse): | 1 point |
| Valet d'atout (Valet): | 1 point |
| 10 d'atout (partie): | 1 point |
| Pedro de droite: | 5 points |
| Pedro de gauche: | 5 points |

Le *faiseur* (celui qui a déclaré l'enchère la plus haute) entame la première levée, suivi en cela par celui qui la remportera. Une entame en atout doit être suivie lorsque la chose est possible; par contre, dans une autre couleur, on peut couper même si on est capable de fournir, mais on n'a pas le droit de se défausser.

Le nombre de points accumulables pour chaque manche est de 14. Les deux équipes comptent leurs points après avoir joué les six levées. Si l'équipe du faiseur a au minimum réussi son contrat, on crédite la différence entre les deux totaux au côté qui a obtenu le maximum. Ce ne sera pas forcément l'équipe du faiseur. Mais si celle-ci n'a pas réussi son contrat, elle n'obtient rien, tandis que l'équipe adverse ajoute à ses propres points ceux du contrat.

La partie est remportée par la première équipe qui atteint 51 points.

Comme un joueur a le droit de couper quand l'entame est en couleur, il s'ensuit que très peu de levées seront gagnées avec d'autres cartes qu'en atout. Le Cinch est donc, en fait, un jeu à une seule famille, les autres n'étant jouées, à toutes fins pratiques, que pour permettre à un joueur de répondre à l'entame.

Etant donné qu'on distribue en moyenne neuf atouts lors de la première donne, un joueur n'a aucune raison de ne pas s'attendre à en tirer au moins un. A la longue, un joueur peut espérer remporter autant de points que ses adversaires ont d'atout.

Les joueurs expérimentés ont néanmoins mis au point un certain nombre de déclarations conventionnelles qui permettent au premier déclarant d'une équipe de fournir des informations sur sa série d'atouts. Comme un joueur ne peut déclarer qu'une seule fois, c'est là un aspect important du jeu.

Avec l'un ou l'autre pedro, on déclare au niveau de cinq.

Avec As, x, x, ou As, x, x, x, on déclare au niveau de six.

Avec un As et un Roi d'une même famille, on déclare sept, même si ces deux cartes sont doubleton.

Avec As, Roi, Valet, x, x, c'est une déclaration de onze.

Enfin, avec As, Roi, Dame x, on déclare au niveau de douze.

Sud donne.

|  | Ouest | Nord | Est | Sud |
|---|---|---|---|---|
| Pique: | As, Roi | 6, 4 | Dame, 10, 8, 2 | 7, 3 |
| Coeur: | 6, 3 | As Valet, 8 | Roi, 9 | 4, 2 |
| Carreau: | 10, 8, 5 | 9, 2 | Roi, 4 | As, Dame, 6 |
| Trèfle: | 8, 4 | 7, 6 | Roi | 3, 2 |

Ouest, qui a l'intention de jouer pique atout, déclare sept. Est, voyant d'après ses cartes que la combinaison As-Roi d'Ouest est en pique, déclare onze. Puisqu'un joueur ne peut annoncer qu'une seule fois, il vaut mieux parier le plus haut possible pour empêcher l'adversaire de forcer sur son annonce, plutôt que de déclarer un contrat de faible niveau . Sud passe.

Est, devenu faiseur, annonce pique atout.

Ouest écarte: coeur: 6, 3; carreau: 10, 8, 5; trèfle: 8, 4 — et tire pique: 5 (pedro de droite); coeur: 7; carreau: 3; trèfle: 10.

Nord écarte: coeur: As, Valet, 8; carreau: 9, 2; trèfle 7, 6. Il obtient : coeur: Dame, trèfle: 9, 5 (pedro de gauche).

Est écarte: coeur: Roi, 9; carreau: Roi, 4; trèfle: Roi; il reçoit: coeur: 5; trèfle: Valet.

Sud écarte: coeur: 4, 2; carreau: As, Dame, 6; trèfle: 3, 2; il pille le solde: pique: Valet, 9; trèfle: As, Dame.

Les mains sont maintenant les suivantes:

|          | Ouest      | Nord      | Est             | Sud            |
|----------|-----------|-----------|-----------------|----------------|
| Pique:   | As, Roi, 5 | 6, 4      | Dame, 10, 8, 2  | Valet, 9, 7, 3 |
| Coeur:   | 7         | Dame, 10  | 5               | aucun          |
| Carreau: | 3         | aucun     | aucun           | aucun          |
| Trèfle:  | 10        | 9, 5      | Valet           | As, Dame       |

Est entame avec le 2 de pique qu'Ouest gagne en jouant l'As de pique. Son équipe se voit ainsi attribuer 2 points pour la plus haute (l'As) et pour la plus basse (2 de pique). Le jeu gravitant toujours autour de la capture des deux pedro, comme Ouest a le pedro de droite (5 de pique) et qu'il gagnera la levée, lui et Est réussiront leur contrat s'ils arrivent à situer et à capturer le pedro de gauche (5 de trèfle).

# LES COEURS

Les Coeurs, tout comme leurs multiples versions, se rapprochent beaucoup théoriquement de la Dame de pique ou Black Maria (voir p.133), étant donné que leur objectif commun consiste à éviter de faire des levées contenant des cartes spécifiques. Le jeu lui-même observe les mêmes principes généraux que les autres jeux basés sur les levées: le joueur à la gauche du donneur entame, et c'est ensuite le tour de celui qui a fait la levée; un joueur doit fournir et s'il ne le peut, se défausser de la carte qui lui convient.

Un nombre raisonnable de joueurs peuvent participer à ce jeu, mais il est beaucoup plus intéressant à quatre, chacun jouant pour soi *.

La Dame de pique et tous les coeurs sont des cartes de pénalité. Chaque manche est une entité et, selon la façon habituelle de procéder, on inscrit 13 points au débit de celui qui gagne la Dame de pique et un point par carte au débit de ceux qui ont du coeur.

Une renonce à faux est lourdement pénalisée. Il est possible de la corriger avant le début de la levée suivante; autrement, elle est admise, la main est abandonnée et le joueur fautif est débité de 26 points.

Sans être difficile, le jeu requiert tout de même une certaine habileté: il faut savoir compter les cartes, «lire» la distribution et imaginer les possibilités. La partie illustrée ci-dessous sera fort instructive si c'est Ouest qui entame la première manche et qu'il considère que son meilleur

Nord

Ouest

Est

Sud

---

* Lorsque les participants sont trois ou moins, on retire les petites cartes du paquet, de telle sorte que chacun reçoive le même nombre de cartes.

coup consiste à jouer le 2 de coeur, puisque c'est certainement l'un des autres joueurs qui fera la levée.

La partie se déroulera ensuite rapidement et Ouest se retrouvera dans la pire des positions, le jeu adroit de ses adversaires l'ayant fait hériter de la Dame de pique.

| Ouest | Nord | Est | Sud |
|---|---|---|---|
| 2 coeur | 4 coeur | 3 coeur | **8 coeur** |
| 6 coeur | 7 coeur | **10 coeur** | 9 coeur |
| Dame de coeur | **Roi de coeur** | Valet de coeur | As de carreau |
| **As de coeur** | 5 de coeur | Dame de pique | Dame de carreau |

Avec plus d'expérience, Ouest aurait évité d'entamer en coeur. Selon toute probabilité, la meilleure chose à faire aurait été de jouer son unique carreau, étant donné qu'il n'avait rien à craindre du pique et qu'après s'être défait de son carreau, il aurait été en meilleure position pour se débarrasser de ces dangereuses cartes que sont l'As et la Dame de coeur.

Aux COEURS DOMINOS, les joueurs ne reçoivent que six cartes chacun et le reste du paquet est placé au milieu de la table, face au tapis. Le joueur à la gauche du donneur commence, et la partie se déroule telle que décrite plus haut, à cette exception près: un joueur qui ne peut fournir doit puiser dans le solde jusqu'à ce qu'il ait tiré la carte adéquate. Ce n'est qu'une fois le solde épuisé qu'un joueur peut se défausser, s'il n'est pas capable de fournir.

Seuls les coeurs sont des cartes de pénalité et non plus la Dame de pique; chaque joueur perd un point par coeur ramassé dans une levée, de même que celui qui en a encore en main à la fin du jeu.

Dans les COEURS À LA GRECQUE, tout comme à la Dame de Pique (voir p.133), chaque joueur passe, avant l'entame, trois cartes à son voisin de droite, en recevant par le fait même trois autres de son voisin de gauche.

La Dame de pique et les coeurs entraînent les mêmes pénalités qu'aux Coeurs ordinaires; cependant, si un joueur gagne toutes ces cartes, au lieu de perdre 26 points, il les reçoit de chacun de ses adversaires.

Il est nécessaire de faire preuve d'adresse parce qu'avant de passer ses cartes, un joueur doit décider s'il choisit la voie facile et joue en évitant les cartes de pénalité, ou, au contraire, s'il essaye d'obtenir le grand prix en les remportant toutes. Cette décision n'est nullement facile à prendre, parce qu'en se défaussant d'un coeur élevé, on peut aider un adversaire à améliorer son score; d'autre part, on peut également terminer avec un résultat médiocre en recevant deux coeurs élevés et la Dame de pique de son voisin de gauche.

Le PETIT COEUR se déroule de la même façon que le jeu ordinaire avec, en plus, une veuve. Si le nombre de participants est de deux ou de trois, on retire le 2 de pique du paquet.

Quand les joueurs ne sont que trois, ils reçoivent seize cartes chacun; douze s'ils sont quatre, dix pour cinq et huit pour six. Les cartes qui restent sont muettes et sont placées au centre de la table.

Le joueur à la gauche du donneur ouvre le jeu et celui qui fait la levée doit prendre la veuve et écarter de sa main pour conserver toujours le bon nombre de cartes. Nul ne doit voir ni la veuve ni les écarts.

Quand au reste du jeu — déroulement, cartes dangereuses et pénalités —, il est le même qu'aux Coeurs.

Les COEURS OMNIBUS, ou **Frappe-la-Lune,** regroupent la plupart des caractéristiques ajoutées aux Coeurs. Là également, il est plus agréable de jouer à quatre, chacun jouant pour son propre compte.

On distribue treize cartes à chacun des joueurs qui

doivent, avant la première entame, passer trois cartes à leur voisin de gauche et en recevoir trois autres de leur voisin de droite.

Ensuite, le jeu se déroule tel qu'expliqué précédemment. Outre les cartes de pénalité que sont les coeurs et la Dame de pique, le 10 de carreau est une carte-prime. Un joueur perd 1 point par coeur qu'il remporte et 13 points pour la Dame de pique. Par contre, il en reçoit 10 s'il remporte le 10 de carreau. Et s'il obtient tous les coeurs, la Dame de pique et le 10 de carreau (ce qui s'appelle «frapper la lune» — et n'est plus considéré comme aussi extraordinaire qu'autrefois), il gagne 26 points au lieu d'en perdre 16.

Lorsqu'un joueur atteint -100 le vainqueur est celui qui a soit le plus haut score positif, soit le plus petit résultat négatif.

Ici encore, il faut faire montre d'une grande habileté tant durant la partie qu'au moment d'écarter. Dans ce dernier cas, il faut se rappeler que seul le trèfle est neutre et inoffensif. Chaque coeur est un danger, tout comme les piques élevés (à moins qu'ils ne soient adéquatement soutenus par des petites cartes); et pour le carreau, si les grosses cartes peuvent s'avérer utiles, les petites présentent davantage de risques.

Au cours de la partie, il est nécessaire d'essayer de faire avoir l'entame au joueur le moins menaçant. En tout temps, on peut former une association temporaire. Si, selon le score, Nord a −83, Est −41, Sud +32 et Ouest +47, il est évident que Ouest fera de son mieux pour que Nord atteigne −100 le plus rapidement possible. Sud, s'il est adroit, aura donc avantage à se liguer tacitement avec Nord pour essayer de le sauver en prolongeant la partie et en lui donnant ainsi plus de temps pour se libérer d'Ouest. Une telle stratégie est parfaitement correcte puisque chacun des deux joueurs agit en fonction de ses propres intérêts.

Dans le cas des COEURS NUMÉRIQUES, on joue exactement de la même façon qu'aux Coeurs. Toutefois, la Dame de pique n'est plus une carte dangereuse et on ajoute à la pénalité imposée pour les coeurs leur valeur numérique; les figures sont ainsi évaluées: l'As vaut 14 points, le Roi 13, la Dame 12 et le Valet 11.

## L'EUCHRE

Il existe plusieurs variantes de l'Euchre qui a toujours bénéficié d'une plus grande popularité dans le Nouveau-Monde que dans l'Ancien, et que Bret Harte a rendu célèbre dans son spirituel *Plain Language from Truthful James.* Si de deux à six joueurs peuvent y prendre part, il convient davantage à quatre participants, ceux-ci se séparant en deux équipes.

On utilise trente-deux cartes, c'est-à-dire un paquet dont on a retiré toutes les cartes inférieures à 7. L'As est la plus haute et le 7 la plus basse; toutefois, le Valet d'atout *(bosquet de droite)* a la préséance sur tous les autres atouts, suivi immédiatement du second Valet de même couleur (le *bosquet de gauche).*

Comme la donne comporte certains avantages, les joueurs tirent pour savoir qui distribuera le premier, soit celui qui tire la plus haute carte. Par la suite, la donne passe dans le sens des aiguilles d'une montre.

Le donneur sert cinq cartes à chacun, par deux et trois ou trois et deux. Quelle que soit la façon qu'il adopte, il devra la conserver durant toute la partie. Le solde est placé à l'envers au milieu de la table et on en retourne la carte du dessus. C'est éventuellement l'atout et chaque joueur, à tour de rôle et en commençant par le voisin de gauche du donneur, a le droit de la refuser ou de l'accepter comme tel.

Pour accepter la retourne comme atout, les adversaires du donneur déclarent «Je maintiens»; le partenaire du donneur dit «Je seconde»; quant au donneur, il ne dit rien, mais signifie son acceptation en écartant. Pour refuser l'atout désigné par la retourne, les adversaires et le partenaire du donneur disent «Je passe»; si le donneur le refuse lui aussi, il prend la retourne et la dépose à l'endroit sous le paquet, à demi-dissimulée par celui-ci.

Quand tous les joueurs passent au premier tour, on procède à un second tour. En débutant par celui qui est assis à la gauche du donneur, chaque joueur, l'un après l'autre, peut soit passer soit proposer un atout (autre que celui de la retourne). Si tous les joueurs passent de nouveau, ou annule la manche et un autre participant donne les cartes.

Une fois l'atout déterminé, le joueur qui l'a nommé (le *faiseur)* a le droit de jouer en «solitaire»; cependant, il doit l'annoncer avant qu'on ait joué la première carte. Son partenaire dépose ses cartes face contre table et ne peut plus prendre part au jeu pour la durée de la manche. Le «faiseur» (qui est le seul des quatre à pouvoir jouer en solitaire), joue contre ses deux adversaires qui forment équipe. S'il fait la *vole* (les cinq levées), il compte 4 points; pour trois ou quatre plis, il a droit à 1 point; et s'il est *enfoncé* (moins de trois levées), chacun de ses adversaires obtient 2 points.

L'Euchre est un jeu où il faut remporter des levées. Le joueur à la gauche du donneur (ou du faiseur, si celui-ci joue en solitaire), entame la première levée dont le gagnant commencera la suivante. Un joueur est tenu de fournir s'il le peut; autrement, il coupe ou se défausse.

Si l'équipe qui a choisi l'atout fait la vole, elle compte 2 points; pour trois ou quatre levées, elle en marque un; si elle est enfoncée, les 2 points reviennent à l'équipe adverse. Habituellement, les équipes indiquent leurs gains avec un 3 ou 4 (parmi les cartes qui ne sont pas employées), tel que le montre l'illustration. La partie revient à l'équipe qui accumule 5 points la première.

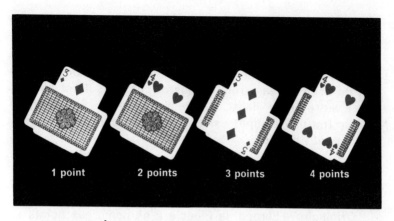

| 1 point | 2 points | 3 points | 4 points |

L'EUCHRE À DEUX JOUEURS se joue exactement de la même façon que l'Euchre ordinaire, sauf qu'on enlève toutes les cartes inférieures à 9 pour n'en garder que vingt-quatre. Bien entendu, il n'y a pas de solitaire.

L'EUCHRE COUPE-GORGE ou à trois joueurs est, lui aussi, identique aux précédents. Là encore, le «faiseur» joue seul contre les deux autres qui forment équipe. S'il fait la vole, il obtient 3 points et s'il en réussit trois ou quatre, il en inscrit un; ses adversaires en obtiennent chacun 2 quand il est enfoncé.

L'EUCHRE À LA PÊCHE est une version qui peut convenir à quatre, cinq ou six joueurs, chacun jouant pour soi. La principale différence avec l'Euchre ordinaire réside dans le fait que le faiseur peut jouer en solitaire ou faire appel à un partenaire en disant «J'appelle l'As de...» et en nommant la famille de cet As. Celui qui possède cet As s'associe au faiseur contre les autres mais sans le révéler. Il s'ensuit que, tant que cet As n'aura pas été joué (et il peut ne pas avoir été distribué), tous à l'exception de celui qui l'a en main (le cas échéant) en seront réduits à essayer de deviner où se situent leurs intérêts.

Comme le jeu se déroule essentiellement à tous contre tous, le pointage diffère passablement des autres versions. Un joueur seul qui fait la vole reçoit un point par participant; si on joue en équipe, chaque partenaire gagnant marque 2 points s'il y a trois ou quatre participants, ou 3 points s'ils sont cinq ou six. Un joueur solitaire inscrit un point s'il fait trois ou quatre plis; et s'il est associé à un autre, tous deux comptent ce point. Enfin, si un joueur (ou une équipe) est enfoncée, chacun des adversaires obtient 2 points.

## LE PINOCLE

Originaire d'Europe, le Pinocle a de nombreux points en commun avec le Bésigue (voir p. 54 ). Pourtant, il s'est écoulé beaucoup de temps avant qu'il ne traverse l'Atlantique et, si on exclut le Bridge à cause de son omniprésence, il partage avec le Poker l'honneur d'être le jeu de cartes national des Etats-Unis.

Tel que décrit en page 111 et suivantes, le Pinocle est, dans sa forme originale, un jeu pour deux. Toutefois, les joueurs américains en ont élaboré de nombreuses versions à l'intention d'un plus grand nombre de participants. La plus populaire est le Pinocle aux enchères, un jeu d'autant plus remarquable que, conçu pour trois joueurs, c'est à quatre qu'il est le plus intéressant.

Seuls trois joueurs prennent une part active à chaque manche. Quand les participants sont au nombre de quatre, le donneur ne se sert pas de cartes — ni quand ils sont cinq, auquel cas il n'en donne pas non plus à son second voisin de gauche. Ces joueurs, qu'on appelle inactifs, ne participent ni aux enchères ni au jeu, mais seulement aux règlements de comptes.

Le paquet est composé de quarante-huit cartes, soit les As, 10, Roi, Dame, Valet, 9 (dans cet ordre) de chaque famille, en double exemplaire. Le donneur distribue quinze cartes à chaque joueur actif, en cinq groupes de trois ou en trois groupes de quatre plus un de trois. Après avoir servi le premier groupe de trois cartes, il en dépose trois couvertes au milieu de la table; elles constituent la veuve.

Une enchère est un contrat visant l'acquisition d'un certain nombre de points, soit en formant les combinaisons, soit en remportant des levées, soit encore de ces deux façons à la fois. Le voisin de gauche du donneur ouvre les enchères en annonçant obligatoirement au moins 300. Les autres enchaînent à leur tour et peuvent passer ou surenchérir. Les enchères doivent toutes être des multiples de 10, et quand un joueur passe, il perd le droit de déclarer à nouveau. Une fois que deux joueurs ont passé, les enchères sont closes et celui qui a obtenu le contrat devient le déclarant, sa dernière annonce est officiellement le contrat, et les deux autres joueurs sont désormais ses adversaires.

Si deux joueurs passent après une enchère d'ouverture de 300, le déclarant peut concéder la défaite et abandonner son jeu sans avoir le droit de regarder la veuve. Il verse trois jetons à la *Chatte* (mais ne paye rien à ses adversaires) et le joueur suivant donne à son tour.

Lorsque l'enchère est supérieure à 300 ou que le déclarant refuse de concéder la défaite, il montre la veuve à ses adversaires, puis en place les cartes dans sa main. Il désigne ensuite l'atout et étale devant lui ses combinaisons. On leur attribue les points suivants:

*Catégorie A*

| | |
|---|---|
| As, 10, Roi, Valet d'atout (flush ou séquence) | 150 points |
| Roi, Dame d'atout (mariage royal) | 40 points |
| Roi, Dame — autre qu'en atout (mariage simple) | 20 points |

*Catégorie B*

Pinocle (Dame de pique et Valet de carreau)   40 points
Dix (9 d'atout)                                10 points

*Catégorie C*

Quatre As — (un par famille)   100 points
Quatre Rois (idem)              80 points
Quatre Dames (idem)             60 points
Quatre Valets (idem)            40 points

On ne peut utiliser à deux reprises la même carte pour des combinaisons de même catégorie; par contre, s'il s'agit de deux ou plusieurs combinaisons de catégories différentes, ce réemploi est alors autorisé. Seul le déclarant peut étaler ses cartes regroupées. Ensuite, il *cache* (écarte) trois cartes muettes, afin de ramasser sa main à quinze cartes; pour ce faire, il ne peut recourir à celles qu'il a employées dans ses combinaisons: toutes trois doivent provenir de sa main. Cependant, avant d'entamer la première levée, il a le droit de changer les cartes qu'il a cachées, de même que ses combinaisons et la couleur de l'atout.

Une fois que le déclarant et ses adversaires se sont entendus sur la valeur des combinaisons et, le cas échéant, sur le nombre de points supplémentaires dont il aura besoin pour remplir son contrat, il entame la première levée. Cependant, s'il juge qu'il lui sera impossible de réussir son contrat, il peut concéder la défaite, ce qui l'oblige à payer à chaque joueur, actif ou non, la valeur de son enchère. C'est ce qu'on appelle un *rabattement simple*.

Durant les levées, les joueurs sont obligés de fournir quand ils le peuvent; autrement, il leur faut remporter la levée en coupant ou en surcoupant. C'est uniquement lorsqu'un joueur n'a aucune carte en atout ou dans la couleur de l'entame qu'il peut se défausser. Lorsque sa levée est amorcée avec une carte d'atout, les joueurs qui suivent doivent essayer de la faire. C'est la plus haute carte dans la couleur de l'entame ou l'atout le plus fort — si on a entamé en atout — qui l'emporte. Dans le cas où deux joueurs abattraient des cartes identiques, c'est la première jouée qui fait la levée si elle est plus forte que celle déposée par le troisième joueur.

Une fois toutes les levées faites, les participants comptent leurs points. Les As en valent 11, chaque 10 en vaut 10, chaque Roi 4, les Dames 3 et les Valets 2. Enfin, la dernière levée rapporte 10 points à son auteur. Ceci donne donc un total de 250 points pour l'ensemble des levées.

Chaque manche constitue une entité et tout règlement de comptes s'effectue avant le début de la suivante. Habituellement, on attribue aux contrats une valeur équivalente en jetons, en prévision des paiements:

| Contrat | Valeur des jetons |
|---------|-------------------|
| 300–340 | 3 |
| 350–390 | 5 |
| 400–440 | 10 |
| 450–490 | 15 |
| 500–540 | 20 |
| 550–590 | 25 |
| 600 et plus | 30 |

N.B.: Si le pique est atout, on double la valeur des jetons.

Quand le déclarant obtient pour les cartes ramassées dans les levées et pour ses combinaisons un total inférieur au nombre annoncé dans son contrat, il est l'objet d'un *rabattement double*; ceci signifie qu'il devra verser deux fois la valeur de son contrat aux autres joueurs; dans le cas contraire, s'il a dépassé son contrat ou l'a exactement respecté, il reçoit la valeur exacte de son contrat, sans aucun supplément.

Les joueurs inactifs tout autant que ceux qui prennent part au jeu doivent payer à la chatte ou encaisser — de la chatte, toujours —, lorsque le contrat est de 350 ou plus.

La chatte est un compte distinct qui est la propriété commune de tous les joueurs. Ceux-ci doivent combler son déficit quand elle ne peut payer ou s'en partagent les surplus lorsqu'il en reste à la fin de la partie.

Tout comme son nom l'indique, le PINOCLE EN ÉQUIPES rassemble quatre joueurs qui forment deux équipes, lesquelles se feront face à la table.

On utilise un jeu de Pinocle, soit les quarante-huit cartes mentionnées plus haut. Le donneur sert douze cartes à chacun par groupes de trois et retourne la dernière dont il s'est servi pour déterminer l'atout. A son tour, en commençant par le voisin de gauche du donneur, tout joueur qui possède le dix (9 d'atout) peut l'échanger contre la retourne. Si c'est cette carte que le donneur retourne à la fin de la donne, il obtient 10 points. Ces points sont également attribués au premier détenteur du dix, qu'il l'ait échangé ou non contre la retourne.

Les joueurs étalent leurs combinaisons devant eux, et comptent leurs points selon les barèmes décrits dans les pages précédentes pour le Pinocle aux enchères, avec en plus:

| | |
|---|---:|
| Double séquence d'atout (As, 10, Roi, Dame, Valet) | 1500 points |
| Double pinocle | 300 points |
| Les huit As | 1000 points |
| Les huit Rois | 800 points |
| Les huit Dames | 600 points |
| Les huit Valets | 400 points |

Après avoir exposé leurs combinaisons et inscrit les points qui leur sont attribués, les joueurs reprennent leurs cartes en main. On ne peut inscrire de points pour une combinaison, toutefois, tant que l'équipe n'a pas fait une levée; c'est seulement après que les deux partenaires peuvent marquer leurs combinaisons.

Le voisin de gauche du donneur entame la première levée, et le jeu se déroule comme au Pinocle aux enchères.

Une fois les douze levées terminées, les joueurs inscrivent leurs points: chaque As et 10 en valent 10, chaque Roi et Dame en valent 5 et la dernière levée rapporte 10 points. On a donc le même total qu'au Pinocle aux enchères, soit 250 points.

La partie revient à l'équipe qui remporte 1000 points la première, à la fois pour ses combinaisons et pour les cartes ramassées dans les levées; on poursuit jusqu'à 1250 si les deux équipes ont accumulé 1000 points ou plus au cours de la même manche et, si cela se renouvelle, on va jusqu'à 1500 points, et ainsi de suite.

A tout moment, durant la partie, un joueur a le droit d'annoncer qu'il a accumulé 1000 points ou plus et, donc, gagné la partie. Le jeu se trouve terminé et on vérifie cette allégation. Si elle est effectivement fondée, son équipe est victorieuse; mais si c'est faux, elle est proclamée perdante. Dans l'un ou l'autre cas, le score de l'équipe adverse n'affecte en rien ce résultat.

Au PINOCLE EN ÉQUIPES POUR PLUS DE QUATRE JOUEURS, on utilise deux jeux de Pinocle de quarante-huit cartes, mêlés ensemble. Avec six joueurs, on forme deux équipes de trois, chacun prenant place à tour de rôle à la table; avec huit participants, on forme deux équipes de quatre qui alternent également.

Le donneur sert seize cartes à chacun par groupes de quatre et retourne la dernière qu'il s'est attribuée pour désigner l'atout.

La partie se déroule telle que décrite précédemment et aux combinaisons déjà mentionnées pour le Pinocle en équipe, on ajoute les suivantes:

| | |
|---|---:|
| Triple séquence d'atout (As, 10, Roi, Dame, Valet) | 3000 points |
| Double séquence d'atout (idem) | 1500 points |
| Quatre Rois et quatre Dames de la même famille | 1200 points |
| Trois Rois et trois Dames de la même famille | 600 points |
| Deux Rois et deux Dames de la même famille | 300 points |
| Quadruple pinocle | 1200 points |
| Triple pinocle | 600 points |
| Double pinocle | 300 points |
| Quinze As, Roi, Dames et Valets | 3000 points |
| Douze As | 2000 points |
| Douze Rois | 1600 points |
| Douze Dames | 1200 points |
| Douze Valets | 800 points |
| Huit As | 1000 points |
| Huit Rois | 800 points |
| Huit Dames | 600 points |
| Huit Valets | 400 points |

Le PINOCLE «FIREHOUSE» se déroule comme un jeu en équipes, les joueurs s'affrontant deux contre deux. Chacun reçoit douze cartes. Il faut déclarer pour désigner l'atout, tout comme au Pinocle aux enchères; le voisin de gauche du donneur annonce le premier; il n'y a qu'un seul tour et si on ne déclare pas, on peut passer. L'enchère minimum est de 200. Le déclarant détermine l'atout et entame la première levée. L'équipe victorieuse est celle qui accumule 1000 points la première. On calcule d'abord le score de l'équipe du déclarant, et le jeu prend fin. Une équipe n'a pas le droit de concéder la défaite.

On prétend que c'est au Texas que le CHECK PINOCLE a été inventé, comme variante du Pinocle «Firehouse», et on le considère comme le meilleur et le plus ingénieux de tous les jeux en équipe, y compris le Bridge.

Quatre joueurs, formant deux équipes, y prennent part, utilisant le jeu de Pinocle de quarante-huit cartes.

Chaque joueur reçoit douze cartes par groupes de trois et, à tour de rôle et en commençant par le voisin de gauche du donneur, doit déclarer ou passer. La plus basse enchère est de 200, et les suivantes doivent être des multiples de dix; une fois qu'un joueur a passé, il n'a plus le droit de redéclarer. Aucun des trois premiers joueurs ne peut déclarer s'il ne possède un mariage (Roi et Dame d'une couleur); au cas où tous trois se seraient donc vu forcés de passer, le donneur doit déclarer au moins 200, même s'il n'a pas de Mariage en main. Mais pour annoncer davantage, il lui faut avoir cette combinaison. Les enchères se terminent quand trois joueurs ont passé et le déclarant désigne l'atout.

A ce moment-là, les joueurs étalent leurs combinaisons. Elles sont, de même que les points qui leur sont attribués, les mêmes qu'au Pinocle aux enchères (voir p.222) et les partenaires additionnent la valeur de leurs combinaisons respectives à tous deux pour n'inscrire qu'un seul résultat commun.

Certaines combinaisons ont ce qu'on appelle une valeur unitaire (valeur en jetons); une séquence d'atout (As, 10, Roi, Dame, Valet) et quatre As, chacun étant d'une famille différente, valent 2 jetons chacun. Quatre Rois, quatre Dames, quatre Valets, également de familles distinctes, de même qu'un double Pinocle rapportent un point. Les joueurs se paient de part et d'autre de la table, au fur et à mesure que la partie se déroule.

Les joueurs reprennent ensuite leurs cartes en main et procèdent comme au Pinocle aux enchères. Quand ils ont fait les douze levées, ils comptent les points obtenus dans ces levées: les As et les 10 valent 10 points chacun, les Rois et les Dames en rapportent 5, et la dernière levée est évaluée à 10 points.

L'équipe déclarante ajoute ce résultat à celui qu'elle a déjà inscrit pour ses combinaisons, et si le total correspond au moins à la valeur de son contrat, elle a droit à tous ses points. Dans le cas contraire, elle déduit la valeur de l'enchère de son score. Quelle que soit la situation, l'équipe adverse inscrit tous les points qu'elle a remportés.

A la fin de chaque manche, une équipe a droit à un certain nombre de jetons, selon le barème suivant:

| Contrat | S'il est réussi |
|---------|-----------------|
| 200–240 | 2  jetons |
| 250–290 | 4  jetons |
| 300–340 | 7  jetons |
| 350–390 | 10 jetons |
| 400–440 | 13 jetons |

*On ajoute ensuite trois jetons par contrat, de 50 points en 50 points.*
N.B.: Si le contrat est battu, l'équipe du déclarant doit verser le double de jetons à ses adversaires.

Quand une équipe fait les douze levées d'une manche, elle reçoit quatre jetons. Le fait de remporter la partie donne droit à sept jetons, et l'équipe victorieuse obtient en outre un jeton pour chaque groupe (ou partie) de 100 points qu'elle a de plus que l'équipe adverse. Enfin, si les perdants ont un score nettement négatif, les vainqueurs se voient attribuer quatre jetons supplémentaires.

# LE POLIGNAC

Il est possible de jouer au Polignac à plusieurs, en utilisant un paquet de cinquante-deux cartes. Néanmoins, ce jeu convient davantage à un groupe de quatre joueurs; on emploie trente-deux cartes, soit un paquet ordinaire dont on a retiré toutes les cartes inférieures à 7.

Chaque participant reçoit huit cartes muettes. Le joueur à la gauche du donneur entame la première levée. Par la suite, celui qui remporte une levée commence la suivante. Un joueur doit fournir s'il le peut et se défausse dans le cas contraire.

Le jeu consiste à éviter de faire des levées qui contiennent un Valet; ceux-ci font perdre un point à tout joueur qui en ramasse un, sauf le Valet de pique (Polignac) qui en coûte 2.

Habituellement, on joue, en vue du score final, un nombre déterminé de manches (nombre qui doit être un multiple de 4) et le perdant est celui qui marque le plus de points.

Ce jeu est très simple, mais il requiert une certaine adresse en particulier quand il s'agit de choisir la meilleure carte d'entame après avoir remporté une levée, d'écarter correctement quand on ne peut fournir, ou encore quand il faut choisir — lorsque la chose est possible — entre remporter ou perdre une levée.

Si on en juge par son nom, le SLOBBERHANNES serait d'origine allemande ou hollandaise. C'est un jeu très simple qui se joue exactement de la même façon que le Polignac (voir ce qui précède). La seule différence réside dans le fait que le joueur perd un point s'il fait la première levée, un autre si c'est la dernière, un point encore s'il fait une levée contenant la Dame de trèfle et un dernier point (ce qui en fait quatre en tout) s'il remporte les trois levées.

# LE QUINTO

Angelo Lewis (connu sous le nom de «Professeur Hoffman») a conçu le Quinto comme un jeu d'équipe pour quatre personnes, où il faut faire preuve d'une réelle adresse. On utilise un jeu de cinquante-deux cartes auquel on a ajouté un Joker.

Le donneur dépose devant lui les cinq premières cartes du paquet, face contre table. Elles constituent la *cachette*. Il en sert ensuite douze à chaque joueur. Après avoir regardé leurs cartes, ceux-ci ont l'occasion — à tour de rôle et en commençant par le joueur à la gauche du donneur — de doubler la valeur de chaque levée et de la quadrupler en surcontrant un contre déjà déclaré par un membre de l'équipe adverse.

Le voisin de gauche du donneur entame la première levée. Par la suite, l'entame revient au gagnant d'un pli. Un joueur doit fournir s'il le peut, autrement, il doit couper ou se défausser.

Contrairement aux autres jeux, l'atout est établi à l'avance et non déterminé par un joueur ou par la retourne. Les familles se succèdent comme suit, par ordre décroissant: coeur, carreau, trèfle, pique. Une famille constitue l'atout par rapport à une autre plus faible. Ainsi, un pique peut être coupé par n'importe quel trèfle, carreau ou coeur, un trèfle est coupé par un carreau ou un coeur, et ainsi de suite. La carte d'atout la plus élevée est donc l'As de coeur et la plus faible est le 2 de trèfle.

Le Joker n'a pas de valeur au niveau des levées. Le joueur qui l'a en main peut l'abattre quand il le désire, et sans se préoccuper de l'obligation de fournir. Il appartient ensuite à celui qui a fait la levée.

Une équipe gagne 5 points pour chaque pli qu'elle remporte. Ce qui en donne 10 s'il y a eu contre, et 20 dans le cas d'un surcontre. Une fois les douze levées terminées,

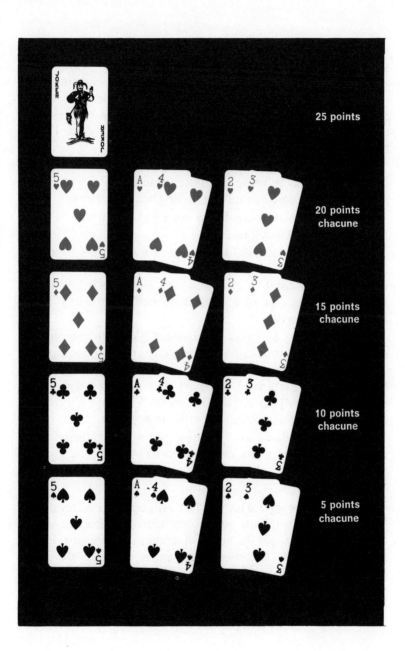

25 points

20 points
chacune

15 points
chacune

10 points
chacune

5 points
chacune

233

le joueur qui a remporté la dernière ramasse la cachette et la compte comme une levée pour son équipe.

Le Joker s'appelle *Quinte Royale,* et le 5 de chaque famille, de même que toute paire d'une même famille qui totalise 5, sont des *quintes.* L'équipe qui remporte une quinte dans une levée, en inscrit la valeur tel qu'indiqué dans l'illustration.

Une partie se joue en 250 points; on marque pour les quintes dès que la levée est faite, tandis que les plis eux-mêmes ne sont calculés qu'à la fin de chaque manche.

Le gagnant d'un robre (deux manches sur trois), a droit à une prime de 100 points.

Au QUINTO À TROIS, deux joueurs s'associent contre le troisième qui joue avec le mort. Comme ceci lui donne un avantage considérable, il commence avec un handicap de 25 points qui est porté au crédit de ses adversaires avant le début de la partie.

Le joueur qui est associé au mort donne le premier au commencement de chaque partie. Ensuite, la donne passe de gauche à droite. C'est l'un des adversaires qui sert les cartes, le partenaire du mort doit regarder d'abord la main avec laquelle il ouvrira le jeu et il lui faut contrer ou surcontrer avant de pouvoir regarder la seconde.

Il n'y a pas de robre. Chaque partie constitue un tout, et les trois joueurs s'associent au mort à tour de rôle.

## LE WHIST

Le Whist est issu d'un jeu fort en vogue au XVIe siècle, la Triomphe. Au début, seules les classes laborieuses s'y adonnaient mais, par la suite, il conquit également la noblesse grâce à l'intervention, entre autres, de Lord Folkestone et d'Edouard Hoyle, familiers du fameux «Crown Coffee House». A cette époque, le jeu s'appelait le Whisk. Mais comme il exige d'être joué dans le silence, on modifia peu à peu son nom pour bien rendre cette idée.

Au cours des XVIIIe et XIXe siècles, toutes les nations anglophones témoignèrent d'un véritable engouement à l'endroit de ce jeu et seul le Bridge parvint finalement à le détrôner, à la fin du siècle dernier. Néanmoins, il jouit encore d'une certaine faveur.

En principe, le Whist est un jeu très simple auquel participent quatre joueurs formant équipes. Les partenaires s'associent côte à côte. Chacun reçoit treize cartes et le donneur expose la dernière pour désigner l'atout. Il la reprend en main après avoir participé à la première levée.

Le voisin de gauche du donneur abat la première carte. Ensuite, le gagnant de chaque pli commence le suivant. Il est obligatoire de fournir quand on le peut, autrement, on doit couper ou se défausser.

Le but du jeu est de remporter un robre (deux manches sur trois) et une manche se joue en 5 points. Les six premières levées (le livre ou le *devoir*) ne comptent pas. Mais chaque levée subséquente *(tric* ou trick) rapporte un point au joueur qui la fait. Les As, Roi, Dame et Valet d'atout sont les honneurs et toute équipe qui se les voit attribuer tous les quatre obtient 4 points; si elle n'en a reçu que trois, elle inscrit 2 points. Mais si une équipe entame une nouvelle manche en ayant déjà accumulé 4 points, elle n'a pas le droit de compter pour les honneurs.

La donne passe dans le sens des aiguilles d'une montre.

Il s'agit essentiellement, au Whist, de jouer en étroite collaboration avec son partenaire, tout en sachant, d'une part, évaluer correctement la situation à partir des cartes qu'on a en main et de celles qui ont déjà été jouées, et, d'autre part, deviner la répartition des cartes restantes.

A cette fin, il existe de nombreuses conventions qui sont assimilables avec de la pratique et auxquelles on ne devrait déroger que dans des circonstances exceptionnelles. Ainsi, par exemple, il est de bonne guerre pour le second joueur de jouer faible, et pour le troisième, de jouer fort; un joueur ne devrait pas recourir à une impasse contre son partenaire; et si un adversaire abat un honneur, il est habituellement profitable de riposter avec un honneur plus élevé.

Un joueur qui détient cinq atouts ou plus devrait se faire une règle d'entamer avec l'un d'eux; mais si cela ne lui est pas possible et qu'il souhaite voir son partenaire le faire à sa place, il le lui fait savoir en jouant de façon gratuite d'abord une carte élevée, puis une basse, toutes deux dans une même couleur.

Le fait d'entamer fournit une bonne occasion à un joueur de renseigner son partenaire sur sa main, et les entames énumérées dans le tableau suivant sont de pratique courante. Tous les joueurs devraient les connaître.

**Dans toute autre couleur qu'en atout:**

| Main | Première entame | Deuxième entame |
|---|---|---|
| As, Roi, Dame, Valet | Roi | Valet |
| As, Roi, Dame | Roi | Dame |
| As, Roi, x, etc. | Roi | As |
| As, Roi | As | Roi |
| Roi, Dame, Valet, x | Roi | Valet |
| Roi, Dame, Valet, x, x | Valet | Roi |
| Roi, Dame, Valet, x x et plus | Valet | Dame |
| As, x, x, x et plus | As | 4e meilleure des autres |
| Roi, Dame, x et plus | Roi | 4e meilleure des autres |
| As, Dame, Valet | As | Dame |
| As, Dame, Va. et, x | As | Dame |
| As, Dame, Valet, x, x et plus | As | Valet |

| Roi, Valet, 10, 9 | 9 | Roi (si l'As ou la Dame manquent) |
| Dame, Valet, x | Dame | |
| Dame, Valet, x, x et plus | 4e meilleure | |

**En atout :**

| Main | Première entame | Deuxième entame |
|---|---|---|
| As, Roi, Dame, Valet | Valet | Dame |
| As, Roi, Dame | Dame | Roi |
| As, Roi, x, x, x, x, x et plus | Roi | As |
| As, Roi, x, x, x, x | 4e meilleure | |

Si l'on ne possède pas l'une ou l'autre de ces combinaisons, on devrait attaquer avec la quatrième plus haute carte de sa couleur la plus longue.

La manche décrite ci-dessous illustre les mécanismes du jeu.

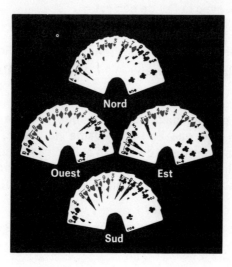

Sud donne et retourne le 4 de pique qui désigne l'atout:
Ouest entame du 5 de carreau et le coup est le suivant:

| Ouest | Nord | Est | Sud |
|-------|------|-----|-----|
| 5 de carreau | Valet de carreau | **As de carreau** | 3 de carreau |

Ouest joue la quatrième plus forte carte de sa couleur la plus longue, communément appelée quatrième-meilleure. Est l'emporte avec l'As de carreau. S'il avait joué la Dame de carreau, ç'aurait été faire une impasse au détriment de son partenaire. En fait, dans le cas présent, cela est sans importance parce que le fait de retourner dans la couleur de son associé constituait le meilleur coup pour Est, et que, de toute façon, il est correct d'entamer avec la plus haute d'une série originale de trois cartes.

| 2 de carreau | 7 de carreau | Dame de carreau | **Roi de carreau** |
|--------------|--------------|-----------------|--------------------|

Par conséquent, Sud fait la deuxième levée, plutôt que la première, avec le Roi de carreau.

| Ouest | Nord | Est | Sud |
|-------|------|-----|-----|
| 5 de trèfle | 3 de trèfle | **As de trèfle** | Roi de trèfle |
| 8 de trèfle | 6 de trèfle | 7 de trèfle | **Dame de trèfle** |

Est n'a pas de meilleure carte que le 7 de trèfle pour entamer. Il sait que Sud a la Dame de Trèfle, parce que, dans le cas contraire, celui-ci n'aurait pas joué le Roi de Trèfle à la levée précédente, mais cela permettra de couper si Ouest peut récupérer l'entame assez rapidement.

| Ouest | Nord | Est | Sud |
|-------|------|-----|-----|
| 10 de carreau | **5 de pique** | As de carreau | 9 de carreau |
| 6 de pique | **As de pique** | 3 de pique | 2 de pique |

| 10 de pique | **Roi de pique** | 8 de pique | 4 de pique |
|---|---|---|---|
| **Valet de trèfle** | 9 de trèfle | 2 de coeur | 2 de trèfle |

Nord ne peut faire autrement que d'entamer avec le 9 de trèfle.

| 8 de carreau | 3 de coeur | **Valet de pique** | 4 de trèfle |
|---|---|---|---|
| 6 de carreau | 7 de pique | **Dame de pique** | 9 de pique |

Est récupère les derniers atouts.

| Roi de coeur | **As de coeur** | Valet de coeur | Dame de coeur |
|---|---|---|---|

La position finale est donc celle-ci:

L'entame revient à Nord. Sud et lui ont fait six levées, tandis qu'Ouest et Est n'en ont que cinq. Aussi, Nord entame-t-il du 5 de coeur. Si Est l'emporte avec le 10 de coeur, son équipe aura gagné un tric, d'autant plus qu'Ouest fera la dernière levée avec le 8 de coeur. Le seul espoir de Nord réside dans le fait qu'Est commette une erreur en jouant le 4 de coeur, parce qu'alors Sud l'emportera avec le 9 de coeur puis fera la dernière levée avec le 10 de trèfle.

Est ne répond pas à l'attente de Nord.

**8 de coeur**      7 de coeur      4 de coeur      10 de trèfle

Est et Ouest qui ont fait le tric inscrivent un point. Comme les deux équipes possèdent chacune deux honneurs, on ne les compte pas.

## LE WHIST À LA COULEUR

Le Whist à la couleur, qu'on appelle aussi le **Solo** (en anglais: Solo Whist), est un des jeux classiques pour quatre personnes. On emploie un paquet de cinquante-deux cartes. Le donneur sert treize cartes à chacun, en trois groupes de trois et un de quatre, puis retourne la dernière pour désigner l'atout.

A tour de rôle et en commençant par le voisin de gauche du donneur, les joueurs peuvent déclarer ou passer. Les annonces sont les suivantes:

*Proposition et emballage:* un joueur qui fait une proposition réclame un partenaire dans le but de faire, avec lui, huit levées au détriment des deux autres. A tour de rôle, chacun se prononce sur cette demande et celui qui accepte dit « J'emballe. »

*Solo:* le joueur qui l'annonce s'engage à faire cinq levées en jouant seul contre les trois autres.

*Misère:* contrat visant à perdre les treize levées. La main se joue sans atout.

*Abondance:* le joueur a l'intention de remporter neuf levées, seul contre les trois autres; il choisit son propre atout. S'il préfère conserver la retourne comme atout, il peut surenchérir avec une abondance royale, mais cela ne change en rien la valeur de l'annonce.

*Misère sur table:* le joueur s'engage à ne faire aucune levée, en exposant son jeu devant lui pendant le premier tour. Il n'y a pas d'atout.

*Grande abondance:* contrat visant à faire les treize levées dans l'atout de son choix.

Toute annonce doit être supérieure à la précédente, et aucun joueur n'a le droit de parler à nouveau s'il a passé, à l'exception du voisin de gauche du donneur qui est autorisé à emballer, même s'il a déjà passé. Les annonces prennent fin quand trois joueurs passent.

Si le contrat final est une grande abondance, le déclarant entame la première levée. Autrement, c'est le joueur à la gauche du donneur qui ouvre le jeu. Celui-ci est soumis aux règles habituelles des jeux où l'on fait des levées: il faut fournir ou, autrement, couper ou se défausser, et le gagnant d'un pli entame le suivant.

Les mises sont calculées en fonction des annonces:

| | |
|---|---|
| Proposition et emballage: | 2 jetons * |
| Solo: | 2 jetons |
| Misère: | 3 jetons |
| Abondance: | 4 jetons |
| Misère sur table: | 6 jetons |
| Grande abondance: | 8 jetons |

Le Whist à la couleur tient à la fois du Whist et du Napoléon. (Voir page 261.) C'est un jeu relativement peu complexe, et la plus simple de toutes les annonces est la proposition et emballage. Comme un joueur ne proposera pas s'il n'est pas assez solide en atout, il s'ensuit que l'équipe pourra difficilement rater son contrat. C'est pourquoi on considère qu'il s'agit là d'un contrat notoirement ennuyeux, et la plupart des joueurs contemporains préfèrent l'ignorer.

---

* Les mises n'ont pas la même valeur pour la proposition et pour le solo, parce que dans le premier cas deux joueurs les versent ou les perçoivent, tandis que pour le solo (et les autres annonces), trois joueurs sont impliqués dans le règlement.

Bien qu'il faille toujours se rappeler qu'un joueur y affronte les trois autres, le solo n'est guère plus difficile à réussir. Il serait maladroit de l'annoncer quand on dispose d'une main forte en atout; par ailleurs, le donneur, qui est le dernier à jouer pendant la première levée, se trouve dans une fort bonne position pour le déclarer: il est le mieux placé pour faire ladite levée, ce qui permet ensuite d'attaquer directement en atout.

La misère, par contre, présente davantage de difficultés. En effet, une main contenant cinq cartes de même couleur est vouée à l'échec si elle ne comprend pas le 2. Un joueur qui a 7, 6, 5, 4, 3 d'une couleur est habituellement battu par un adversaire qui en aurait quatre, dont le 2.

Pour annoncer l'abondance, il est indispensable d'avoir une bonne collection d'atouts. Quant à la grande abondance, seuls les joueurs chevronnés se risquent à la déclarer.

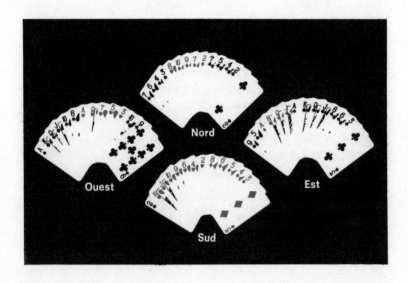

Sud donne et retourne le 2 de pique.

| Ouest | Nord | Est | Sud |
|-------|------|-----|-----|
| Solo | Misère | Abondance | Misère sur table |
| Passe | Passe | Passe | |

Le solo d'Ouest est, de toute évidence, l'annonce à faire. Il ne peut faire moins de cinq levées; par contre, il aurait été quelque peu utopique d'espérer pouvoir faire trois plis en coeur, ce qui aurait justifié l'abondance.

Nord, qui a annoncé la misère, se montre vraiment optimiste. L'eût-on laissé jouer qu'une entame en coeur l'aurait anéanti.

L'abondance déclarée par Est est chose assurée. En effet, alors qu'il n'a besoin que de faire neuf levées, sa main lui en permettrait probablement onze.

On aurait dû pouvoir déconseiller à Sud d'annoncer une misère sur table. Ainsi qu'on l'a déjà mentionné, une série de cinq cartes peut se révéler dangereuse si elle ne comprend pas le 2. De fait, c'est le coeur qui causera sa défaite.

Ouest entame avec 10 de trèfle et la partie se déroule comme suit:

| Ouest | Nord | Est | Sud |
|-------|------|-----|-----|
| 10 de trèfle | 7 de trèfle | **Valet de trèfle** | Roi de coeur |
| 9 de trèfle | 5 de trèfle | **As de trèfle** | Valet de coeur |
| As de pique | **4 de trèfle** | 3 de trèfle | 10 de coeur |
| **As de coeur** | 8 de coeur | As de carreau | 6 de coeur |

La situation est maintenant la suivante:

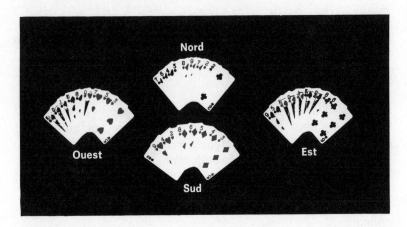

Sud perd son contrat parce qu'Ouest fait les deux prochaines levées avec les 7 et 5 de coeur (contre les 4 et 2 de coeur joués par Sud) et continue avec le 3 de coeur, obligeant ainsi Sud à le battre avec le 9 de coeur.

Comme le Whist à la couleur se limite à une simple série d'annonces, on préfère de beaucoup jouer LE WHIST AVEC ENCHÈRES qui, comportant davantage de déclarations, s'avère beaucoup plus intéressant et subtil .

Les déclarations se succèdent ainsi, en ordre croissant:

Proposition et emballage.
Solo de cinq dans sa couleur.
Solo de cinq en atout.
Solo de six dans sa couleur.
Solo de six en atout.
Solo de sept dans sa couleur.
Solo de sept en atout.
Solo de huit dans sa couleur.
Solo de huit en atout.
Misère

Abondance de neuf dans sa couleur.
Abondance de neuf en atout.
Abandance de dix dans sa couleur.
Abondance de dix en atout.
Abondance de onze dans sa couleur.
Abondance de onze en atout.
Abondance de douze dans sa couleur.
Abondance de douze en atout.
Misère sur table.
Grande abondance en sans atout (le déclarant a l'entame).
Grande abondance dans l'atout original (le déclarant n'a pas l'entame).

Comme on peut le voir, ce sont les déclarations de la version originale, mais les joueurs contemporains ne les reconnaissent pas toutes. Ainsi, ils omettent presque systématiquement proposition et emballage, de même que le solo de cinq dans sa couleur et la grande abondance dans l'atout original.

Une fois que les joueurs se sont entendus sur les annonces qu'ils acceptent ou qu'ils refusent, le jeu se déroule comme au jeu principal.

Le règlement de comptes s'effectue de la façon suivante:

*Proposition et emballage*

Réussi:     on reçoit six jetons plus un par surlevée.
Perdu:      on paye six jetons plus un par levée de chute.

*Solo*

Réussi:     on reçoit six jetons plus un par surlevée.
Perdu:      on paye six jetons plus trois par levée de chute.

*Misère*

Réussi:     on reçoit douze jetons de chaque joueur.

Perdu:        on paye douze jetons à chaque joueur.

*Abondance*

Réussi:     on reçoit dix-huit jetons de chaque joueur plus trois par surlevée.

Perdu:        on paye dix-huit jetons à chaque joueur plus trois par levée de chute.

*Misère sur table*

Réussi:     on reçoit vingt-quatre jetons de chaque joueur.

Perdu:        on paye vingt-quatre jetons à chaque joueur.

*Grande abondance*

Réussi:     on reçoit trente-six jetons de chaque joueur.

Perdu:        on paye trente-six unités à chaque joueur.

Les valeurs des mises du solo et de l'abondance demeurent inchangées, que le contrat soit pour cinq, six, sept, huit, neuf, dix, onze ou douze levées; les surlevées et les levées de chute dépendent du nombre de levées prévues dans le contrat.

Le mode de pointage peut sembler encourager des enchères faibles. En pratique, cependant, c'est loin d'être le cas, et un joueur qui est le premier à déclarer ferait bien de parler en fonction de la valeur réelle de sa main, spécialement si celle-ci ne lui permet que six levées. Avec six levées possibles en couleur, un joueur devrait immédiatement annoncer en conséquence, quelle que soit sa position à la table; mais si les levées se font dans la couleur de l'atout original, il serait plus raisonnable de se contenter d'un solo de cinq: il pourra alors s'en sortir ainsi, sinon, il surenchérira avec un solo de six en atout à une déclaration de six dans sa couleur formulée par un autre joueur. Le joueur qui est l'avant-dernier à déclarer devrait se faire une règle d'annoncer à la limite de sa main. S'il ne le fait pas, le dernier joueur, lui, le fera et il n'y a pas de seconde chance.

# JEUX POUR
# CINQ JOUEURS ET PLUS

## BLACK-OUT

De trois à sept personnes peuvent participer au Black-out (ou **Oh! Well!**), mais on considère généralement qu'il convient davantage à un groupe de cinq joueurs.

On se sert d'un paquet de cinquante-deux cartes; toute-fois, pour que chaque joueur en reçoive le même nombre, on en retire une s'il sont trois, deux s'ils sont cinq, quatre s'ils sont six, et trois s'ils sont sept. Les joueurs ne devraient pas voir les cartes retirées qui seront replacées dans le paquet à la fin de la manche. Avant la donne suivante, on brassera les cartes et on en retirera à nouveau du paquet.

Les joueurs reçoivent leurs cartes à l'envers et on retourne la dernière pour déterminer l'atout.

Le voisin de gauche du donneur annonce combien de levées il a l'intention de faire; s'il croit ne pas pouvoir en remporter une seule, il déclare «Aucune». Le joueur à sa gauche lui succède, puis les autres enchaînent, en observant le sens des aiguilles d'une montre. Avant le début du jeu, l'un des joueurs est désigné pour inscrire ces déclarations, de même que les points accumulés par chacun à la fin de chaque manche.

Le joueur assis à la gauche du donneur entame la première levée. On est tenu de fournir, autrement, il faut couper ou se défausser. Le gagnant d'une levée amorce la suivante.

Quand il ne reste plus de cartes à jouer, on compte les levées remportées par chacun, et tout joueur qui a réussi son contrat obtient une prime de 10 points, plus un point par levée faite. Celui qui a déclaré «aucune», marque 10 points si effectivement il n'a pas fait une seule levée. Tout joueur ayant remporté plus ou moins de levées qu'il n'en avait annoncées n'a pas droit à la prime et doit se contenter d'un point par pli.

La donne passe autour de la table en un mouvement circulaire et la partie se termine lorsqu'un participant a accumulé 100 points.

A n'importe quel moment, au cours de la partie, un joueur a le droit de vérifier auprès d'un adversaire le nombre de levées que celui-ci a prévu remporter et combien il en a déjà; par ailleurs, lorsqu'un joueur réalise qu'il ne pourra probablement pas respecter son contrat, il ne doit pas en avertir les autres.

C'est principalement en évaluant les mains des autres joueurs à partir de leurs déclarations et de leur jeu, qu'on prouve son habileté. Il n'y a rien à gagner en annonçant «aucune» dans le simple but d'obtenir la prime de 10 points en ne faisant aucune levée; les adversaires conjugueront leurs efforts pour obliger le déclarant à en gagner au moins une. Parallèlement, celui qui a déjà remporté les levées prévues à son contrat, verra ses adversaires faire tout leur possible pour le priver de sa prime en lui faisant gagner une levée supplémentaire.

# BRAG

Le Brag est presque certainement l'ancêtre du Poker (voir p. 263 ) qui, lui-même, découlerait du jeu espagnol appelé le Primero qui fut fort populaire en Angleterre à l'époque des Tudor; et aussi loin que l'on puisse remonter, ce serait le premier jeu de cartes joué de façon scientifique dans ce pays.

De cinq à huit joueurs peuvent y participer. On se sert d'un paquet de cinquante-deux cartes. Le principe même du jeu est fort simple. Les joueurs parient selon la valeur de leurs cartes, la meilleure main étant établie en fonction de certains règles conventionnelles. Le bluff est l'une des caractéristiques dominantes de ce jeu. L'As de carreau, le Valet de trèfle et le 9 de carreau s'appellent des *fanfarons* et ont le même statut qu'un Joker, c'est-à-dire que ce sont des cartes libres.

Au BRAG À UNE MISE, le donneur parie une somme déterminée et sert trois cartes muettes à chaque joueur. A tour de rôle, en commençant par le voisin de gauche du donneur, chacun doit ou se retirer du jeu pour la manche en cours, ou miser au moins le même montant que le donneur. S'il le veut, un joueur peut relancer, auquel cas toute personne, participant déjà ou nouvellement arrivée, devra hausser sa mise au niveau de l'enjeu individuel le plus élevé; si elle n'en est pas capable, il lui faudra quitter la partie en abandonnant ce qu'elle a déjà misé. Si personne ne peut suivre le donneur, il annule sa mise et reçoit un montant, fixé d'avance, de la part des autres joueurs. La donne passe ensuite au joueur suivant.

Contrairement au Poker, on ne peut écarter et tirer d'autres cartes. Lorsque toutes les mises de ceux qui désirent jouer ont atteint un même niveau, les joueurs abattent

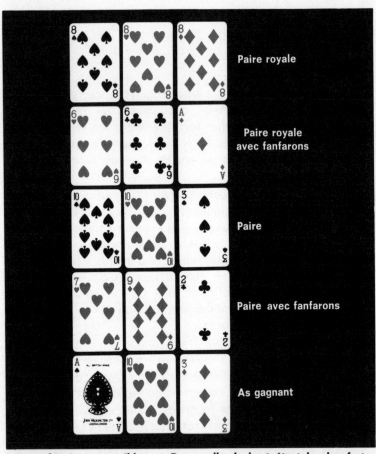

**Paire royale**

**Paire royale avec fanfarons**

**Paire**

**Paire avec fanfarons**

**As gagnant**

**Les combinaisons possibles au Brag, celle du haut étant la plus forte.**

leurs cartes et la cagnotte revient à celui qui a la meilleure main.

Le flush et les séquences n'ont ici aucune valeur. La meilleure main est une paire royale ou triplé: elle comprend trois cartes de même valeur (l'ordre des cartes va de l'As au 2), et une main composée de cartes naturelles l'emporte sur une autre contenant des fanfarons. Vient ensuite la paire, avec la même préséance des cartes naturelles sur les autres. Si des joueurs possèdent des paires identiques, celui dont la troisième carte est la plus élevée est le gagnant. Si nul n'a de paire royale ou de paire, le joueur ayant en main la carte la plus forte l'emporte; et quand deux participants ont exactement la même main, le vainqueur est celui qui a misé le premier.

Au BRAG À TROIS MISES, tous les joueurs, pour débuter, parient trois mises distinctes; le donneur leur sert ensuite deux cartes muettes et une découverte.

La première mise revient à celui qui a reçu la plus haute carte découverte. Durant cette partie du jeu, les fanfarons reprennent leur rang habituel et, en cas d'égalité, on procède comme au Brag à une mise.

La manche se déroule ensuite comme dans le jeu précédent, et le vainqueur empoche la seconde mise. Si personne ne parie, on étale les mains et la meilleure l'emporte.

En dernier lieu, les joueurs exposent leurs cartes et le troisième enjeu revient à celui dont la valeur des cartes est la plus proche de 31 (dans un sens ou dans l'autre): les As valent 11 points, les figures 10 chacune, et les autres conservent leur valeur numérale. Un joueur qui a moins de 31 en main peut tirer une carte supplémentaire dans le solde, mais s'il dépasse alors ce nombre, il perd automatiquement.

## COON CAN

Aux Etats-Unis, le Coon Can s'appelle **Double Rummy**. C'est là une dénomination acceptable puisqu'il s'agit d'une version du Rami (voir p. 273) qui se joue avec deux jeux mélangés ensemble et auxquels on a ajouté deux Jokers.

Jusqu'à huit joueurs, jouant chacun pour soi, peuvent y prendre part.

On sert dix cartes muettes à chacun. Le solde est placé

face au tapis, au milieu de la table, et on en dépose à côté la première carte, à l'endroit, qui sera le début du talon.

Le jeu consiste à se débarrasser de toutes ses cartes en étalant soit des séries d'au moins trois cartes de valeur identique, soit des séquences contenant trois cartes ou plus d'une même famille. L'As est soit la plus haute, soit la plus basse, mais ne peut «tourner le coin». Un Joker remplace toute carte au gré du joueur.

Chaque participant joue à tour de rôle, en commençant par celui qui est à la gauche du donneur. Il n'est pas obligé d'étaler une combinaison, mais il doit tirer la carte supérieure du solde ou celle du talon, puis écarter afin de n'avoir à nouveau que dix cartes en main. S'il préfère étendre une combinaison, il doit le faire après avoir tiré et avant d'écarter; c'est à ce même moment qu'il peut ajouter une carte aux séries ou séquences que lui-même ou ses adversaires ont déjà exposées.

On peut déplacer un Joker d'une combinaison à une autre, du moment que le joueur possède la carte appropriée pour le remplacer. Si, par exemple, une séquence comprend: 6 de pique, 7 de pique, 8 de pique, Joker, celui qui a le 9 de pique peut le déposer à la place du Joker et jouer celui-ci en guise de 5 de pique. On ne peut cependant changer de place un Joker qui l'a déjà été et le joueur qui aurait le 5 de pique ne pourrait le jouer en enlevant le Joker et en le transférant ailleurs. D'autre part, un Joker qui est au milieu d'une séquence ne peut être déplacé, comme dans l'exemple suivant: 4 de pique, 5 de pique, 6 de pique, Joker, 8 de pique. On ne peut l'échanger contre le 7 de pique. Lorsqu'on ne peut plus bouger un Joker, on le place habituellement en biais afin que tous les joueurs s'en rappellent.

La partie revient à celui qui se débarrasse le premier de toutes ses cartes. Les autres lui payent autant de jetons qu'il leur reste de cartes non assorties en main, en tenant compte de la valeur de celles-ci. Un Joker vaut 15 points, un As 11, les figures 10 chacune et les autres cartes conservent leur valeur numérale.

Il est assez rare que le solde soit épuisé avant la fin de la partie. Si tel était le cas, le jeu se poursuivrait quand même, les joueurs puisant dans le talon et écartant une carte différente de celles qu'ils ont tirées. Enfin, si cela également s'avérait insuffisant pour terminer la partie, l'équivalent en jetons de la valeur des mains serait déposé dans une corbeille et reviendrait au gagnant de la manche suivante.

## LA MOUCHE

Ce jeu, croit-on, daterait du début du XVIIIe siècle et serait d'origine espagnole. Il est appelé parfois **Mistigri, Bête** ou **Lanturlu**, et on ignore l'origine de son nom actuel.

Il existe plusieurs versions de la Mouche qui, toutes, conviennent à un nombre raisonnable de joueurs, quoiqu'à six ou à sept ce soit l'idéal, chacun jouant pour soi. Dans tous les cas, on utilise un paquet de cinquante-deux cartes.

A la MOUCHE À TROIS CARTES, le premier donneur dépose dans une corbeille un nombre déterminé de jetons, nombre qui, quel qu'il soit, doit être un multiple de trois. Il sert ensuite trois cartes, une par une, à chaque joueur, ainsi qu'à une main supplémentaire appelée la *demoiselle.* La carte du dessus du solde est retournée pour déterminer l'atout.

Le donneur propose ensuite à son voisin de gauche de choisir entre refuser de jouer, conserver les cartes qu'il a reçues ou les échanger pour la demoiselle. A tour de rôle, chaque joueur aura droit à la même option, sauf que, bien entendu, si l'un d'eux échange sa main contre la demoiselle, les autres en seront réduits à choisir entre conserver leurs propres cartes ou ne pas jouer. Un joueur n'a pas le droit de revenir sur sa décision, et s'il abandonne, il dépose ses cartes à l'envers au centre de la table.

Le premier joueur qui décide de jouer entame la première levée. Par la suite, le gagnant d'une levée commencera la suivante.

Le jeu est soumis aux règles suivantes:

1) Un joueur est tenu de fournir et de forcer s'il le peut.

2) Un joueur qui ne peut fournir doit, quand il en est capable, couper ou surcouper si quelqu'un a déjà coupé.

3) Si le joueur qui entame a en main l'As d'atout (ou le Roi si l'As est la retourne), il est tenu de le jouer.

4) Si le joueur qui entame possède deux atouts ou plus, il doit entamer avec l'un d'eux; si les joueurs ne sont que deux, il doit jouer l'atout le plus fort.

Tout joueur qui manque à l'une de ces règles est considéré comme ayant renoncé à faux; la corbeille est partagée entre les autres participants, et le joueur fautif devra y rembourser le plein montant.

A la fin de la manche, les gagnants de levées se répartissent la corbeille, chacun en recevant un tiers.

Ceux qui n'ont pas remporté de levées *font la mouche (ou sont mouche)* et doivent verser à la corbeille autant de jetons qu'il y en avait au début de la donne. Comme une mouche illimitée pourrait s'avérer fort coûteuse, on décide habituellement d'un maximum afin de restreindre les pertes de ceux qui feront la mouche.

Si aucun joueur n'a fait la mouche, le nouveau donneur regarnit la corbeille comme au commencement du jeu.

Quand tous les joueurs refusent de jouer, le donneur ramasse la cagnotte et son successeur regarnit la corbeille.

Lorsqu'un seul joueur décide de jouer, le donneur doit l'affronter. Mais si sa main est faible, il pourra se protéger contre une perte éventuelle en annonçant qu'il joue pour la corbeille. Dans ce cas, il ne fera pas la mouche s'il rate une levée et, en échange de cette concession, il laissera dans la cagnotte toute somme qui aurait dû lui revenir pour avoir fait les levées.

La MOUCHE À CINQ CARTES diffère du jeu précédent dans les cinq points suivants:

1) Chaque joueur reçoit cinq cartes; il y aura donc cinq levées et le nombre de jetons versés à la corbeille devra être un multiple de cinq.

2) Il n'y a pas de demoiselle.

3) Un joueur peut échanger autant de cartes qu'il le veut contre d'autres du solde. Du moment qu'il en échange une, il est obligé de prendre part au jeu.

4) La plus forte carte du paquet est le Valet de trèfle. On l'appelle le **Mistigri.** Il a le statut d'un atout et a priorité même sur l'As; cependant, si un joueur entame avec l'As d'atout et déclare «Mistigri, sois poli», son détenteur n'a pas le droit de le jouer pendant la levée en cours.

5) Un joueur qui possède cinq cartes (quinte) d'une même famille, ou seulement quatre plus le Mistigri, a une *mouche* et doit immédiatement abattre sa main. Il remporte la cagnotte et tous les autres font la mouche, sauf ceux qui auraient aussi une mouche (situation appelée *mouche piquante*) ou le Mistigri. Dans le cas d'une mouche piquante, la série en atout l'emporte, et s'il y a deux mouches ou plus dans une autre couleur que l'atout, celle qui comporte la plus haute carte est la gagnante. En cas de complète similitude, on partage la corbeille.

La MOUCHE IRLANDAISE est un mélange des versions à trois et à cinq cartes. Les joueurs expérimentés la considèrent comme la meilleure de toutes les variantes.

Chaque joueur reçoit trois cartes. Il n'y a ni demoiselle, ni Mistigri, mais un joueur peut échanger des cartes contre d'autres du solde. Le jeu ressemble aux deux précédents avec toutefois cette particularité: si le trèfle est atout, tous les joueurs doivent rester dans le coup. C'est ce qu'on appelle la *loi du trèfle* et elle oblige à restreindre à un montant raisonnable la pénalité encourue pour être mouche.

La Mouche, au niveau de toutes ses variantes, comporte tant de règles rigoureuses, comme celles qu'on a déjà mentionnées, qu'il reste fort peu à dire à propos du jeu lui-même. Au mieux, on peut seulement affirmer que le joueur le plus fortuné n'est pas tant celui qui sait comment jouer que celui qui sait quand accepter ou refuser de jouer.

Le point le plus important à relever, c'est que, outre le Mistigri dans la version à cinq cartes, il y a seulement trois levées d'assurées: l'As, la combinaison Roi-Dame et la combinaison Dame-Valet-10 d'atout. Ordinairement, le joueur qui a les Dame, Valet et 9 d'atout fera une levée, mais cela n'est rien moins que certain, et il fera la mouche s'il occupe une position peu favorable à la table. Il en va de même pour celui qui aurait le Roi et le 3 d'atout. Si on entame en couleur et s'il est le dernier à jouer, il remportera sûrement une levée; dans le cas contraire, il ne pourra la faire car si le 4 est joué, il sera forcé d'abattre son Roi qu'un autre joueur pourra éventuellement remporter avec l'As. Il ne lui restera plus que la possibilité fort aléatoire de faire une levée avec le seul 3 d'atout.

Peut-être le tableau n'est-il pas aussi noir dans la réalité qu'il semble l'être en théorie, car même si les participants sont au nombre de sept, il reste quand même beaucoup de cartes dans le solde. Certaines des cartes élevées n'auront donc pas toutes été distribuées, et il serait possible de faire une levée avec une combinaison telle que Valet, 10 et 9 d'atout, ou même Valet, 10 et une carte d'une autre couleur.

En général, un joueur dont la main est faible n'a pas à faire preuve d'une trop grande prudence, pour ce qui est de rester dans le coup, mais il ferait bien de se montrer attentif. Dans la pratique, il serait bon qu'il surveille le nombre de jetons déposés dans la corbeille et qu'il évalue les pertes éventuelles par rapport aux gains possibles. Si, dans une partie de Mouche à cinq cartes, la corbeille contient, par exemple, quinze jetons et qu'il en coûte dix pour faire la mouche, il est inutile de vouloir jouer avec une main faible parce que, de quelque façon qu'on le regarde, les pertes vaudront trois fois plus qu'un possible gain obtenu pour avoir fait une levée. Ce n'est donc pas un bon pari.

## LE NAPOLÉON

Le Napoléon, qu'on appelle généralement le Nap, est, parmi tous les jeux, l'un des plus simples. On se sert d'un paquet de cinquante-deux cartes, et jusqu'à six joueurs peuvent y prendre part, chacun jouant pour soi.

On sert cinq cartes par joueur et ceux-ci doivent, à tour de rôle et en commençant par celui qui est à la gauche du donneur, ou bien passer ou bien annoncer leur intention de faire un nombre spécifique de levées, en ordre croissant: Deux, Trois, Quatre et Nap (cette dernière enchère visant les cinq levées).

Le joueur qui obtient le contrat le plus élevé entame la première levée, et sa carte d'entame détermine l'atout. Le jeu se déroule comme tous les autres où il s'agit de faire des levées: un joueur est tenu de fournir et, autrement, doit couper ou se défausser, et le gagnant d'une levée commence la suivante.

Les mises sont versées uniquement d'après le nombre de levées prévu au contrat. On ne tient aucun compte de celles qui ont été faites en plus ou en moins. Quant au règlement, il est fonction du niveau des déclarations:

| Déclaration | Le déclarant gagne | Le déclarant perd |
|-------------|--------------------|--------------------|
| Deux | 2 jetons | 2 jetons |
| Trois | 3 jetons | 3 jetons |
| Quatre | 4 jetons | 4 jetons |
| Nap | 10 jetons | 5 jetons |

Tout perdant doit payer tous ses adversaires, et tout gagnant perçoit, lui, de tous les autres joueurs.

Le Napoléon est d'une telle simplicité que dans certains cercles, on en augmente l'intérêt en ajoutant quelques enchères particulières:

*Misère:* déclaration annonçant la perte de toutes les levées. Elle se situe entre trois et quatre; quoiqu'on la joue habituellement en sans atout, le contraire se produit également. Ici également, l'entame désigne l'atout. La misère coûte et rapporte trois unités.

*Wellington:* enchère visant les cinq levées en doublant les mises. On ne peut toutefois la déclarer s'il n'y a pas eu de Nap au préalable.

*Blücher:* le joueur annonce son intention de remporter les cinq levées en triplant les enjeux. Cette déclaration doit être précédée d'un Wellington.

*Nap indiscret:* celui qui a déclaré un Nap (ou un Wellington, ou encore un Blücher, le cas échéant) est autorisé à échanger la carte du dessus du paquet contre une autre de sa main.

*Nap acheteur:* avant de déclarer et en versant à la corbeille un jeton pour chaque carte échangée, les joueurs ont le droit de remplacer un certain nombre de cartes provenant de leur main par de nouvelles. On conserve la cagnotte de manche en manche et elle revient au premier joueur qui réussit un Nap (ou un Wellington ou un Blücher, selon le cas).

Au NAPOLÉON À SEPT CARTES, qui est une variante du précédent, chaque joueur reçoit sept cartes; il ne peut y avoir de contrat inférieur à trois levées. Il n'y a ni Wellington ni Blücher. La misère est facultative et, si on l'accepte, se situe entre le Nap et le Six.

Les règlements s'effectuent comme suit:

| Déclaration | Le déclarant gagne | Le déclarant perd |
|---|---|---|
| Trois | 3 jetons | 3 jetons |
| Quatre | 4 jetons | 4 jetons |
| Nap (cinq levées) | 10 jetons | 5 jetons |
| Misère (facultatif) | 10 jetons | 5 jetons |
| Six | 18 jetons | 9 jetons |
| Sept | 28 jetons | 14 jetons |

Tous les joueurs sont impliqués dans le paiement des mises, soit en percevant, soit en recevant.

## LE POKER

S'il n'est guère difficile d'apprendre à jouer au Poker, il est, par contre, beaucoup moins aisé de bien maîtriser ce jeu car, outre la nécessité de posséder un minimum de connaissance en arithmétique, cette maîtrise ne peut s'acquérir qu'avec l'expérience. En fait, le Poker repose essentiellement sur le calcul des probabilités.

Le STRAIGHT POKER (Poker ordinaire), ou plus précisément le Straight Draw Poker, se joue avec un paquet de cinquante-deux cartes; même si un nombre indéterminé de joueurs peuvent y participer, l'idéal demeure quand même un groupe de cinq, six ou sept personnes.

Chaque joueur reçoit cinq cartes muettes et, pour gagner, doit d'abord essayer de se constituer la meilleure main en échangeant des cartes si besoin est, et ensuite miser sur cette main contre les autres participants.

L'ordre des cartes est décroissant; de l'As au 2 les familles sont d'égale valeur. Les neuf combinaisons possibles sont présentées ici — en commençant par la plus basse —, de même qu'une approximation des chances qu'a un joueur de se les voir attribuer au cours de la donne:

*La plus haute carte* (pas de paire): main composée de cinq cartes différentes — Chances égales.

*Paire:* deux cartes de même valeur et trois autres non assorties — 15 contre 11.

*Double paire:* deux cartes de valeur identique, deux autres également de même valeur mais différentes des premières et une carte isolée — 20 contre 1.

*Brelan:* trois cartes ayant le même rang et deux dépareillées — 46 contre 1.

*Séquence* (Straight): cinq cartes de valeur consécutive et de familles différentes. L'As est soit la plus haute, soit la plus basse — 254 contre 1.

*Flush:* cinq cartes d'une même famille — 508 contre 1.

*Full* (appelée aussi plein ou main pleine): trois cartes de même valeur, plus deux autres également de valeur identique mais différente des premières — 693 contre 1.

*Brelan carré:* quatre cartes de valeur identique et une carte isolée — 4 164 contre 1.

*Straight flush* ou *quinte royale:* séquence de cinq cartes de la même famille, l'As étant la haute ou basse — 64 973 contre 1.

On trouvera plus loin des exemples de ces diverses combinaisons. Dans tous les cas, c'est la plus haute qui l'emporte et, en cas d'égalité, la carte la plus haute départage les joueurs. Si, par hasard, des joueurs recevaient des mains absolument identiques, ils se partageraient les mises.

Le voisin de gauche du donneur ouvre le jeu en déposant un montant déterminé qu'on appelle l'*ante* (mise initiale). Pour plus de commodité, on supposera qu'il a misé un jeton. Le joueur à sa gauche relance («straddle») de deux jetons *.

---

* Durant toute la partie, les joueurs déposent leurs mises devant eux.

Les combinaisons au Poker. La plus forte se trouve au bas du tableau.
Les multiples façons de constituer chacune d'entre elles ont été dé-
nombrées comme suit:

| | |
|---|---|
| La plus haute carte: | 1 302 540 |
| Paire: | 1 098 240 |
| Double paire: | 123 552 |
| Brelan: | 54 912 |
| Séquence: | 10 200 |
| Flush: | 5 108 |
| Full: | 3 744 |
| Brelan carré: | 624 |
| Quinte royale: | 40 |

C'est à ce moment que le donneur sert cinq cartes muettes à chacun. Après avoir examiné sa main, le voisin de gauche de celui qui a relancé doit décider s'il reste dans le coup ou s'il abandonne. S'il préfère laisser tomber, il dépose ses cartes à l'envers au centre de la table et se retire du jeu pour la durée de la manche. Par contre, s'il décide de jouer, il mise quatre jetons. Son voisin de gauche a alors le choix entre trois options: abandonner, suivre pour le même montant — soit quatre jetons —, ou doubler la mise (i.e. entrer dans le jeu en pariant huit jetons). Les autres joueurs enchaînent, l'un après l'autre, et peuvent quitter la table, miser le même montant que leur prédécesseur, ou relancer jusqu'à ce que l'on atteigne un maximum connu.

Lorsqu'on est revenu aux joueurs qui ont déposé l'ante et la première mise doublée («straddle»), les participants peuvent abandonner, sacrifiant de ce fait leurs enjeux antérieurs, ou tenir le coup en haussant leurs mises jusqu'au montant approprié.

Si personne ne reste dans le jeu, le joueur qui a effectué la première relance récupère ses deux jetons et ramasse en plus celui de l'ante.

Les enchères peuvent se prolonger un certain temps parce que si un joueur annonce une mise et qu'un autre relance, ceux qui avaient déjà parié sont autorisés à augmenter leur précédent enjeu, et ce, jusqu'à ce que nul ne relance ou qu'on atteigne le maximum fixé.

Les enchères étant closes, ceux qui n'ont pas abandonné ont alors l'occasion d'améliorer leurs mains en échangeant certaines cartes. Le donneur, sans se préoccuper de ceux qui ont quitté la table, sert aux joueurs actifs autant de cartes qu'ils en désirent, après qu'ils aient écarté celles dont ils ne voulaient pas. Un joueur a le droit de rejeter autant de cartes qu'il veut; mais un joueur d'expérience ne resterait pas dans le coup s'il lui fallait échanger quatre cartes, il faudrait avoir complètement perdu la tête pour demeurer dans le jeu en remplaçant sa main tout entière. En pratique, la plupart des joueurs se contentent de changer une, deux ou trois cartes.

Une fois les échanges terminés, celui qui a ouvert le jeu parie le premier. Trois choix s'offrent à lui: il abandonne (en sacrifiant ses mises antérieures); il déclare «check» (signifiant ainsi qu'il désire rester dans le coup sans hausser sa mise); il relance (le maximum possible étant le montant précédemment établi).

Si un joueur déclare «check», tous ceux qui lui succèdent ont, à tour de rôle, droit au même choix. Quand plus personne ne relance, les joueurs actifs abattent leurs mains et celui qui possède la meilleure combinaison empoche toutes les mises. Mais s'il y a relance, les joueurs suivants peuvent, l'un après l'autre, abandonner, miser le même montant que leur prédécesseur, ou parier encore davantage.

Dans ce cas, les enchères se poursuivent jusqu'à ce que quelqu'un suive ou non le dernier pari. S'il est suivi, les joueurs étalent leurs cartes, et la meilleure main l'emporte. Par contre, si personne n'a relevé le pari final, le joueur qui l'a formulé ramasse la cagnotte sans avoir à montrer sa main.

Une partie de Poker se divise naturellement en deux périodes: avant et après les échanges de cartes (ce qu'on pourrait appeler les «mises» et les «paris»). Les premières sont les plus aisées parce qu'elles reposent sur une analyse arithmétique précise. Un joueur a, par exemple, reçu la main suivante:

10 de pique, 6 de pique, 5 de pique, 2 de pique, 9 de coeur.

Comme une paire de 10 est sans grande valeur, le joueur fera bien d'écarter le 9 de coeur dans l'espoir de tirer un pique et d'avoir ainsi une Flush.

Parmi les quarante-sept cartes restantes, il n'y a que neuf piques, toutes les autres (soit trente-huit) appartenant à d'autres familles. Par conséquent, on peut en déduire que les chances d'obtenir un pique sont de 38 contre 9 ou approximativement de 4¼ contre 1. Si trois joueurs prennent part au jeu et misent chacun quatre jetons (pour un total de quinze en tenant compte de l'ante et de la première relance), il est inutile de persévérer; en effet, il en coûte quatre jetons pour participer et les chances de remporter les mises s'évaluent à 15 contre 4 (3¾ contre 1) tandis que celles d'améliorer la main sont de 4¼ contre 1. Et si les participants sont au nombre de quatre, cela en vaudra tout juste la peine, parce qu'il y aura alors dix-neuf jetons sur la table pour une approximation de 4¾ contre 1, soit une possibilité légèrement supérieure à celle qu'a le joueur d'améliorer sa main.

Les joueurs de Poker devraient étudier les probabilités mathématiques de façon poussée, car toute la théorie du pari peut se résumer dans deux questions: combien ai-je de chances d'améliorer ma main? Que vaut la table dans mon cas? Si la réponse à la première question est supérieure à la seconde, le joueur devrait rester dans le coup; dans le cas contraire, il ferait mieux d'abandonner tout simplement.

La période des paris, postérieure aux échanges, est l'étape la plus difficile et est essentiellement une question de psychologie. En outre, un joueur doit être doté de cette faculté qu'on appelle jugement, parce que la façon de parier de ses adversaires, de même que leur éventuelle interprétation de son propre pari sont les deux éléments dont il devra tenir compte au moment de gager. Il est indispensable de noter soigneusement le nombre de cartes demandées par chacun et d'en tirer les conclusions appropriées. Par la suite, les enchères subséquentes devraient confirmer ou infirmer la justesse de ses déductions et indiquer au joueur s'il a réellement bien fait d'échanger des cartes.

Un bon joueur de Poker se doit d'être impénétrable, étant donné qu'il conduit son jeu de façon à tirer le maximum de ses bonnes mains et à perdre le moins possible avec ses

mauvaises. Il doit faire sienne la maxime de saint Mathieu:
«Ne laisse pas ta main gauche savoir ce que fait ta main
droite.» En outre, il doit demeurer imperturbable, car il ne
sert strictement à rien de se rengorger de sa victoire ou de
se lamenter sur sa défaite. S'il croit avoir la meilleure main,
il parie sans hésiter; au contraire, s'il s'estime vaincu, il
abandonne afin de limiter ses pertes.

On joue fréquemment à cette forme de Poker qui en est
l'un des éléments importants: les *Pot-Deals,* plus couram-
ment appelés Pots. Il n'y a ni ante ni première relance
(«straddle»); chaque joueur verse plutôt dans le pot un montant convenu à l'avance, montant qui n'a rien à voir avec les
mises ou les paris. C'est au joueur assis à la gauche du
donneur que revient la première décision d'ouvrir le jeu en
misant ou non. S'il n'ouvre pas, son voisin de gauche lui
succède, et ainsi de suite.

La raison d'être du pot, c'est qu'il empêche un joueur
d'ouvrir le jeu en déposant une mise, à moins que sa main
ne le lui permette, selon des normes précises. Si personne
ne peut ouvrir, la donne passe et les joueurs versent une
nouvelle somme dans le pot pour la manche suivante. Quand
le pot est ouvert, les autres joueurs peuvent participer même si leurs mains ne correspondent pas aux normes, et celui qui gagne la manche empoche non seulement le contenu
du pot mais également les mises des autres participants.
Celui qui ouvre le jeu est tenu de prouver que sa main le
lui permet.

Au *Jackpot,* un joueur doit avoir au moins une paire de
Valets pour pouvoir ouvrir.

Dans un *Jackpot progressif,* si personne n'ouvre après la
première donne, la seconde nécessite au moins des Dames;
à la suivante, le cas échéant, il faudra avoir des Rois, et
ainsi de suite. Certains s'arrêtent aux As, d'autres continuent avec deux paires, avant de revenir aux Valets si personne n'a pu ouvrir le jeu.

Dans un *Freak Pot,* parfois appelé «Deuces Wild», tous les 2 sont des cartes frimées qui peuvent représenter n'importe quelle autre carte, au gré du joueur. Une main de cinq (cinq cartes de même valeur) est maintenant possible; elle est supérieure à une quinte royale sauf si celle-ci est couronnée par un As.

Au *Double Pot,* ou «Legs», les participants choisissent l'un ou l'autre des divers pots, mais un joueur doit gagner deux fois avant de pouvoir empocher ses gains.

La VEUVE FRIMÉE est une variante du Draw Poker; après que les joueurs aient reçu chacun quatre cartes, on en dépose une autre à l'endroit sur la table, où elle restera jusqu'à la fin de la manche. Le donneur sert ensuite une dernière carte à chacun. Le jeu se déroule normalement; les trois autres cartes de la même valeur que la retourne sont aussi des cartes frimées.

Au «SPIT IN THE OCEAN», on ne distribue que quatre cartes par joueur, puis on retourne la suivante qui constituera la cinquième carte de chaque main. C'est une carte frimée, tout comme les trois autres de même valeur.

La principale caractéristique du STUD POKER, qui est une autre version du Poker ordinaire, c'est que certaines cartes sont servies à l'envers et d'autres, à l'endroit. On peut jouer au Stud Poker de plusieurs façons.

Au *Stud à cinq cartes,* il n'y a pas d'ante, à moins d'entente contraire. Le donneur distribue à chacun une carte muette (appelée *carte dans le trou),* puis une autre découverte. On interrompt alors la donne pour les paris. Ceux-ci terminés, le donneur ressert à chaque joueur trois autres cartes découvertes, s'arrêtant à nouveau entre chacune, pour les paris. Si deux joueurs ou plus restent dans le coup après la dernière période d'enjeux, tous retournent leur carte dans le trou et la meilleure main l'emporte.

A chaque période d'enjeu, le premier joueur à parler est celui dont les cartes exposées forment les meilleures combinaisons; en cas d'égalité, celui qui est assis le plus près du donneur, à sa gauche, a la priorité. Celui qui ouvre la première série de paris est tenu de miser; par la suite, il pourra rester dans le jeu sans parier (check). Tout joueur qui abandonne retourne ses cartes face contre table.

Le *Stud à sept cartes,* appelé aussi «Down the River» ou «Peek Poker», se joue de la même façon que le précédent, sauf qu'au cours de la première donne, chaque joueur reçoit deux cartes muettes et une visible. Suit une période de paris, puis les joueurs actifs reçoivent trois cartes découvertes et une cachée; là encore, on interrompt la donne entre chaque carte pour les paris. A l'abattage, les joueurs retournent leurs cartes dans le trou et bâtissent leur main en choisissant cinq de leurs sept cartes.

Le WHISKY POKER s'appelle ainsi parce qu'à l'origine, les bûcherons américains vivant dans les chantiers y jouaient pour déterminer qui payerait la tournée.

Chaque joueur verse une somme déterminée dans la corbeille. Le donneur constitue une main supplémentaire (la veuve) déposée au milieu de la table, juste avant de se servir lui-même. Son voisin de gauche peut, après avoir regardé ses cartes, échanger sa main contre la veuve, passer (auquel cas le choix de la veuve revient au joueur qui est à sa gauche), ou encore indiquer, en frappant, qu'il utilisera les cartes qu'il a reçues.

Si le voisin de gauche du donneur (ou tout autre joueur par la suite) ramasse la veuve, il dépose ses propres cartes à l'endroit sur la table pour la remplacer. Le joueur à sa gauche peut soit remplacer toute sa main par la nouvelle veuve, soit se contenter d'y puiser quelques cartes en échange des siennes, soit frapper. Il n'est toutefois pas possible de puiser dans la veuve ou certaines des cartes qu'elle contient jusqu'à ce qu'un joueur frappe. Dès lors, les autres participants ne disposent plus que d'un seul tour pour échanger leurs cartes s'ils le désirent. Une fois que le joueur à la droite du frappeur a terminé, tous exposent leurs cartes et la meilleure main l'emporte.

Si personne ne ramasse la veuve avant que ce soit le tour du donneur, celui-ci peut ou la prendre, ou la retourner à l'endroit. Même s'il décide de frapper sans la ramasser, il doit quand même l'exposer.

Au KNOCK POKER, tous les joueurs déposent une mise initiale. Le donneur leur sert cinq cartes, comme au Poker ordinaire, et le solde est déposé à l'envers au milieu de la table. Le joueur à la gauche du donneur tire la première carte du solde et écarte. Les autres ont le choix entre la carte supérieure du solde ou de la pile d'écarts et doivent également écarter.

Un joueur peut frapper à n'importe quel moment après avoir tiré et avant d'écarter. Après quoi, il lui faut écarter. Les autres ont droit à un dernier tour pour tirer et rejeter une carte, ou pour abandonner et payer au frappeur le montant de la mise initiale. Après que le voisin de droite du frappeur ait terminé, les joueurs actifs exposent leurs cartes et le paiement s'effectue comme suit:

1) Si le frappeur possède la meilleure main, tous ceux qui participent au jeu lui payent le double de la mise initiale.

2) Si le frappeur et un ou plusieurs joueurs ont des mains identiques, ils se partagent les gains, à l'exception des montants versés au frappeur par ceux qui ont abandonné.

3) Si le frappeur n'a pas la meilleure main, il paye deux fois la valeur de l'ante à chacun des joueurs qui restent dans le coup, et celui d'entre eux qui a la meilleure combinaison empoche toutes les mises.

POKER «HIGH-LOW» — Tout jeu de la famille du Poker peut se jouer «high-low» (fort-faible). La règle veut que l'on partage la main comme un pot. Les joueurs décident s'ils joueront leur main comme étant la plus faible ou la plus élevée, mais ne sont pas forcés de l'annoncer avant la fin de la donne. Les deux joueurs qui ont l'un la main la plus forte et l'autre la plus faible, se partagent les gains. Un as est toujours une carte haute et ne peut être compté comme une basse, sauf s'il fait partie d'une séquence dans la main la plus forte.

Au STRIP POKER, le donneur distribue cinq cartes muettes à chacun. Il n'y a ni ante ni première relance. Après avoir procédé aux échanges (comme au Poker ordinaire), les joueurs exposent leurs cartes et celui qui a la pire main paye en enlevant une partie de ses vêtements.

Ce jeu, avec toutes ses perspectives voluptueuses, est, paraît-il, l'idéal pour les groupes mixtes, durant une vague de chaleur!

## LE RAMI

Le Rami (de l'anglais Rummy qu'on se contente souvent d'appeler «Rum») est l'un des plus populaires de tous les jeux de cartes et peut convenir à un maximum de cinq ou six personnes, chacune jouant pour elle-même. Si les joueurs sont plus de six, ils feraient mieux de choisir le Coon Can (voir p. 255) ou la version décrite plus loin sous le nom de Rummy continental.

On utilise un paquet de cinquante-deux cartes. Si les participants ne sont que deux, ils reçoivent chacun dix cartes; sept, s'ils sont trois ou quatre; et six s'ils sont cinq ou six. Le solde est placé couvert au centre de la table, et la carte du dessus est retournée et déposée à côté; elle constitue le début de la pile d'écarts.

Chaque joueur, à tour de rôle et en commençant par le voisin de gauche du donneur, doit ramasser soit la carte supérieure et écarter, soit celle de la pile d'écarts, auquel cas il n'a pas le droit d'écarter au même tour.

Le jeu consiste à former des séries de trois cartes ou plus de même valeur, ou des séquences comportant un minimum de trois cartes d'une même famille (l'As étant la plus basse). On les déclare en les étalant devant soi, après avoir tiré une carte (du solde ou de la pile d'écarts) et avant d'écarter. Un joueur peut, à ce moment-là, ajouter une ou plusieurs cartes aux séries et séquences déjà exposées par lui-même ou par l'un de ses adversaires.

Si le solde est épuisé sans qu'aucun joueur ait étalé toute sa main, on retourne la pile d'écarts qui devient alors le solde.

Le joueur qui, le premier, déclare toutes ses cartes, remporte la partie et les autres lui concèdent 10 points par figure qui leur reste en main, 1 point par As et, dans le cas des autres cartes, calculent leur valeur numérale. Celui qui se défait de toutes ses cartes en une seule fois, inscrit un rami et est payé en double.

Le Rami est un jeu très simple qui a fait l'objet de nombreuses améliorations.

Au RUMMY BOATHOUSE, un joueur peut prendre la carte supérieure du solde; ou encore, il peut tirer celle de la pile d'écarts, puis celle du solde ou la seconde carte de la pile d'écarts. Par contre, il ne peut écarter qu'une seule carte.

Dans une séquence, l'As est soit la basse, soit la haute, ou encore, il «tourne le coin».

La partie ne prend fin que lorsqu'un joueur abat toute sa main d'un seul coup.

Les perdants payent uniquement pour les cartes non assorties qui leur restent en main et les As valent ici chacun 11 points.

Le RUMMY CONTINENTAL est une version conçue pour un maximum de douze joueurs. Avec de deux à cinq participants, on emploie deux paquets plus deux Jokers; de six à huit, trois paquets et trois Jokers; et de neuf à douze, on utilise quatre paquets et quatre Jokers.

Chaque joueur reçoit quinze cartes. Aucun joueur ne peut déclarer avant d'avoir réuni ses quinze cartes en cinq séquences de trois cartes, ou trois séquences de quatre cartes et une de trois, ou encore une séquence de cinq cartes, une de quatre et deux de trois. Les séries de trois cartes ou plus de même valeur ne comptent pas. Un Joker représente n'importe quelle carte. L'As est la plus haute ou la plus basse, mais ne tourne pas le coin.

Il existe plusieurs façons de compter les points, mais habituellement le vainqueur perçoit de chaque adversaire un jeton pour avoir remporté la partie et deux pour chaque Joker qu'il aurait en main.

Le RUMMY GAMBLER est ainsi nommé à cause des mises élevées qu'elle permet. De toutes les variantes du Rami, c'est la plus fréquemment jouée.

Quatre joueurs seulement y prennent part. Ils reçoivent chacun sept cartes. L'As est la plus faible et, comme au Rami simple, il ne compte que pour un point lors du règlement de comptes. Un joueur n'a pas le droit de déclarer toute sa main d'un seul coup. Il lui faut procéder au moins en deux fois; néanmoins, il peut «sortir» au second tour, même si, à la levée précédente, il s'est contenté de déposer une carte sur la combinaison d'un autre joueur.

On ne remplace pas le solde lorsqu'il est épuisé, les joueurs le remplacent par la pile d'écarts. Le jeu prend fin lorsqu'un d'entre eux refuse de ramasser la première carte de ce nouveau solde.

Le KNOCK RUMMY, ou **Poker Rum,** suit les mêmes règles que le Rami, à cette exception près qu'un joueur ne peut déclarer ses séquences et séries en les étalant. Au lieu de cela, après avoir tiré, il doit frapper et écarter. La partie est alors terminée. Les joueurs séparent leurs cartes assorties de celles qui ne le sont pas et annoncent, à tour de rôle, la valeur totale de ces dernières, selon le barème utilisé au Rami. Le joueur qui a accumulé le moins de points gagne la différence entre son total et ceux de chacun des autres joueurs. Si le frappeur et un autre joueur ont tous deux le score le plus bas, la victoire revient à cet autre joueur. Par contre, si le frappeur a un total plus élevé qu'un des participants, il paye une amende de 10 points à celui qui a le plus bas score. Enfin, s'il fait rami (c'est-à-dire qu'au moment où il frappe, toutes ses cartes sont assorties), chacun de ses adversaires lui verse 25 points.

Solde                    Pile d'écarts

## SPOIL FIVE

Le Spoil Five, qu'on appelle parfois le **Quarante-Cinq,** convient parfaitement à un nombre raisonnable de joueurs, mais c'est surtout lorsqu'ils ne sont que cinq ou six que les participants peuvent réellement faire preuve d'adresse.

On se sert d'un paquet de cinquante-deux cartes; et s'il est fort rare, pour ne pas dire extraordinaire, de rencontrer des amateurs de Spoil Five hors de son Irlande «natale», c'est dû indéniablement à l'ordre extravagant des cartes. Le 5 d'atout est toujours le plus fort, suivi du Valet d'atout et de l'As de coeur. Ensuite, si l'atout est noir, on a: As,

Roi, Dame, 2, 3, 4, 6, 7, 8, 9, 10; quand il est rouge, l'ordre est le suivant: As (si le carreau est atout), Roi, Dame, 10, 9, 8, 7, 6, 4, 3, 2. Pour les familles autres que l'atout, les cartes noires se succèdent comme suit: Roi, Dame, Valet, As, 2, 3, 4, 5, 6, 7, 8, 9, 10; et pour cartes rouges, c'est: Roi, Dame, Valet, 10, 9, 8, 7, 6, 5, 4, 3, 2, As (sauf pour le coeur). C'est ce qu'on résume en ces mots: «haut en rouge, bas en noir», mais même avec cette formule, cela demeure assez inextricable.

Chaque joueur reçoit cinq cartes par groupes de deux et trois, ou de trois et deux. On retourne la carte suivante pour déterminer l'atout. Ensuite, les joueurs déposent chacun un montant déterminé dans une corbeille; on établit habituellement un maximum et, après la première donne, seul contribue à la poule le joueur dont c'est le tour de distribuer les cartes.

Le but du jeu est de faire trois levées en empêchant, par le fait même, les autres joueurs de les remporter.

Celui qui gagne ces trois levées ramasse la cagnotte; quand personne n'y arrive (ce qui constitue un *Spoil)*, la donne revient à un autre joueur. Une fois que quelqu'un a fait les trois levées, la manche se termine et la donne change de main, à moins que ce joueur ne déclare *Jinx* (porte-malheur). Il annonce ainsi son intention de faire les deux derniers plis. Le jeu se poursuit donc et s'il échoue, le joueur n'a plus droit à la cagnotte; par contre, s'il réussit, non seulement il l'empoche, mais, en plus, les autres participants lui versent chacun la valeur de leur mise initiale.

Le joueur assis à la gauche du donneur attaque la première levée, droit qui revient ensuite au gagnant de chaque pli. Le Spoil Five obéit à des règles précises qui lui sont spécifiques.

1) Si la retourne qui établit l'atout est un As, le donneur peut *dérober:* il a le droit d'échanger une carte de sa

main contre l'As, mais doit le faire avant que son voisin de gauche ait entamé la première levée.

2) Tout joueur qui a reçu l'As d'atout durant la donne peut échanger, lui aussi, une de ses cartes contre la retourne, mais seulement lorsque vient son tour de jouer.

3) Si on a entamé en atout, un joueur est tenu de suivre s'il le peut, sauf quand il a en main le 5 ou le Valet d'atout, ou l'As de coeur, ceux-ci étant plus forts que tout autre atout. C'est ce qu'on appelle un *désaveu*. En clair, cela signifie qu'on n'est pas forcé de jouer le 5 d'atout si la carte d'entame est le Valet d'atout ou d'abattre ce Valet

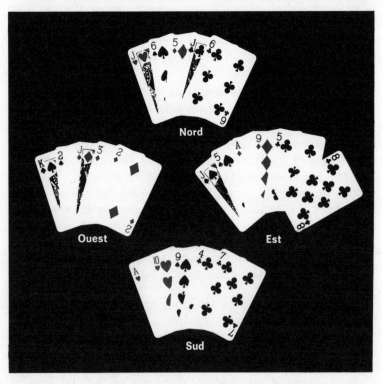

**Est a reçu le 8 de trèfle et l'a échangé contre le 9 de carreau .**

si c'est avec l'As de coeur que la levée a été amorcée. Par contre, si c'est le 5 d'atout qui est la carte d'entame, aucun autre atout ne peut le désavouer.

4) Dans toute autre couleur que l'atout, un joueur doit fournir ou couper, à son gré, mais il ne peut se défausser dans une autre famille quand il peut effectivement couper ou fournir.

5) En cas de maldonne, la donne passe au joueur suivant.

Dans cette partie à quatre, Sud donne et retourne le 9 de carreau.

Ouest entame avec le Valet de carreau. Nord peut le désavouer avec le 5 de carreau; c'est du reste ce qu'il fait, parce que cela n'aurait pas été très brillant de ne pas profiter de cette occasion pour ramasser l'atout qui est le second en importance. Est, qui a l'As de carreau, dérobe en échangeant le 8 de trèfle contre le 9 de carreau que, bien sûr, il abat. Ouest, qui espérait, au début, pouvoir faire un Jinx, n'est même plus certain de remporter trois levées. Néanmoins, il reprend espoir quand Sud se voit forcé de jouer l'As de coeur. Au moins, Sud n'a pas d'autre atout.

Nord dépose le 9 de trèfle, Est joue le 5 de trèfle, Sud le 7 de trèfle, et Ouest l'emporte avec le 2 de carreau.

Ouest entame avec le Roi de pique. Nord suit avec le 6 de pique et Est entrevoit la possibilité de faire trois levées. Il coupe avec l'As de carreau, et Sud joue le 9 de pique. Ayant en main le Valet et le 5 de pique, Est devrait, avec un peu de chance, pouvoir faire les trois plis.

Mais, malheureusement, le jeu d'Est a permis à Ouest de gagner ces trois levées car, quand Est a joué le Valet de pique, Ouest l'a battu avec le 3 de carreau et a fait le dernier pli avec le 2 de pique.

## LE WHIST ÉCOSSAIS

Le Whist écossais, qu'on appelle quelquefois la **Chasse**

**au Dix** parce que l'un des objectifs du jeu consiste à remporter la levée contenant le 10 d'atout, se joue avec un paquet de trente-six cartes (toutes les cartes inférieures à 6 ayant été retirées.) L'As est la plus forte et le 6, la plus basse, mais le Valet d'atout l'emporte sur l'As.

De deux à huit joueurs peuvent y prendre part; comme il faut que tous débutent avec le même nombre de cartes, on enlèvera également le 6 de pique s'ils sont cinq ou six, et les quatre 6 s'ils sont au nombre de huit. Quand il y a deux, trois, cinq ou sept participants, chacun joue pour soi. A quatre, six ou huit, on peut, si on le veut, former des équipes.

La distribution dépend du nombre de joueurs. A deux, on leur sert dix-huit cartes, en trois mains de six qui seront jouées l'une après l'autre. Il en va de même pour trois joueurs qui reçoivent douze cartes, soit deux mains de six; à partir de quatre, on distribue les cartes normalement, de gauche à droite. Dans tous les cas, le donneur retourne la dernière carte qui détermine l'atout.

Le joueur à la gauche du donneur entame la première levée. Par la suite, l'entame revient au gagnant de chaque levée. Enfin, comme à tout jeu où il faut faire des plis, on est tenu de fournir ou, le cas échéant, de couper ou de se défausser.

Le jeu consiste à faire des levées contenant les cinq atouts les plus forts, et le joueur — ou l'équipe — qui y parvient, obtient 11 points pour le Valet, 4 pour l'As, 3 pour le Roi, 2 pour la Dame et 10 pour le 10. Outre ceci, chaque joueur — ou équipe — compte le nombre de cartes ramassées dans les levées et inscrit un point par carte dépassant le nombre initialement reçu.

La partie prend fin quand un joueur — ou une équipe — atteint un total déterminé d'avance, habituellement 41 points.

L'important pour un joueur, c'est donc d'essayer de faire les levées contenant les plus fortes cartes d'atout, en particulier le 10, étant donné que le Valet reste entre les mains de celui qui l'a reçu; habituellement, c'est le hasard de la donne qui déterminera le gagnant des levées comprenant l'As, le Roi et la Dame.

Quand on joue en équipes, celui qui a reçu le 10 — soit comme singleton, soit comme doubleton — serait assez avisé d'entamer avec. Si son partenaire peut faire le pli avec le Valet, ils auront ainsi accumulé passablement de points. Si, par contre, c'est un adversaire qui l'emporte, l'équipe devra se rabattre sur la possibilité de gagner un maximum de levées. Enfin, quand chacun joue pour soi, le joueur qui possède le 10 devrait essayer de se débarrasser de sa famille la plus courte afin de pouvoir remporter ce 10 en coupant avec lui.

# JEUX DE SOCIÉTÉ

# LES AUTEURS

Ce jeu, pour lequel on se sert d'un paquet de cinquante-deux cartes, est d'une grande simplicité.

On distribue les cartes une par une à chacun, jusqu'à épuisement du paquet.

Le jeu consiste à rassembler des séries de quatre cartes de valeur identique. Le gagnant est celui qui en accumule le plus.

Le joueur à la gauche du donneur commence en demandans une carte spécifique à un autre joueur. Il peut lui demander n'importe quelle carte, du moment qu'il en possède déjà une de même valeur. Si le joueur interpellé a effectivement cette carte, il doit la céder au demandeur qui continue en s'adressant à quelqu'un d'autre. Si celui-ci ne possède pas la carte en question, c'est à son tour de demander. Lorsqu'un joueur a réuni quatre cartes de même valeur, il les montre puis les place à l'envers devant lui comme une levée.

Il est essentiel si l'on veut gagner à ce jeu de posséder une bonne mémoire; le fait de recourir parfois à certaines ruses s'avère également profitable. Ainsi, il n'est nullement malhonnête de demander à un joueur une carte que l'on possède déjà, puisqu'en agissant ainsi, on dissuade un autre joueur de défaire ce début de série en la réclamant.

## LE CHIEN ROUGE

Bien qu'au Chien rouge, ou **Poule à la haute carte**, les joueurs misent sur leurs propres cartes, on le considère habituellement comme un jeu de groupe, plutôt que comme un jeu avec banque, parce que les joueurs misent contre une poule et non contre un banquier.

Jusqu'à dix joueurs peuvent y prendre part. On utilise un paquet de cinquante-deux cartes, l'As étant la plus haute et le 2 la plus basse. Les familles n'ont pas de rang.

Les joueurs versent à la poule un nombre convenu de jetons et chacun reçoit cinq cartes (seulement quatre si neuf ou dix joueurs participent). En commençant par le joueur à la gauche du donneur, chacun mise à tour de rôle, un minimum d'un jeton et un maximum qui ne peut dépasser le total déjà déposé dans la poule, pariant ainsi qu'il a en main une carte qui sera de la même famille et de valeur supérieure à celle qui sera sur le dessus du solde lorsque viendra son tour de jouer.

Le donneur retourne la première carte du solde. Si le joueur bat, il montre sa carte et se paye à même la poule. Il garde ses autres cartes cachées. Par contre, s'il perd, sa mise est versée à la poule et les autres joueurs peuvent voir les cartes qui lui restent.

Si, à n'importe quel moment, un joueur, par son pari, remporte toute la poule, on en constitue une nouvelle comme au début du jeu.

# FAN TAN

Il ne faut pas confondre le Fan Tan, qu'on connaît également sous les noms de **Parlement,** de **Dominos aux cartes** et de **Sept,** avec un jeu de hasard du même nom qui se joue en Chine. En fait, le Fan Tan chinois, qui est fort connu, n'est pas un jeu de cartes.

On utilise un paquet de cinquante-deux cartes. Le Roi est la plus élevée et l'As la plus basse.

Avant le début de chaque donne, les joueurs déposent tous un montant fixé à l'avance dans une corbeille. On distribue les cartes muettes, une par une, jusqu'à ce que le paquet soit épuisé, et le joueur à la gauche du donneur ouvre le jeu en déposant un 7 découvert au centre de la table. S'il n'en a pas, il doit verser un jeton et c'est au tour de son voisin de gauche de jouer un 7 ou de verser, lui aussi, un jeton dans la corbeille, et ainsi de suite.

Dès qu'un 7 a été placé au milieu de la table, le joueur suivant doit déposer soit un 6 de la même famille à la droite de cette carte, soit un 8 également de la même famille à sa gauche, ou encore un 7 d'une autre famille en dessous. La partie se poursuit dans le sens des aiguilles d'une montre, les joueurs bâtissant des familles ascendantes jusqu'aux Rois à la droite du 7, et descendantes jusqu'aux As, à sa gauche.

Tout participant qui est incapable de jouer lorsque c'est son tour, dépose un jeton dans la poule. S'il passe alors qu'il pourrait jouer, il en verse trois; et s'il devait et pouvait jouer un 7 et qu'il ne l'a pas fait, il donne cinq jetons aux joueurs qui détiennent le 6 et le 8.

La partie est remportée par le joueur qui se débarrasse de toutes ses cartes le premier. Il ramasse la corbeille et reçoit de chaque joueur un jeton pour chacune des cartes qu'ils ont encore en main.

Avec de l'habileté, on parvient à immobiliser ses adversaires. Règle générale, on devrait garder un 7 en main le plus longtemps possible, à moins qu'il ne soit soutenu par plusieurs cartes de la même famille; si un joueur hésite entre deux cartes, il devrait choisir celle qui lui permettra

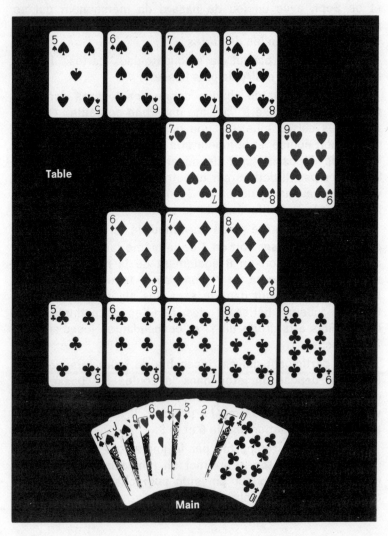

plus tard de jouer une carte plus haute ou plus basse de la même famille, plutôt que celle qui ne ferait qu'aider ses adversaires.

Selon l'exemple illustré ici, le joueur abat le 10 de trèfle parce qu'après que le Valet de trèfle aura été déposé, il pourra enchaîner avec la Dame de trèfle. Ce serait une erreur que de jouer le 6 de coeur parce que, non seulement il n'y gagnerait rien, mais qu'en plus il rendrait service à ses adversaires.

Les enfants peuvent jouer au Fan Tan, mais sans corbeille.

## LA MARMITE

La Marmite, parfois appelée aussi **le Menteur,** est un jeu amusant qui convient à n'importe quel nombre de joueurs. On peut y jouer avec deux, trois ou même quatre paquets de cartes, mêlés ensemble, selon le nombre de participants, à condition toutefois d'en retirer suffisamment pour que chaque joueur puisse commencer avec le même nombre de cartes.

On les distribue muettes et une par une; après quoi, le donneur ouvre le jeu en déposant une carte, face au tapis, au centre de la table et en disant «Six» ou tout autre nombre, à son gré. Le joueur suivant dépose une autre carte, toujours muette, sur la première et dit «Sept», le suivant «Huit», et ainsi de suite jusqu'au «Roi», puis le prochain joueur dit «As», l'autre «Deux», etc.

La particularité du jeu, c'est qu'un joueur n'a pas nécessairement besoin de jouer la carte qu'il annonce — en fait, il n'en est pas toujours capable —, après qu'un joueur ait annoncé une carte, n'importe qui peut le défier en déclarant *Menteur.* On retourne alors la carte. S'il s'avère que le joueur a effectivement menti, il doit ramasser toutes les cartes de la table; dans le cas contraire, c'est celui qui l'a défié qui récolte toutes les cartes.

Après un défi, le joueur à la gauche du «défié» recommence le jeu en jouant une nouvelle carte au milieu de la table et en l'annonçant.

Le vainqueur est celui qui, le premier, se débarrasse de toutes ses cartes.

Le jeu donne lieu à de nombreuses manifestations de gaieté, et un cri général de «Menteur!» provoquera très certainement une vive discussion, afin de savoir qui a crié le premier. Il vaut mieux, par conséquent, qu'un des participants, se tienne à l'écart et fasse fonction d'arbitre durant la partie.

## MICHIGAN

Le Michigan est une version moderne de la Papesse Jeanne, jeu d'origine assez ancienne (voir jeu suivant); on le connaît sous plusieurs appellations différentes: **Boodle** et **Stops** en Angleterre, **Chicago, Newmarket** et **Saratoga** aux Etats-Unis.

C'est un jeu fort distrayant pour trois à huit joueurs, facile à apprendre et qui nécessite une certaine habileté, assurant ainsi la victoire à celui qui manifestera le plus d'ingéniosité au cours d'une longue partie.

On utilise un paquet de cinquante-deux cartes auquel on ajoute un As, un Roi, une Dame et un Valet (chacun d'une famille différente), pris dans un second paquet. Ces quatre cartes supplémentaires, appelées *cartes payantes*, seront placées découvertes au milieu de la table, en une seule rangée.

Avant la donne, chaque joueur doit miser un nombre convenu de jetons sur ces cartes (on en mise habituellement dix, mais ce n'est pas obligatoire), en les répartissant

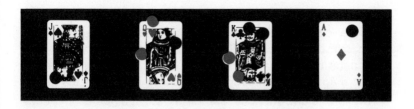

comme bon lui semble. Toutefois, il ne peut ni réduire ni dépasser le nombre de jetons établi.

Le donneur distribue ensuite les cartes une par une à chacun des joueurs et sert une main supplémentaire, le *mort.* Comme il faut que les joueurs reçoivent tous le même nombre de cartes, le mort, qui reste à l'envers sur la table, reçoit celles qui sont en trop.

L'ordre des cartes va, en décroissant, de l'As au 2, et le joueur à la gauche du donneur entame la première manche. Il peut jouer une carte de n'importe quelle famille, à la condition que c'en soit la plus basse. Les joueurs ne se succèdent pas dans l'ordre habituel. Jouent à tour de rôle ceux qui ont en main la carte immédiatement supérieure (et de la même famille) à celle qui vient d'être déposée; la partie se poursuit ainsi jusqu'à ce qu'elle soit bloquée, soit parce qu'un joueur abat l'As de la famille en cours, soit parce que la carte qu'il conviendrait de jouer se trouve dans le «mort».

Dans un cas comme dans l'autre, c'est celui qui a déposé la dernière carte qui recommence dans une autre couleur, toujours en abattant la carte la plus basse. Au cas où il ne disposerait d'aucune carte d'une famille différente de la précédente, son voisin de gauche prendrait sa place.

Lorsqu'un joueur joue une carte identique à l'une des cartes payantes, il ramasse tous les jetons qui ont été misés sur elle.

Le but du jeu ne se limite pas uniquement au fait de gagner les jetons déposés sur les cartes payantes, mais il faut également se débarrasser de ses cartes le plus vite possible, ce qui permet de recevoir un jeton supplémentaire de chacun des autres participants. Si personne n'y parvient, la manche revient à celui qui a le moins de cartes en main. En cas d'égalité, les joueurs ex-aequo se partagent les gains.

Si, lorsqu'une manche est terminée, les jetons déposés sur l'une des cartes payantes n'ont pas été ramassés parce que la carte correspondante se trouve au mort, on les conserve pour la donne suivante.

## LA PAPESSE JEANNE

La Papesse Jeanne est un jeu très ancien qui, à une certaine époque, connut une popularité exceptionnelle en Ecosse. Le 9 de carreau porte le nom de «papesse» et comme celle-ci représentait l'Antéchrist aux yeux des Réformistes écossais, on a tout lieu de croire que c'est pour cette raison que le surnom de «Curse of Scotland» (fléau de l'Ecosse) est demeuré attaché à cette carte.

On emploie un paquet de cinquante-deux cartes dont on a retiré le 8 de carreau. A l'origine, on utilisait un accessoire assez spécial, soit un plateau circulaire divisé en huit sections et pivotant sur un axe central. De tels objets sont devenus des pièces de musée, et les joueurs se servent maintenant de huit soucoupes placées au centre de la table et qu'on désigne comme suit: *Papesse* (9 de carreau), *As, Roi, Valet, Mariage, Intrigue, Partie.*

Chacun des joueurs commence avec un même nombre de jetons dont on a auparavant fixé la valeur, et le donneur en place six dans la soucoupe Papesse (9 de carreau), deux dans celles du mariage et de l'intrigue, et un dans celles de l'As, du Roi, de la Dame et du Valet. C'est ce qu'on appelle *préparer la table.*

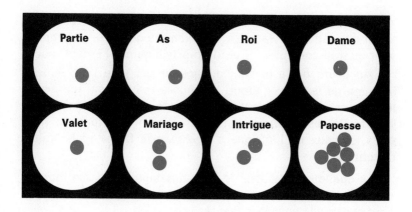

| Partie | As | Roi | Dame |
| Valet | Mariage | Intrigue | Papesse |

Le donneur distribue ensuite les cartes d'après le nombre de participants et constitue une main supplémentaire (la veuve) qui sera placée au milieu de la table. Comme tous doivent avoir en main un nombre égal de cartes, on attribue tout excédent à la veuve dont la dernière carte, retournée, détermine l'atout. S'il s'agit de la Papesse, d'un As, d'un Roi, d'une Dame ou d'un Valet, le donneur empoche les jetons déposés dans la soucoupe correspondante.

Le voisin de gauche du donneur débute en jouant la carte de son choix qu'il devra annoncer, par exemple, le 6 de trèfle. Celui qui a le 7 en main doit aussi l'annoncer et le jouer, suivi de celui qui possède le 8 de trèfle, et ainsi de suite jusqu'à ce que le tour prenne fin.

Les quatre Rois sont des cartes d'arrêt, tout comme le 7 de carreau puisqu'on a retiré le 8. En fait, toute carte peut devenir une carte d'arrêt à cause de la veuve ou parce que sa supérieure immédiate a déjà été jouée.

Lorsqu'une série est finie, le joueur qui a déposé la carte d'arrêt en commence une autre avec la carte de son choix. Le jeu se déroule ainsi, jusqu'à ce qu'un des participants ait épuisé sa main. Il reçoit alors les jetons déposés dans la soucoupe partie, et les autres doivent lui verser un jeton pour chacune des cartes qui leur restent. Toutefois, celui qui détient la Papesse est exempté de payer le gagnant tant qu'il la conserve. Il perd ce privilège s'il l'a déjà jouée.

Au cours de la partie, tout joueur qui joue l'As, le Roi, la Dame ou le Valet d'atout, ou encore la Papesse, remporte les jetons contenus dans la soucoupe correspondante; s'il joue le Roi et le Dame d'atout, il gagne les jetons du Mariage, et ceux de l'intrigue s'il dépose la Dame et le Valet d'atout.

La donne circule dans le sens des aiguilles d'une montre et les jetons qui n'ont pas été gagnés durant une manche sont conservés pour la suivante.

## LE PAUVRE HÈRE

Le Pauvre Hère est un ancien jeu cornique qui porte également le nom, plus approprié, de **Coucou.**

Un nombre raisonnable de joueurs peuvent y jouer. On utilise un paquet de cinquante-deux cartes dont le Roi est la plus forte et l'As la moins élevée. Les familles n'ont pas de rang. Chaque joueur débute avec un nombre convenu de jetons, habituellement trois. Le donneur distribue une carte muette à chacun.

Le jeu consiste à éviter de rester pris avec la carte la plus faible.

Le joueur à la gauche du donneur commence. Il peut soit conserver sa carte, soit l'offrir à son voisin de gauche, en lui ordonnant *Contente-moi.* Il n'y a pas d'alternative: le joueur qui en a reçu l'ordre doit changer de carte avec son voisin de droite, à moins qu'il n'ait un Roi, auquel cas il répond *Coucou,* et c'est son voisin de gauche qui enchaîne.

Lorsqu'un échange a eu lieu, le joueur qui y a été contraint peut passer la carte qu'il a reçue de la même façon, et on continue ainsi dans le sens des aiguilles d'une montre, autour de la table jusqu'à ce que la carte soit bloquée soit par un Roi, soit par un joueur qui, ayant reçu une carte haute, préfère la conserver.

Tout joueur qui donne un As, un 2 ou un 3 pour obtempérer à l'ordre reçu, doit annoncer le rang de la carte.

Le donneur est le dernier à jouer, et s'il désire changer de carte, il le fait en coupant le reste du paquet et en en prenant la première carte.

Si, ce faisant, il tire un Roi, il perd la manche et verse un jeton à la poule. Dans le cas contraire, tous les joueurs exposent leur carte et celui qui a la plus basse paye un jeton à la poule. Si deux joueurs sont dans cette situation, ils y contribuent tous les deux.

Un joueur qui a versé tous ses jetons à la poule doit se retirer du jeu. Les autres continuent et celui qui conserve au moins un jeton remporte la partie.

## LA PÊCHE

La Pêche ressemble aux Auteurs (voir p.285), en plus simple. Quand on y joue à deux ou à trois, chaque participant reçoit sept cartes, tandis qu'il en reçoit cinq si on est quatre ou cinq. Le reste du paquet (le solde) est placé à l'envers au milieu de la table.

Le voisin de gauche du donneur ouvre le jeu et demande à l'un de ses adversaires toutes les cartes ayant la même valeur numérale que celui-ci pourrait avoir en main, du moment que lui-même en possède déjà une. Le joueur à qui il s'est adressé est tenu d'obtempérer, mais s'il n'en a aucune il répond *Va à la pêche*. Le demandeur tire alors la première carte du solde. Par contre, tant qu'il obtient les cartes demande, il conserve le droit de s'adresser à ses adv res.

Quand le demandeur va à la pêche et que la c ramasse est justement celle qu'il avait réclamé montrer avant de pouvoir continuer à demand ne peut obtenir la carte spécifiée ni du joueur auquel il s'est adressé, ni dans le solde où on l'a envoyé pêcher, le privilège de demander revient au joueur assis à sa gauche.

Quand un joueur a réuni quatre cartes de valeur identique, il les montre aux autres et les place à l'envers, devant lui, comme une levée.

Le jeu se termine quand les treize «levées» ont été complétées, et la victoire revient à celui qui en a fait le plus.

## PIP-PIP

Le Pip-pip réunit un nombre variable de joueurs. On utilise deux paquets brassés ensemble et l'ordre des cartes est le même que pour la plupart des autres jeux où il s'agit de faire des levées, à cette exception près que les 2 sont supérieurs aux As.

Les joueurs tirent chacun une carte pour décider du donneur, et la retourne détermine l'atout.

Le donneur sert sept cartes muettes à chacun, et le solde est placé à l'envers au centre de la table.

Le jeu consiste à faire des levées contenant 2, As, Rois, Dames et Valets, levées qui rapportent les points suivants: 11 points pour chaque 2, 10 pour les As, 5 pour les Rois, 4 pour les Dames et 3 pour les Valets.

Le joueur assis à la gauche du donneur entame la première levée. Ce sera ensuite le tour de celui qui l'aura fait. Un joueur doit fournir s'il le peut; dans le cas contraire, il peut couper ou se défausser. Si deux joueurs abattent une carte identique, on considère que c'est le détenteur de la seconde qui a joué la plus haute.

Après avoir joué, un joueur doit tirer une carte dans le solde; s'il a alors en main un Roi et une Dame d'une même famille, autre que l'atout, il peut annoncer *Pip pip* et étaler les deux cartes devant lui. Cette annonce lui vaut 50 points et à la fin de la levée, la couleur de ces deux cartes détermine un nouvel atout.

La situation est la même pour un joueur qui aurait reçu ces deux cartes durant la donne. L'atout est alors modifié avant qu'on commence la première levée.

Dans le cas de deux joueurs ou plus qui exposent un Roi et une Dame de même couleur, autre qu'en atout, ils obtiennent chacun 50 points s'il annoncent «Pip-pip». L'atout est ensuite déterminé par la couleur des cartes du premier déclarant. Il est possible de déclarer «Pip-pip» deux fois pour une même couleur, du moment qu'on possède bien les deux Rois et les deux Dames. Par contre, on ne peut former une nouvelle paire avec un Roi ou une Dame qu'on a déjà utilisés à cette fin. Un joueur qui détient le couple n'est pas tenu de dire «Pip-pip», mais il se verra alors privé de la prime de 50 points.

On continue à puiser des cartes dans le solde jusqu'à ce qu'il n'en contienne plus qu'une par joueur. Celles-ci sont alors exposées et les joueurs font les sept dernières levées avec les cartes qui leur restent en main.

La partie se termine quand tous les joueurs ont donné un nombre égal de fois.

## ROCKAWAY

Le Rockaway, ou **Go Boom**, est un jeu qui réunit un nombre raisonnable de participants.

Après qu'on ait mêlé deux paquets ensemble, le donneur sert sept cartes muettes à chacun, découvre la suivante (la veuve) et la dépose au milieu de la table avec le solde de cartes qui, lui, est à l'envers.

A tour de rôle et en commençant par celui qui est à la gauche du donneur, chacun recouvre la veuve avec une carte de la même valeur ou de la même famille, ou encore avec un

As. Celui qui n'a pas la carte requise puise dans le solde jusqu'à ce qu'il puisse recouvrir la veuve.

Toute nouvelle carte ainsi jouée devient à son tour la veuve pour le joueur suivant; on enchaîne de gauche à droite.

Une fois le solde épuisé, les joueurs utilisent les cartes qui leur restent et celui qui ne peut couvrir la veuve doit passer son tour.

La manche se termine lorsqu'un joueur n'a plus aucune carte en main. Les autres exposent les leurs qu'on évalue comme suit, à leur désavantage: un As vaut 15 points, une figure compte pour 110 et les autres conservent leur valeur numérale.

La donne passe de gauche à droite, et la partie prend fin après que les participants aient tous distribué les cartes un même nombre de fois, selon une entente préalable.

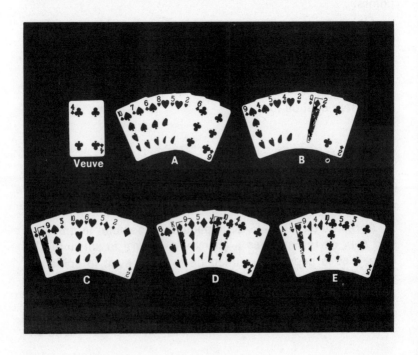

Comme E a distribué, A joue le premier, et le jeu est le suivant:

| A | B | C | D |
|---|---|---|---|
| 6 de trèfle | 2 de trèfle | 2 de carreau | Roi de carreau |

*E*
As de pique

Etant donné qu'un As fait perdre 15 points au joueur qui l'a encore en main à la fin de la manche, E a préféré s'en débarrasser plutôt que de fournir en carreau.

10 de pique     9 de pique     Valet de pique     8 de pique ?

Puisqu'il n'a ni pique, ni 8, ni As, E est obligé de puiser dans le solde jusqu'à ce qu'il tire une carte qui lui permettra de continuer.

On constate donc que E a été malavisé de jouer son As au premier tour. Comme aucun joueur ne peut terminer en moins de sept tours, il aurait mieux fait de conserver cet As au moins jusqu'au sixième. Il ne se serait pas trouvé en si mauvaise posture dès le second tour. De façon générale, on ne devrait abattre un As que s'il est impossible de faire autrement.

## SPINADO

Le Spinado est une version simplifiée de la Papesse Jeanne (voir p. 292). On n'utilise aucun plateau (même si l'on avait réussi à en dénicher un) et seules trois des huit sections demeurent: le mariage, l'intrigue et la partie.

Avant de distribuer les cartes, le donneur dépose douze jetons dans la soucoupe du mariage et six dans celles de l'intrigue et de la partie. Les autres participants mettent chacun trois jetons dans cette dernière.

Le mariage est constitué du Roi et de la Dame de carreau, tandis que l'intrigue réunit la Dame et le Valet de carreau.

Après avoir retiré les quatre 2 et le 8 de carreau d'un paquet de cinquante-deux cartes, le donneur sert également chacun des joueurs et constitue une main supplémentaire (la veuve) à laquelle il ajoutera les cartes en trop.

Le joueur à la gauche du donneur commence avec la carte de son choix et les autres enchaînent en déposant dessus sa supérieure immédiate, jusqu'à ce qu'il y ait un arrêt. Celui qui a déposé la carte d'arrêt reprend avec toute autre carte qui lui convient.

L'As de carreau porte le nom de *Spinado*. Celui qui l'a en main peut le jouer n'importe quand, du moment qu'il dépose en même temps la carte requise et qu'il annonce un Spinado. Ce coup constitue un arrêt et vaut à son auteur de recevoir trois jetons de chaque participant.

Le joueur qui, durant la partie, joue le Roi de carreau reçoit également deux jetons de chaque adversaire, et s'il y ajoute la Dame de carreau, il vide la soucoupe du mariage. Le joueur qui dépose le Valet et la Dame de carreau a droit à celle de l'intrigue et, enfin, celui qui joue les Rois de pique, de coeur et de trèfle reçoit un jeton de chacun des participants.

Celui qui est le premier à s'être débarrassé de ses cartes gagne la manche. Il empoche les jetons de la soucoupe partie et n'aura pas à verser de jetons lors de la manche suivante, à moins que ce ne soit son tour de donner.

Un joueur qui détient encore le Spinado à la fin d'une manche doit payer au gagnant deux fois la valeur de chaque carte qui lui reste en main. C'est pourquoi on ne devrait pas conserver le Spinado trop longtemps. Par ailleurs, ce n'est pas non plus une carte à jouer dès le début de la manche. Ainsi, par exemple, on a déposé un 10 et le joueur qui a le Spinado possède également le Roi et le Valet; ce serait une erreur de jugement que de jouer le Spinado en même temps que le Valet car, au cas où celui-ci deviendrait une carte d'arrêt, le dépôt du Spinado serait totalement inutile, d'autant plus que le Roi est lui-même une carte d'arrêt naturelle si une Reine succède au Valet.

Il vaut donc mieux garder le Spinado et ne le jouer qu'avec une carte qui n'arrêtera pas le jeu.

**Haut: mariage**
**Centre: intrigue**
**Bas: Spinado**

## LE TRENTE-ET-UN

Deux à quinze personnes peuvent jouer au Trente-et-un. On utilise un paquet de cinquante-deux cartes qui va de l'As au 2.

Avant chaque donne, les joueurs versent un montant déterminé à la poule.

On distribue trois cartes muettes à chacun et trois,

découvertes, sont placées au centre de la table; elles constituent la veuve.

A tour de rôle, chaque joueur, en commençant par celui qui est à la gauche du donneur, doit changer l'une de ses cartes pour une carte de la veuve. On ne peut ni passer ni changer plus d'une carte. L'As valant 11 points, les figures 10 et les autres conservant leur valeur numérale, le but du jeu est de détenir trois cartes d'une même famille totalisant au maximum 31. Une main qui contient trois cartes de même valeur est la deuxième plus forte. S'il n'y a ni l'un ni l'autre, le joueur qui a le plus haut total dans n'importe quelle famille remporte la cagnotte.

Les échanges se poursuivent jusqu'à ce qu'un joueur obtienne 31. Il expose alors sa main, réclame la cagnotte et la donne passe. A n'importe quel moment, un joueur qui croit avoir suffisamment de points pour gagner, peut frapper sur la table. Les autres disposent alors d'un dernier tour pour conserver leurs cartes telles quelles ou pour en échanger une avec la veuve. Ensuite, tous abattent leur jeu et celui qui a la meilleure main remporte la poule.

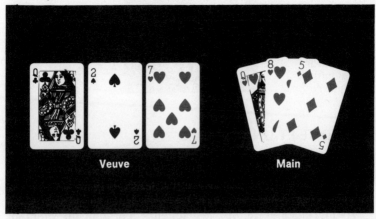

Veuve                    Main

**Le joueur serait avisé d'échanger son 5 de carreau contre le 7 de coeur et de frapper, étant donné que 25 n'est pas un mauvais score.**

302

# LA VIEILLE FILLE

En France, l'équivalent de la Vieille Fille est le **Vieux Garçon,** encore connu sous le nom de **Dernier Valet.** Le jeu est le même, mais au lieu de retirer une Dame, on enlève un Valet. (N.D.L.E.)

Un nombre raisonnable de joueurs participent à ce jeu. On y joue avec un paquet ordinaire de cinquante-deux cartes dont on a retiré l'un des valets.

Le donneur distribue tout le paquet, carte par carte, celles-ci étant muettes. Le fait que certains joueurs reçoivent une carte de plus que d'autres n'a aucune importance.

Les joueurs écartent de leur main toutes les paires (un joueur qui a trois cartes de même valeur en écarte deux et conserve la troisième). Puis, le donneur présente sa main à son voisin de gauche qui en retire une carte. Si celle-ci fait la paire avec une des siennes, ce joueur élimine la paire; sinon, il la conserve. Quoi qu'il en soit, il présente à son tour sa main à son voisin de gauche qui prend une carte, et ainsi de suite. Le jeu se continue autour de la table, jusqu'à ce que toutes les cartes aient été assorties et éliminées, un joueur se trouvant alors pris avec une seule Dame: la Vieille Fille.

Un joueur reçoit la main suivante:

Il regroupe les 8 de pique et de trèfle, deux de ses 6 et les 2 de coeur et de carreau.

Il mélange ensuite ses cartes et les présente muettes à son voisin de gauche, en souhaitant de tout son coeur que celui-ci tire la Dame de carreau ou, sinon, qu'il puisse, à son tour, obtenir une seconde Dame pour avoir la paire. Les enfants aiment beaucoup ce jeu.

# JEUX AVEC BANQUE

# LE BACCARA

Le Baccara, ou plus exactement le Baccara en banque, est un jeu de hasard qu'on retrouve dans tous les casinos du monde.

Trente joueurs et même plus peuvent y participer. Le *banquier* s'assied au centre d'un des côtés d'une grande table ovale et les *joueurs* s'installent de part et d'autre. Ceux qui n'ont pu trouver de place assise se tiennent debout derrière les autres.

On mêle ensemble six paquets de cartes (on en utilise huit à Las Vegas) et on les dépose dans une boîte ouverte à l'une de ses extrémités et conçue pour ne libérer qu'une seule carte à la fois: le *sabot*. Les figures valent 10 points chacune, et les autres cartes conservent leur valeur numérale.

Le banquier, qui distribue les cartes, dépose sa mise

devant lui, et tout joueur qui désire tenir tout seul l'enjeu contre la banque demande le *banco*. S'ils sont deux ou plus, c'est celui qui est le plus près du banquier, à sa gauche, qui fait la mise. Autrement, les joueurs parient de telle sorte que leurs mises correspondent à celles du banquier.

Celui-ci sert alors une carte au joueur qui se trouve à sa droite, une à son voisin de gauche et en prend une lui-même. Il répète l'opération, de façon qu'ils aient tous les trois deux cartes chacun.

Il s'agit d'obtenir, avec deux ou trois cartes, un total se rapprochant le plus possible de 9, ou l'égalant. On ne reconnaît pas au 10 sa pleine valeur. Si, par exemple, les deux cartes d'un joueur totalisent 15, on les compte pour 5.

Le banquier regarde ses cartes et s'il a 8 ou 9, il les abat et remporte la main. Dans le cas contraire, il annonce «J'en donne» et le joueur à sa droite regarde ses cartes. S'il a lui-même 8 ou 9, il les étale et déclare un *naturel*. S'il n'a pas un tel total, il *demande carte* et le banquier la lui sert à l'endroit. Le joueur de gauche procède de la même façon; ce n'est qu'ensuite que le banquier peut prendre, s'il le désire, une carte supplémentaire. En fin de compte, le banquier perd ou gagne contre l'un ou l'autre joueur, selon celui qui se rapproche le plus du 9; en cas d'égalité, il n'y a ni gain ni perte.

Exemple: Le banquier a en main le 10 de pique et l'As de carreau, ce qui équivaut à 1; il devra donc donner. Son voisin de droite a le 5 de trèfle et le 3 de trèfle. Il étale ses cartes, annonce un naturel de 8 et doit gagner, en principe. Le joueur de gauche a reçu le 9 de pique et le 4 de trèfle, ce qui lui donne 3. Il demande carte et le banquier lui sert le 8 de carreau, ce qui réduit sa main à 1. Pour le moment, il n'annonce pas sa marque. Le banquier abat ses cartes et comme il n'a qu'un point, il en tire une autre. C'est le 8 de trèfle et il a donc un 9.

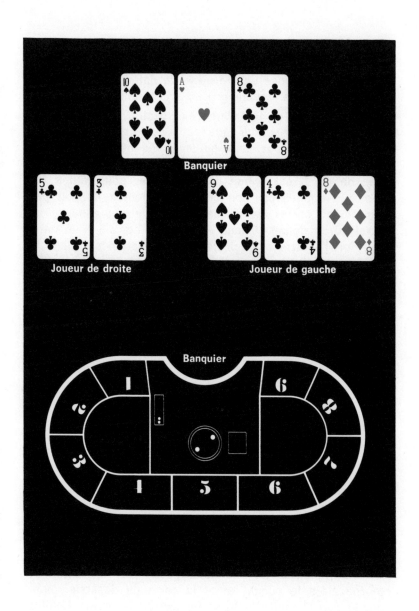

Plan de la table utilisée pour le Baccara et pour le Chemin de fer.

Par conséquent, le banquier gagne contre le joueur de gauche, mais non contre celui de droite, parce que même si le banquier oppose un 9 à un 8, un naturel l'emporte sur toute autre marque obtenue grâce à une troisième carte.

Les règles de ce jeu sont très strictes. On ne devrait jamais y déroger parce que le joueur qui détient les cartes joue pour tous ceux qui sont du même côté de la table. S'il ne respecte pas les règles et perd la main à cause de ça, il est obligé de compenser pour toutes les pertes provoquées par son erreur. Un joueur ne doit pas regarder ses cartes avant que le banquier ait annoncé un naturel ou ait donné. Quand il les examine, s'il a un naturel, il doit l'abattre et le déclarer immédiatement. Dans le cas contraire, il doit demander carte si sa main vaut 4 points ou moins, *se tenir* s'il en a 6 ou 7, et évaluer lui-même ce qu'il convient de faire, s'il a un 5.

## LA BANQUE MONTE

En principe, la Banque Monte est un jeu de hasard qui ressemble beaucoup au Lansquenet (voir p.319).

Un nombre indéterminé de joueurs peuvent y participer. On emploie un paquet dont on a retiré les 8, 9 et 10.

Après que les cartes aient été battues et qu'un des joueurs ait coupé, le banquier prend les deux cartes du dessous du paquet qui est à l'envers et les place, découvertes, sur la table (elles forment ce qu'on appelle le *tableau du bas*); puis il prend les deux cartes du dessus et les place également découvertes pour former le *tableau du haut*.

Les joueurs déposent leurs mises sur le tableau de leur choix, jusqu'à un maximum déterminé. Le banquier retourne alors le paquet et si la carte du dessous, ainsi exposée (on l'appelle la *barrière,* est de la même famille que l'une des quatre cartes des tableaux, il paye tous ceux qui ont parié sur le tableau gagnant et ramasse toutes les mises du second.

On retire ensuite la barrière et les tableaux, et le jeu recommence avec de nouvelles cartes. La banque passe après cinq coups.

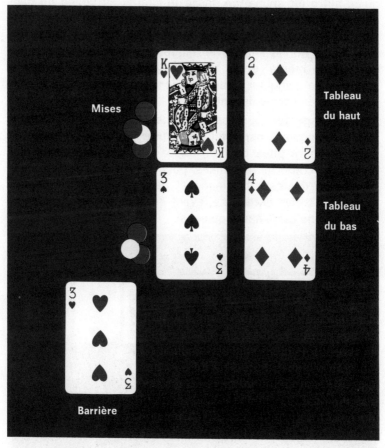

La banque paye quatre jetons aux joueurs qui ont misé sur le tableau du haut et ramasse les trois mises du tableau du bas. Si la barrière avait été en carreau, tous les joueurs auraient gagné, tandis que si elle avait été en trèfle, ils auraient tous perdu.

# BLIND HOOKEY

Le Blind Hookey peut se jouer avec un nombre indéterminé de joueurs et un seul jeu de cinquante-deux cartes.

Après qu'un des participants ait battu les cartes et qu'un autre ait coupé, on passe le paquet au voisin de gauche du banquier qui enlève quelques cartes (au moins quatre) du dessus du paquet et les empile, face au tapis, devant lui. Il donne ensuite le paquet à son voisin de gauche qui fait de même, et on continue jusqu'à ce que tous les joueurs (le banquier étant le dernier) aient déposé une petite pile de cartes devant eux.

Sans regarder leurs cartes, tous les joueurs (à l'exception du banquier) parient jusqu'à une limite déterminée et retourne leurs piles pour en exposer la dernière carte. Le banquier remporte les mises pour toutes les cartes inférieures ou égales à la sienne et perd pour celles qui sont supérieures. On détermine, avant de commencer à jouer, si l'As sera une carte haute ou basse.

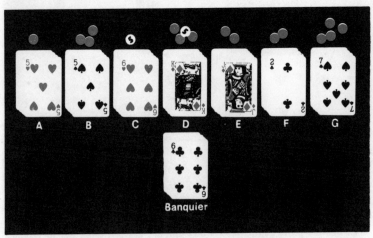

Le banquier gagne contre A, B, C et F. Il perd au bénéfice de D, E et G. Comme il a perdu trois jetons en tout, la banque passe au joueur suivant.

Le jeu se poursuit avec le même banquier s'il gagne plus qu'il ne perd, mais il cède sa place au joueur suivant dans le cas inverse.

Selon une autre façon de jouer, le banquier divise le paquet en trois piles. Les joueurs misent sur l'une ou l'autre de deux d'entre elles, le banquier gardant la troisième. On les retourne toutes les trois, et le banquier perd ou gagne, selon le principe déjà énoncé.

## LE CHEMIN DE FER

Le Chemin de fer est en fait le Baccara (voir p.307) qu'on a adapté afin de pouvoir y jouer en société, parce que, dans tous les jeux de hasard, le banquier jouit d'un avantage plus ou moins prononcé. Comme, au Chemin de fer, il joue contre une main au lieu de deux, il se retrouve beaucoup moins privilégié qu'au Baccara.

La différence entre les deux jeux réside dans le fait qu'au Chemin de fer, la banque passe en rotation autour de la table; le banquier la conserve jusqu'à ce qu'il perde et la cède alors à son voisin de gauche. D'autre part, il sert une seule main, au lieu de deux, à l'intention de tous les joueurs et la main revient à celui qui a misé le plus fort.

Comme le banquier joue contre une main unique, il n'a pas à décider lui-même s'il lui faut prendre une carte ou se tenir. Des règles strictes et précises le déterminent pour lui:

1) Avec un point de 8 ou 9, il déclare un naturel.

2) Si son point est 7, il se tient, que le joueur demande carte ou non.

3) Si son point est 6, il tire une carte si le joueur tire un 6 ou un 5, mais se tient si le joueur tire toute autre carte ou se tient.

4) S'il a 5, il tire une carte si le joueur tire un 7, un 6, un 5, un 4 ou un 3, mais se tient s'il tire toute autre carte.

5) S'il a 3 ou 4, il prend une carte si le joueur tire 7, 6, 5, 4, 3, 2, ou As ou décide de se tenir; par contre, il se tient si le joueur tire toute autre carte.

6) S'il a 0, 1 ou 2, il tire une carte, que le joueur en tire une aussi ou se tienne.

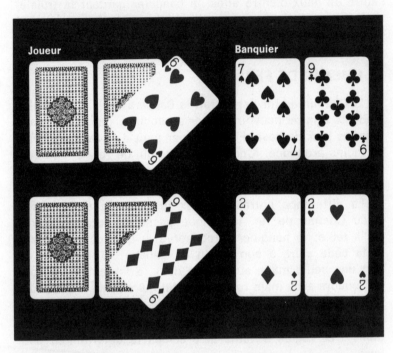

Le point du banquier est 6. Le joueur a tiré un 6, aussi le banquier doit-il tirer une carte.

Le point du banquier est seulement 4, mais comme le joueur a tiré un 9, il doit se tenir.

## LES COURSES

Pour jouer aux Courses, on emploie un paquet ordinaire de cinquante-deux cartes. Les quatre As sont alignés sur la table, après quoi on bat et on coupe le reste du paquet.

Tableau des Courses. Les chances s'équivalent pour une famille qui n'a aucune carte dans le tableau. Elles sont de 2 à 1, s'il n'y en a qu'une (comme pour le trèfle et le coeur, ici), de 5 à 1 s'il y en a trois (pique) et de 10 à 1, s'il y en a quatre. En dernier lieu, s'il y a cinq cartes ou plus d'une même couleur dans le tableau, il est impossible qu'elle puisse gagner, et il faut rebattre les cartes.

Le banquier en tire les sept premières cartes et les dispose verticalement en dessous des As, de telle sorte que l'ensemble forme un T (voir l'illustration).

Le banquier tire les cartes du solde une par une. A chaque fois, on avance d'une carte — le long de la barre verticale du T — l'As correspondant à la famille de la carte tirée. Le gagnant est celui dont l'As a, le premier, dépassé la septième carte.

Les joueurs déposent leurs mises sur l'As de leur choix. Dès qu'un As a dépassé la septième carte, la partie est terminée.

## EASY GO

Jeu de hasard d'une grande facilité, le Easy Go peut regrouper un maximum de neuf joueurs. On utilise un paquet de cinquante deux cartes.

Le banquier dépose cinq cartes découvertes devant chacun des joueurs, mais non devant lui-même. Il retourne ensuite une carte, et tout joueur qui en possède une de même valeur paye deux unités à la cagnotte si elles sont toutes deux de même couleur (rouge ou noire) et une unité dans le cas contraire. En tout, le banquier expose cinq cartes l'une après l'autre, et pour la seconde, les joueurs paient à la poule trois jetons si les cartes sont de la même couleur, et deux si elles sont différentes; dans le cas de la troisième, leur contribution est de cinq jetons ou de quatre; pour la quatrième carte, les paiements sont de neuf et huit unités; pour la cinquième, enfin, ils sont de dix-sept et de seize unités.

Après quoi, le banquier recommence avec cinq nouvelles cartes. Mais cette fois, les joueurs perçoivent de la poule les mêmes montants qu'ils lui versaient.

Toute mise qui reste dans la poule, après ces deux tours, revient au banquier; par ailleurs il lui appartient de combler tout déficit, si elle ne contient pas assez pour payer les joueurs.

La banque circule autour de la table de gauche à droite.

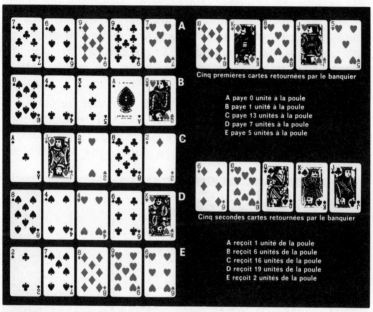

Cinq premières cartes retournées par le banquier

A paye 0 unité à la poule
B paye 1 unité à la poule
C paye 13 unités à la poule
D paye 7 unités à la poule
E paye 5 unités à la poule

Cinq secondes cartes retournées par le banquier

A reçoit 1 unité de la poule
B reçoit 6 unités de la poule
C reçoit 16 unités de la poule
D reçoit 19 unités de la poule
E reçoit 2 unités de la poule

**Résultat final de cette partie de Easy Go:**
A gagne une unité; B en gagne 5; C en gagne 3; D en gagne 2; E en perd 3; le banquier en perd 8.

## HOGGENHEIMER

Le Hoggenheimer, ou **Roulette anglaise,** se joue avec un paquet dont on a retiré les 2, 3, 4, 5 et 6 et auquel on a ajouté un Joker (ou l'une des cartes rejetées).

Après que les cartes aient été battues et coupées, le banquier les dispose à l'envers en quatre rangées de huit et met de côté la trente-troisième, également muette. Il doit prendre bien garde, en les plaçant, que personne ne puisse en voir la valeur.

La première rangée correspond aux piques, la seconde aux coeurs, la troisième aux carreaux et la quatrième aux trèfles, toutes allant de l'As au 7.

Les joueurs déposent alors leurs mises sur une carte ou sur un ensemble de cartes qui seront découvertes au cours du jeu: ils peuvent parier sur une seule (chances égales), sur deux cartes contiguës (deux contre un), sur une colonne (quatre contre un) ou encore sur une rangée entière (huit contre un).

Lorsque les mises sont closes, le banquier retourne la trente-troisième carte. Si c'est le Joker, il remporte tous les enjeux; par contre, si, comme c'est plus probable, il s'agit d'une carte différente, il la dépose dans le tableau

**Partie de Hoggenheimer en cours.**
La mise no 1 est sur le 10 de pique qui sera retourné; la mise no 2 est sur les 9 et 8 de pique; la mise no 3 est sur les quatre Dames; l'enjeu no 4 est sur les 10 et 9 de carreau et sur les 10 et 9 de trèfle; enfin, la mise no 5 recouvre tous les trèfles, tandis que la mise no 6 est disposée sur les 7 de coeur et de carreau.

318

à la place qui lui revient, retourne la carte qui se trouvait à cet endroit et, à son tour, la replace correctement dans le jeu; il continue de la sorte, le jeu prenant fin lorsque le Joker est retourné.

Le banquier ramasse alors les mises sur les «chances» qui ne se sont pas complètement concrétisées et paye celles qui le sont.

## LE LANSQUENET

D'origine allemande, le Lansquenet est un jeu de pur hasard qui tire son nom des mercenaires allemands du XVIIe siècle, parmi lesquels il aurait été très populaire.

Le nombre de participants est indéterminé. Le banquier expose d'abord les deux premières cartes du paquet qui constituent la main; puis il en découvre deux autres, soit une pour lui-même et une autre pour les joueurs. Si l'une de ces deux dernières cartes est de la même valeur que l'une des cartes de la main, il l'y ajoute et en tire une autre pour la remplacer.

Les joueurs déposent leurs mises que le banquier couvre. Après quoi, il retourne les cartes du paquet, une par une. Quand il y a correspondance avec celle des joueurs, il ramasse toutes les mises pariées sur elles; par contre, si cette carte équivaut à la sienne, il perd les enjeux; enfin, si la carte retournée est différente de celles contenues dans la main ou attribuée soit aux joueurs, soit au banquier, celui-ci la dépose sur la table et les participants peuvent parier dessus.

Une fois qu'on a pu assortir la carte des joueurs à une autre prise dans le paquet, le banquier les retire toutes les deux et en sert une nouvelle aux joueurs. Les cartes qui vont avec celles de la main lui sont ajoutées. Le jeu se termine lorsque le paquet est épuisé, à moins que le banquier n'ait pu assortir sa carte en tout premier lieu.

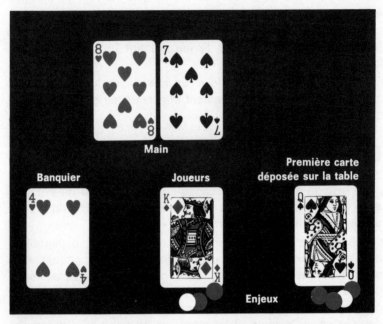

**Main**

**Banquier**  **Joueurs**  **Première carte déposée sur la table**

**Enjeux**

La première carte tirée dans le paquet est la Dame de pique. Elle est déposée sur la table et les joueurs peuvent parier dessus. La seconde est le 8 de carreau. Elle est ajoutée à la main. Comme la troisième est le roi de coeur, le banquier remporte les jetons pariés sur le roi de carreau.

## SLIPPERY SAM

Un minimum de deux joueurs peuvent jouer au Slippery Sam, mais il est plus intéressant à six ou à huit. C'est probablement le seul jeu avec banque qui favorise les joueurs plutôt que le banquier, parce que comme ceux-ci peuvent regarder leurs cartes avant de miser, ils sont mieux à même d'évaluer leurs chances. S'ils misent intelligemment, ils devraient donc pouvoir gagner.

On prend un paquet ordinaire, dont l'As est le plus fort et le 2 le plus faible.

Le banquier dépose un montant déterminé dans le pot, puis sert trois cartes muettes, une par une, à chaque joueur. Le solde est déposé à l'envers devant lui. Il le fait légèrement s'écrouler, pour que la première carte glisse plus facilement.

Après avoir regardé ses cartes, le joueur à la gauche du donneur parie que l'une d'entre elles sera plus haute et de la même famille que la première carte du solde. Il peut miser une partie ou la totalité du pot, sans toutefois aller au-delà d'un minimum déterminé. Une fois qu'il a misé, le banquier fait glisser une première carte et la retourne. Si le joueur a gagné, il expose sa carte et retire sa mise du pot. Dans le cas contraire, il paye le montant parié à la poule et ne montre pas sa carte. Les quatre cartes sont ensuite déposées sur un talon, et le joueur suivant parie à son tour.

Comme le joueur gagne si on retourne une carte rouge ou un trèfle inférieur au 10, et perd si c'est un pique ou un trèfle supérieur à ce dix qu'on retourne, il a 32 chances de gagner et 17 de perdre. Il devrait donc miser gros.

Entre temps, un joueur ne peut regarder ses cartes tant que ce n'est pas à lui de miser. Si le pot est épuisé, la banque passe immédiatement au joueur suivant; autrement, le banquier la conserve pendant trois tours de table complets. Ensuite, il peut la conserver pour un unique tour supplémentaire ou la passer au joueur qui se trouve à sa gauche.

## LE TRENTE-ET-QUARANTE

Le Trente-et-Quarante, ou le **Rouge et Noir,** est un jeu de pur hasard qui, comme le Baccara (voir p.307), est joué surtout dans les casinos. On y joue sur une longue table marquée à chaque extrémité de la façon indiquée dans le schéma ci-dessous. Le banquier s'installe au centre d'un des côtés, et les joueurs (ou pontes) prennent place à chaque extrémité, certains pouvant se tenir debout derrière eux.

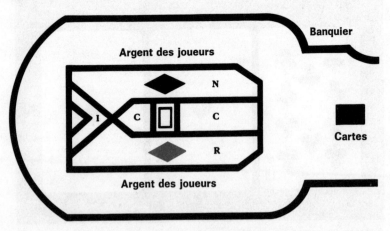

On mêle ensemble six jeux de cartes qu'on coupe ensuite. L'As vaut 1, les figures 10 chacune et les autres cartes conservent leur valeur naturelle. Le banquier aligne des cartes jusqu'à ce que leur valeur totale dépasse 30. Il recommence alors une seconde rangée immédiatement en-dessous de la première. La rangée supérieure est dite *noire*, la seconde est *rouge*. Celle dont le total est le moindre l'emporte. En plus de pouvoir miser sur l'une ou l'autre, les joueurs ont également le droit de parier que la première carte déposée sera de la même couleur que la ligne gagnante *(couleur)* ou de couleur opposée *(l'inverse)*. Ces quatre paris sont de chances égales, mais si les deux rangées totalisent 31, c'est un *refait* et les joueurs peuvent soit partager leur gain avec le banquier, soit le laisser *emprisonner*. Ils peuvent alors choisir entre les prisons rouge et noire et retirent leurs mises s'ils l'emportent à nouveau au second tour.

Dans le cas d'autres totaux qui seraient identiques, on annule la manche, les joueurs étant libres de retirer leurs mises ou de les laisser sur la table où ils pourront perdre ou gagner au coup suivant.

## LE VINGT-ET-UN

Le Vingt-et-un est un des jeux les plus répandus dans les Casinos américains, où on le connaît sous le nom de **Black Jack** (Valet noir). Bien qu'il s'agisse d'un jeu de hasard où les chances de gagner penchent nettement en faveur du banquier, en Grande-Bretagne on s'y adonne surtout comme à un jeu de société et, durant la guerre de 14–18, il a connu une vogue exceptionnelle dans les tranchées.

Un maximum de dix joueurs peuvent y participer. On se sert d'un paquet ordinaire. Avec plus de dix joueurs, on brasse ensemble deux paquets.

Le banquier sert une carte muette à chacun des joueurs et en prend une également. Après avoir regardé leur carte, les joueurs fixent leurs mises, jusqu'à un maximum donné.

Le jeu consiste à obtenir un total de 21 ou à s'en rapprocher au maximum sans toutefois le dépasser. A cette fin, l'As vaut 1 ou 11 (au choix du joueur), les figures comptent pour 10 et les autres cartes restent telles quelles.

Quand les paris sont terminés, le banquier regarde sa carte et a le droit de doubler sa mise; dans ce cas, les joueurs sont obligés de l'imiter.

Le banquier redistribue une seconde carte muette à chaque joueur ainsi qu'à lui-même. Si un joueur a une paire, il peut décider, en l'annonçant, de la séparer. Il parie le même montant initial sur chacune, et le banquier lui redonne deux cartes, une par main. Ces deux mains sont jouées séparément. Le banquier n'a pas le droit de séparer une paire.

Si le banquier détient un *naturel* (un As et une figure ou un 10), il retourne les deux cartes, et reçoit des joueurs le double de ce qu'ils avaient misé, sauf de la part d'un joueur qui aurait lui aussi un naturel et qui ne paierait alors que sa mise originale.

On élimine ensuite les cartes utilisées et la banque change de main.

Si ce n'est pas le banquier qui a un naturel, mais plutôt un joueur, la banque lui paye le double de sa mise et lui revient après la manche, sauf si le naturel a été gagné sur des cartes séparées. Dans le cas où deux ou plusieurs joueurs ont un naturel en main, c'est le premier à la gauche du banquier qui reçoit la banque.

Après qu'on ait déclaré et découvert les naturels (le cas échéant), le banquier demande à chacun, à tour de rôle et en commençant par celui qui est à sa gauche, s'il veut ou non davantage de cartes. Le joueur a alors trois choix: il peut *se tenir*, ce qui signifie qu'il ne veut pas d'autre carte; il peut *relancer*, auquel cas il augmente sa mise en échange du privilège de recevoir une autre carte muette; ou encore, il n'augmente pas son enjeu et reçoit une carte découverte.

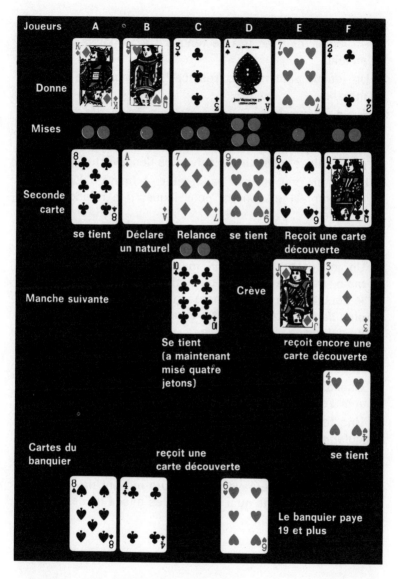

Le banquier paie B (le double de sa mise), D et F. Il gagne contre A, C et E. Il perd un jeton durant cette donne.

Les règles à respecter sont les suivantes:

1) Un joueur peut ne pas se tenir s'il a 15 points ou moins en main.

2) Un joueur peut ne pas relancer pour plus que sa mise initiale.

3) Si un joueur a reçu une troisième carte découverte, il peut ne pas relancer pour une quatrième ou une cinquième, quoiqu'un joueur qui a relancé pour une troisième carte puisse recevoir les suivantes découvertes.

4) Un joueur peut ne pas augmenter — bien qu'il puisse le diminuer — le montant pour lequel il a relancé précédemment.

5) Si un joueur a reçu quatre cartes, il peut ne pas relancer pour une cinquième si elles totalisent 11 points ou moins. Un joueur peut avoir un maximum de cinq cartes en main, et s'il a ainsi 21 ou moins, le banquier lui verse le double de la mise, à moins que lui-même ait également cinq cartes totalisant aussi 21 ou moins, auquel cas c'est lui qui gagne.

Le joueur qui fait 21 avec trois 7 reçoit de la banque le triple du montant parié. Le banquier n'a pas un tel privilège.

Quand la main d'un joueur dépasse 21 (on dit qu'il *crève),* celui-ci l'étale et tout ce qu'il a misé revient au banquier.

Une fois que tous les joueurs ont reçu leurs cartes, le banquier retourne les siennes et se ressert autant qu'il le veut. Si, ce faisant, il crève, c'est lui qui paye leurs mises aux joueurs. Il peut toutefois décider, à tout moment, de se tenir et accepter de payer les joueurs qui ont davantage de points que lui, tandis qu'il ramasse les mises de ceux qui en ont moins.

# LEXIQUE

Tous les passe-temps possèdent un vocabulaire qui leur est propre. Celui des cartes est probablement le plus vaste, parce qu'il existe une variété incommensurable de jeux, dont la plupart sont d'origine obscure. Cet index n'a donc pas la prétention d'être exhaustif; il comprend plutôt les termes et expressions utilisées dans ce livre et, à cause de l'espace restreint, l'auteur a omis d'inclure ceux qui s'expliquent d'eux-mêmes et ceux que la plupart des lecteurs sont censés connaître.

* * *

**Abandon** — Au Piquet, omettre volontairement de déclarer une combinaison.

**Abondance** — Déclaration qui oblige l'annonceur à faire au moins neuf plis.

**Ante** — Mise initiale obligatoire déposée avant la donne.

**Associé** — Partenaire au Boston de Fontainebleau. *Synonyme:* soutien.

**Avancez** — Au Cribbage, annonce faite par un joueur quand il ne peut jouer sans dépasser 31.

**Balayage** — Au Casino, ramasser toutes les cartes sur la table.

**Banco** — Enjeu égal au montant misé par le banquier.

**Barrière** — A la Banque Monte, la dernière carte du paquet.

**Bas de ligne** — Dans tous les jeux rattachés au Bridge, on inscrit les points obtenus pour les levées sous la ligne horizontale qui traverse la feuille de pointage. *Voir:* Haut de ligne.

**Base** — Dans les patiences, cartes sur lesquelles on bâtit des séquences ou des familles complètes. *Synonyme:* fondation, souche.

**Basse** — Dans les jeux de la famille des All Fours, point acquis par le joueur qui s'est vu attribuer l'atout le plus faible.

**Basto** — L'As de trèfle au Hombre.

**Bâtir** — 1) Au Casino, réunir une carte avec une autre du tableau dont le total correspond à une troisième qu'on a en main, ce qui permet de les ramasser.

2) Dans les patiences, ajouter une carte à une autre de la même famille, d'un rang immédiatement supérieur ou inférieur.

**Bésigue** — Dans les jeux de la famille du Bésigue, combinaison réunissant la Dame de pique et le Valet de carreau (ou la Dame de trèfle et le Valet de coeur si l'atout est en pique ou en carreau.)

**Blitz** — Au Gin Rummy, le fait de remporter une partie alors que l'adversaire n'a rien compté.

**Boîte** — Au Gin Rummy, points obtenus pour avoir remporté une manche.

**Bosquet** — Bosquet de droite: Valet d'atout au jeu de l'Euchre. Bosquet de gauche: Valet de la même couleur que le précédent.

**Boston** — Dans les jeux des familles du Boston et du Whist, contrat visant à remporter cinq levées.

**Brisques** — As et 10 au Bésigue.

**Caboche (sa)** — Au Cribbage, Valet de la même couleur que la carte de départ, qu'on a soit en main, soit dans la huche.

**Cacher une carte** — Au Pinocle, écarter, face cachée, une carte de la main.

**Cachette** — La veuve, au Quinto.

**Cadeau** — Dans les jeux de la famille des All Fours, point attribué au partenaire quand il «demande» et que le donneur décide de jouer.

**Cagnotte** — Montant total des mises et des amendes versées par les joueurs.

**Calypso** — Au Calypso, famille complète (de l'As au 2) constituée dans l'atout attribué au joueur.

**Canasta** — Série de sept cartes ou plus, à la Canasta. Elle est dite «pure» ou «parfaite» si elle n'est composée que de cartes naturelles, et «impure» ou «imparfaite» si elle contient des cartes frimées.

**Capot** — Au Piquet, le fait pour un joueur de gagner les douze levées.

**Carte (la)** — Au Piquet, points remportés pour avoir fait la majorité des levées.

**Carte blanche** — Main ne contenant aucune figure.

**Carte dans le trou** — La première carte servie à l'envers à un joueur, au Stud Poker.

**Carte de départ** — Au Cribbage, la première carte de la coupe qu'expose le donneur.

**Cartes payantes** — Au Michigan, un As, un Roi, une Dame et un Valet, provenant chacun d'une famille différente, sur lesquels on place les mises.

**Casino** — *Voir:* Petit Casino et Gros Casino.

**Codille** — Au Hombre, situation où l'adversaire fait davantage de levées que le Hombre.

**Combiner** — 1) Au Casino, ramasser des cartes dont la valeur totale en points équivaut à celle d'une carte de la main.

2) Au Cribbage, jouer une carte ayant la même valeur que celle qui vient d'être déposée.

**Comète** — Carte frimée — habituellement le 9 — dans les jeux de la famille de la Comète.

**Corbeille** — Contenant dans lequel on place les mises.

**Couleur** — *Voir:* famille

**Couverte** — Carte déposée à l'envers. *Synonyme:* muette, cachée, face contre table, face au tapis.

**Demander** — Dans les jeux de la famille des All Fours, fait que l'adversaire annonce qu'il refuse la retourne comme atout.

**Dérogation** — Dans certaines patiences, privilège permettant de soulever une carte et de jouer celle qui se trouve en dessous.

**Devoir** — *Synonyme:* livre.

**Défausser** (se)— Quand on ne peut fournir ou couper, jouer une carte d'une autre famille que l'entame.

**Dix** — Le 9 d'atout au Pinocle.

**Dix-huitième ou huitième** — Au piquet, séquence de huit cartes.

**Donne** — Distribution des cartes. La donne commence avec la coupe et se termine lorsque la dernière carte a été régulièrement distribuée.

**Doubleton** — Main ne comprenant que deux cartes d'une même famille.

**Écarter** — Mettre de côté une partie de ses cartes pour les échanger éventuellement contre d'autres.

**Enfonce** — A l'Euchre, ne pas remporter un minimum de trois levées.

**«En tournant le coin»** — Séquence de cartes dont le plus haute est considérée comme adjacente à la plus basse.

**Exposée** (carte) — *Voir:* visible.

**Face au tapis** — *Voir:* couverte.

**Face contre table** — *Voir:* couverte.

**Faire** — A l'Ecarté, signifie donner les cartes.

**Faire la main** — A l'Ecarté, faire une levée.

**Faire la vole** — A l'Ecarté et dans d'autres jeux, faire toutes les levées.

**Faiseur** — Le joueur qui désigne l'atout, dans certains jeux.

**Famille** — Coeur, carreau, trèfle ou pique. *Synonyme:* couleur.

**Fiche** — Au Cribbage, petit marqueur utilisé pour inscrire les points sur la tablette.

**Figure** — Cartes qui portent une figure: Rois, Dames, Valets.

**Finesse** — Tentative de faire une levée qui n'est pas forcément la meilleure de la main.

**Flush** — Dans certains jeux, cinq cartes de la même couleur. *Synonyme:* Quinte.

**Flush Royale** — Cinq cartes consécutives de la même couleur.

**Fondation** — *Voir:* base.

**Forcer** — Jouer une carte plus haute.

**Fournir** — Jouer une carte de la même couleur que l'entame.

**Frapper** — 1) Dans les jeux de la famille du Rummy, indication fournie par un joueur à l'effet que toutes ses cartes sont regroupées en séries.

2) Indication fournie par un joueur pour signaler qu'il ne misera plus, dans les jeux de la famille du Poker.

**Frimée** (carte) — Dans plusieurs jeux, cartes, telles que le Joker, qu'on utilise pour remplacer d'autres cartes au gré du joueur. *Synonyme:* volantes, libres, passe-partout.

**Gin** — Au Gin Rummy, main dont toutes les cartes sont regroupées en séries.

**Goulash** (donne) — Au Towie, redistribution des cartes non battues et dont les familles ont été reconstituées à l'intérieur de chaque main.

**Grand chelem** — Dans certains jeux (Whist, Boston, Bridge), faire toutes les levées au cours d'une même manche.

**Grande misère** — Aux jeux de la famille du Boston, contrat visant à perdre les treize levées.

**Grande misère sur table** — Dans les familles du Boston, contrat visant à perdre les treize levées, avec les cartes exposées sur la table.

**Gros casino** — Le 10 de carreau, au Casino.

**Haute de ligne** — Dans les jeux de la famille du Bridge, on inscrit les points correspondant aux primes et aux pénalités au-dessus de la ligne horizontale qui traverse la feuille de pointage. *Voir:* bas de ligne.

**Haute** — Dans les jeux de la famille des All Fours, point obtenu pour avoir reçu — ou ramassé — l'atout le plus élevé.

**Honneurs** — Dans les jeux de la famille du Bridge, As, Roi, Dame et Valet d'une même couleur, tandis qu'au Whist, ils doivent être en atout.

**Hombre** — Au jeu du Hombre, nom attribué au joueur qui s'oppose à ses deux adversaires formant équipe.

**Huche** — Au Cribbage, main supplémentaire constituée des écarts des joueurs et qui revient au donneur.

**Huitième** — *Voir:* dix-huitième.

**Intrigue** — Dame et Valet d'atout abattus par le même joueur, à la Papesse Jeanne.

**Jasz** — Valet d'atout au Klaberjass.

**Jinx** — Au Spoil Five, tentative par un joueur qui a déjà fait trois levées de gagner les deux dernières.

**Joker** — Carte supplémentaire faisant partie des jeux de cinquante-deux cartes, qu'on utilise dans certains jeux comme carte frimée.

**Jouer** — *Voir* fournir. Egalement: abattre une carte.

**Jouer d'autorité** — A l'Ecarté, jouer sans demander de carte, donc sans écarter.

**Laisser une piste** — *Voir:* piste.

**Levée** — Ensemble des cartes qu'un joueur ramasse d'un seul coup. *Synonyme:* pli.

**Levées de chute** — Au Bridge et d'autres jeux: levées

manquantes compte tenu du nombre annoncé dans le contrat.

**Libre** (carte) — *Voir*: frimée.

**Livre** — Au Bridge, de même qu'à d'autres jeux, les six premières levées que doit faire une équipe avant de pouvoir compter un tric (ou trick) et qui ne sont pas intégrées au score. *Synonyme*: devoir.

**Main** — Ensemble des cartes reçues durant la donne.

**Maintenir** — 1) Dans les jeux de la famille du All Fours, accepter la retourne comme carte d'atout.

2) Au Vingt-et-un, décider de ne plus prendre de cartes.

**Manche** — Période de la partie comprise entre deux donnes.

**Manille** — Au jeu du Hombre, le 7 de coeur ou de carreau si l'une ou l'autre couleur est en atout, le 2 de pique ou de trèfle, également si l'une ou l'autre couleur est l'atout.

**Mariage** — Dans les jeux de la famille du Bésigue, réunion d'un Roi et d'une Dame de même couleur.

**Mariage d'atout** — Même définition que la précédente, sauf que le Roi et la Dame sont d'atout.

**Marque** — Décompte des points gagnés par chaque joueur ou équipe au cours d'une partie. Position de l'un ou de l'autre en points.

**Matador** — Au Hombre, nom collectif des trois atouts majeurs: Spadille, Manille et Basto.

**Menel** — Le 9 d'atout au Klaberjass.

**Misère** — Contrat visant à ne remporter aucune levée. *Voir*: grande et petite misère.

**Mort** — Dans les jeux de la famille du Bridge, main que dépose le partenaire du déclarant au cours de la manche. Dans d'autres jeux, il s'agit d'une main supplémentaire qui n'appartient à aucun joueur en particulier.

**Muggins** — Au Cribbage, annonce qui permet à un joueur de marquer à son compte les points que son adversaire a oublié d'inscrire.

**Nap** — Au Napoléon, déclaration visant à faire les cinq levées.

**Paire** — Au Cribbage, ensemble de deux cartes dont l'une, qui vient d'être jouée, a la même valeur que l'autre, déposée antérieurement.

**Paire royale** — 1) Au Cribbage, paire à laquelle on a ajouté une troisième carte de même valeur.
2) Au Brag, trois cartes de valeur identique.

**Papesse** — 9 de carreau, à la Papesse Jeanne.

**Passe-partout** (carte) — *Voir*: frimée.

**Passer** — Renoncer à jouer lorsque c'est son tour.

**Pedro** — Pedro de droite: le 5 d'atout au Cinch. Pedro de gauche: le 5 de même couleur que celui d'atout, au même jeu.

**Petit casino** — Au Casino, le 2 de pique.

**Petit chelem** — Dans les jeux des familles du Boston, contrat visant à faire douze levées après avoir écarté une carte muette.

**Petite misère** — Dans les jeux de la famille du Boston, contrat visant à faire douze levées après avoir écarté une carte muette.

**Petite misère sur table** — Dans les jeux de la famille du Boston, contrat visant à faire douze levées après avoir écarté une carte muette et étalé les autres.

**Pétrin** — Au Cribbage, le fait d'avoir remporté une partie avant que l'adversaire ait parcouru la moitié de la tablette.

**Pic** — Au Piquet, avoir 30 points en main et dans son jeu avant que l'adversaire en ait compté un seul.

**Picolissimo** — Au Boston, contrat visant à ne faire qu'une seule levée.

**Pinocle** — Réunion de la Dame de pique et du Valet de carreau au Pinocle.

**Punto** — Au Hombre, As rouge de la famille d'atout.

**Piste** (laisser une) — Au Casino, carte qu'un joueur dépose quand il ne peut ni passer, ni bâtir ni augmenter une bâtisse, ni déclarer.

**Pli** — *Voir*: levée.

**Point** — Au piquet, point attribué au joueur qui a le plus de cartes dans une même couleur, selon la valeur numérale de ces cartes.

**Polignac** — Le Valet de pique au jeu du même nom.

**Pot** — Au Poker, mise initiaie déposée par tous les joueurs. *Synonyme*: cagnotte.

**Poule** — *Voir*:cagnotte.

**Prendre** — Au Klaberjass, accepter la retourne comme carte d'atout.

**Proposer** — A l'Ecarté, fait qu'un joueur propose au donneur d'échanger des cartes contre d'autres provenant du solde.

**Puesta** — Au Hombre, cas où le Hombre et un ou plusieurs adversaires font le même nombre de levées.

**Quatrième** — Au Piquet, séquence de quatre cartes.

**Quatorze** — Quatre cartes de même valeur supérieures à 9, au Piquet.

**Quinte** — 1) Au Piquet, séquence de cinq cartes.

2) Au Quinto, le 5 de chaque famille et toute paire d'une même famille totalisant 5.

**Quinte royale** — Le Joker au Quinto.

**Quinze** — Au Cribbage, le fait de jouer une carte qui, ajoutée à celles qui sont déjà sur la table, donne un total de 5.

**Rabattement** — Au Pinocle, ne pas réussir son contrat.

**Rabattement double** — Au Pinocle, pénalité encourue par le déclarant si la valeur en points de ses combinaisons et des cartes qu'il a ramassées dans les levées ne correspond pas à son contrat.

**Rabattement simple** — Au Pinocle, concession de la défaite et paiement d'un forfait sans jouer.

**Refait** — Partie nulle au Trente-et-quarante.

**Refuser** — 1) Dans les jeux de la famille des All Fours, rejet par le donneur d'une proposition visant à changer l'atout.

2) A l'Ecarté, refus du donneur de changer des cartes contre d'autres, prises dans le solde.

**Relance** — Fait d'augmenter un enjeu pour avoir le privilège de tirer une carte muette.

**Relancer** — Au Poker, augmenter un enjeu en misant davantage qu'il n'est nécessaire pour équivaloir la mise du joueur précédent.

**Renoncer à faux** — Ne pas fournir alors qu'on en est capable, ou ne pas jouer une carte en conformité avec les règles du jeu.

**Repic** — Au Piquet, fait d'avoir 30 points dans sa seule main, alors que l'adversaire n'a pas encore compté.

**Retourne** — Carte qu'on retourne après la donne pour désigner l'atout.

**Robre** — Le fait de gagner au moins deux manches sur trois; la période pendant laquelle se jouent ces manches.

**Rubicon** — Situation d'un perdant qui n'a pu accumuler le minimum spécifié au début d'une partie.

**Rummy** — Dans les jeux de la famille du Rummy, déclaration par un joueur à l'effet qu'il se débarrasse de toutes ses cartes d'un seul coup.

**Sacardo** — Au Hombre, situation où le Hombre remporte davantage de levées que l'un ou l'autre de ses adversaires.

**Sshmeiss** — Au Klaberjass, proposition d'accepter la retourne comme carte d'atout, ou d'abandonner la manche, au gré de l'adversaire.

**Seconder** — A l'Euchre, déclaration formulée par le partenaire du donneur, à l'effet qu'il accepte la couleur de la retourne comme couleur d'atout.

**Séquence** — Deux ou plusieurs cartes consécutives.

**Septième** — Au Piquet, séquence de sept cartes.

**Singleton** — Fait qu'une main ne comprend qu'une seule carte dans une couleur.

**Sixième** — Au Piquet, séquence de six cartes.

**«Smudge»** — A l'Auction Pitch, annonce visant à remporter les quatre levées.

**Solde** — Ce qui reste des cartes après la donne et dans lequel on peut tirer au cours d'une partie. *Synonyme:* stock.

**Solitaire** — A l'Euchre, droit qu'à le joueur qui désigne l'atout de jouer sans son partenaire.

**Solo** — Dans les jeux de la famille du Whist, annonce visant à faire les cinq levées.

**Souche** — *Synonyme:* base.

**Soutien** — *Synonyme*: associé.

**Spadille** — L'As de pique au Hombre.

**Spinado** — L'As de carreau au Spinado.

**Surlevée** — Au Bridge et dans d'autres jeux, levée faite en plus de celles prévues dans le contrat.

**Tableau du bas** — A la Banque Monte, les deux cartes du dessous du paquet que le banquier expose.

**Tableau du haut** — A la Banque Monte, les deux premières cartes du paquet que le banquier expose.

**Talon** — Au Piquet, cartes laissées de côté en un ou plusieurs paquets pour un usage ultérieur au cours de la partie. Egalement dans les patiences.

**Talons** (ses) — Au Cribbage, le Valet, si on le retourne comme «carte de départ».

**Tenir** (se) — 1) Aux jeux de la famille des All Fours, accepter la retourne comme carte d'atout.

2) Au Vingt-et-un, décider de ne pas prendre d'autres cartes.

**Tierce** — Au Piquet, trois cartes de la même famille, supérieures au 9.

**Tournée** — A l'Ecarté, désigne les cinq cartes que le joueur a en main.

**Tric** (ou trick) — Toute levée faite après les six premières du livre (ou devoir).

**Valet** — Dans les jeux de la famille des All Fours, point obtenu pour avoir ramassé le Valet d'atout.

**Veuve** — Main supplémentaire constituée, habituellement, au cours de la donne.

**Visible** — Carte déposée à l'endroit. *Synonyme*: découverte.

**Volante** (carte) — *Synonyme:* frimée.

**Vole** (faire la) — A l'Ecarté et à l'Euchre, remporter les cinq levées.

**Vulnérable** — Dans les jeux de la famille du Bridge, se dit d'une équipe qui, pour avoir remporté une manche, se verra attribuer des pénalités plus lourdes ou des primes plus élevées.

# TABLE DES MATIÈRES

Des hommes qui bâtissent le Québec, collaboration, **3.00**

Deux innocents en Chine rouge, P.E. Trudeau, J. Hébert, **2.00**

Drapeau canadien (Le), L.A. Biron, **1.00**

Drogues, J. Durocher, **3.00**

Egalité ou indépendance, D. Johnson, **2.00**

Epaves du Saint-Laurent (Les), J. Lafrance, **3.00**

Ermite (L'), L. Rampa, **4.00**

Exxoneration, R. Rohmer, **7.00**

Fabuleux Onassis (Le), C. Cafarakis, **4.00**

Félix Leclerc, J.P. Sylvain, **2.50**

Fête au village, P. Legendre, **2.00**

France des Canadiens (La), R. Hollier, **1.50**

Francois Mauriac, F. Seguin, **1.00**

Greffes du coeur (Les), collaboration, **2.00**

Han Suyin, F. Seguin, **1.00**

Hippies (Les), Time-coll., **3.00**

Imprévisible M. Houde (L'), C. Renaud, **2.00**

Insolences du Frère Untel, F. Untel, **2.00**

J'aime encore mieux le jus de betteraves, A. Stanké, **2.50**

Jean Rostand, F. Seguin, **1.00**

Juliette Béliveau, D. Martineau, **3.00**

Lamia, P.T. de Vosjoli, **5.00**

Louis Aragon, F. Seguin, **1.00**

Magadan, M. Solomon, **6.00**

Maison traditionnelle au Québec (La), M. Lessard, G. Vilandré, **10.00**

Maîtresse (La), James et Kedgley, **4.00**

Mammifères de mon pays, Duchesnay-Dumais, **3.00**

Masques et visages du spiritualisme contemporain, J. Evola, **5.00**

Michel Simon, F. Seguin, **1.00**

Michèle Richard raconte Michèle Richard, M. Richard, **2.50**

Mozart, raconté en 50 chefs-d'oeuvre, P. Roussel, **5.00**

Nationalisation de l'électricité (La), P. Sauriol, **1.00**

Napoléon vu par Guillemin, H. Guillemin, **2.50**

Objets familiers de nos ancêtres, L. Vermette, N. Genêt, L. Décarie-Audet, **6.00**

On veut savoir, (4 t.), L. Trépanier, **1.00** ch.

Option Québec, R. Lévesque, **2.00**

Pour entretenir la flamme, L. Rampa, **4.00**

Pour une radio civilisée, G. Proulx, **2.00**

Prague, l'été des tanks, collaboration, **3.00**

Premiers sur la lune, Armstrong-Aldrin-Collins, **6.00**

Prisonniers à l'Oflag 79, P. Vallée, **1.00**

Prostitution à Montréal (La), T. Limoges, **1.50**

Provencher, le dernier des coureurs des bois, P. Provencher, **6.00**

Québec 1800, W.H. Bartlett, **15.00**

Rage des goof-balls (La), A. Stanké, M.J. Beaudoin, **1.00**

Rescapée de l'enfer nazi, R. Charrier, **1.50**

Révolte contre le monde moderne, J. Evola, **6.00**

Riopelle, G. Robert, **3.50**

Struma (Le), M. Solomon, **7.00**

Terrorisme québécois (Le), Dr G. Morf, **3.00**

Ti-blanc, mouton noir, R. Laplante, **2.00**

Treizième chandelle (La), L. Rampa, **4.00**

Trois vies de Pearson (Les), Poliquin-Beal, **3.00**

Trudeau, le paradoxe, A. Westell, **5.00**

Ultimatum, R. Rohmer, **6.00**

Un peuple oui, une peuplade jamais! J. Lévesque, **3.00**

Un Yankee au Canada, A. Thério, **1.00**

Une culture appelée québécoise, G. Turi, **2.00**

Vizzini, S. Vizzini, **5.00**

Vrai visage de Duplessis (Le), P. Laporte, **2.00**

# *ENCYCLOPEDIES*

Encyclopédie de la maison québécoise, Lessard et Marquis, **8.00**

Encyclopédie des antiquités du Québec, Lessard et Marquis, **7.00**

Encyclopédie des oiseaux du Québec, W. Earl Godfrey, **8.00**

Encyclopédie du jardinier horticulteur, W.H. Perron, **8.00**

Encyclopédie du Québec, Vol. I et Vol. II, L. Landry, **6.00** ch.

# ESTHETIQUE ET VIE MODERNE

Cellulite (La), Dr G.J. Léonard, 4.00
Chirurgie plastique et esthétique (La),
  Dr A. Genest, 2.00
Embellissez votre corps, J. Ghedin, 2.00
Embellissez votre visage, J. Ghedin, 1.50
Etiquette du mariage, Fortin-Jacques,
  Farley, 4.00
Exercices pour rester jeune, T. Sekely, 3.00
Exercices pour toi et moi,
  J. Dussault-Corbeil, 5.00
Face-lifting par l'exercice (Le),
  S.M. Rungé, 4.00
Femme après 30 ans, N. Germain, 3.00

Femme émancipée (La), N. Germain et
  L. Desjardins, 2.00
Leçons de beauté, E. Serei, 2.50
Médecine esthétique (La),
  Dr G. Lanctôt, 5.00
Savoir se maquiller, J. Ghedin, 1.50
Savoir-vivre, N. Germain, 2.50
Savoir-vivre d'aujourd'hui (Le),
  M.F. Jacques, 3.00
Sein (Le), collaboration, 2.50
Soignez votre personnalité, messieurs,
  E. Serei, 2.00
Vos cheveux, J. Ghedin, 2.50
Vos dents, Archambault-Déom, 2.00

# LINGUISTIQUE

Améliorez votre français, J. Laurin, 4.00

Anglais par la méthode choc (L'),
  J.L. Morgan, 3.00

Dictionnaire en 5 langues, L. Stanké, 2.00

Petit dictionnaire du joual au français,
  A. Turenne, 3.00

Savoir parler, R.S. Catta, 2.00

Verbes (Les), J. Laurin, 4.00

# LITTERATURE

Amour, police et morgue, J.M. Laporte, 1.00

Bigaouette, R. Lévesque, 2.00

Bousille et les justes, G. Gélinas, 3.00

Candy, Southern & Hoffenberg, 3.00

Cent pas dans ma tête (Les), P. Dudan, 2.50

Commettants de Caridad (Les),
  Y. Thériault, 2.00

Des bois, des champs, des bêtes,
  J.C. Harvey, 2.00

Ecrits de la Taverne Royal, collaboration, 1.00

Hamlet, Prince du Québec, R. Gurik, 1.50

Homme qui va (L'), J.C. Harvey, 2.00

J'parle tout seul quand j'en narrache,
  E. Coderre, 3.00

Malheur a pas des bons yeux (Le),
  R. Lévesque, 2.00

Marche ou crève Carignan, R. Hollier, 2.00

Mauvais bergers (Les), A.E. Caron, 1.00

Mes anges sont des diables,
  J. de Roussan, 1.00

Mon 29e meurtre, Joey, 8.00

Montréalités, A. Stanké, 1.50

Mort attendra (La), A. Malavoy, 1.00

Mort d'eau (La), Y. Thériault, 2.00

Ni queue, ni tête, M.C. Brault, 1.00

Pays voilés, existences, M.C. Blais, 1.50

Pomme de pin, L.P. Dlamini, 2.00

Printemps qui pleure (Le), A. Thério, 1.00

Propos du timide (Les), A. Brie, 1.00

Séjour à Moscou, Y. Thériault, 2.00

Tit-Coq, G. Gélinas, 4.00

Toges, bistouris, matraques et soutanes,
  collaboration, 1.00

Un simple soldat, M. Dubé, 4.00

Valérie, Y. Thériault, 2.00

Vertige du dégoût (Le), E.P. Morin, 1.00

# LIVRES PRATIQUES – LOISIRS

Aérobix, Dr P. Gravel, **3.00**
Alimentation pour futures mamans,
   T. Sekely et R. Gougeon, **3.00**
Apprenez la photographie avec Antoine
   Desilets, A. Desilets, **5.00**
Armes de chasse (Les), Y. Jarrettie, **3.00**
Bougies (Les), W. Schutz, **4.00**
Bricolage (Le), J.M. Doré, **4.00**
Bricolage au féminin (Le), J.-M. Doré, **3.00**
Bridge (Le), V. Beaulieu, **4.00**
Camping et caravaning, J. Vic et
   R. Savoie, **2.50**
Caractères par l'interprétation des visages,
   (Les), L. Stanké, **4.00**
Ciné-guide, A. Lafrance, **3.95**
Chaînes stéréophoniques (Les),
   G. Poirier, **6.00**
Cinquante et une chansons à répondre,
   P. Daigneault, **3.00**
Comment prévoir le temps, E. Neal, **1.00**
Comment tirer le maximum d'une mini-
   calculatrice, H. Mullish, **4.00**
Conseils à ceux qui veulent bâtir,
   A. Poulin, **2.00**
Conseils aux inventeurs, R.A. Robic, **3.00**
Couture et tricot, M.H. Berthouin, **2.00**
Dictionnaire des mots croisés,
   noms propres, collaboration, **6.00**
Dictionnaire des mots croisés,
   noms communs, P. Lasnier, **5.00**
Fins de partie aux dames,
   H. Tranquille, G. Lefebvre, **4.00**
Fléché (Le), L. Lavigne et F. Bourret, **4.00**
Fourrure (La), C. Labelle, **4.00**
Guide complet de la couture (Le),
   L. Chartier, **4.00**
Guide de l'astrologie (Le), J. Manolesco, **3.00**
Hatha-yoga pour tous, S. Piuze, **4.00**
8/Super 8/16, A. Lafrance, **5.00**
Hypnotisme (L'), J. Manolesco, **3.00**
Informations touristiques, la France,
   Deroche et Morgan, **2.50**
Informations touristiques, le Monde,
   Deroche, Colombani, Savoie, **2.50**

Interprétez vos rêves, L. Stanké, **4.00**
J'installe mon équipement stéréo, T. I et II,
   J.M. Doré, **3.00** ch.
Jardinage (Le), P. Pouliot, **4.00**
Je décore avec des fleurs, M. Bassili, **4.00**
Je développe mes photos, A. Desilets, **6.00**
Je prends des photos, A. Desilets, **6.00**
Jeux de société, L. Stanké, **3.00**
Lignes de la main (Les), L. Stanké, **4.00**
Massage (Le), B. Scott, **4.00**
Météo (La), A. Ouellet, **3.00**
Nature et l'artisanat (La), P. Roy, **4.00**
Noeuds (Les), G.R. Shaw, **4.00**
Origami I, R. Harbin, **3.00**
Origami II, R. Harbin, **3.00**
Ouverture aux échecs (L'), C. Coudari, **4.00**
Photo-guide, A. Desilets, **3.95**
Plantes d'intérieur (Les), P. Pouliot, **6.00**
Poids et mesures, calcul rapide,
   L. Stanké, **3.00**
Poissons du Québec, Juchereau-
   Duchesnay, **2.00**
Pourquoi et comment cesser de fumer,
   A. Stanké, **1.00**
La retraite, D. Simard. **2.00**
Tapisserie (La), T.-M. Perrier,
   N.-B. Langlois, **5.00**
Taxidermie (La), J. Labrie, **4.00**
Technique de la photo, A. Desilets, **6.00**
Techniques du jardinage (Les),
   P. Pouliot, **6.00**
Tenir maison, F.G. Smet, **2.00**
Tricot (Le), F. Vandelac, **3.00**
Trucs de rangement no 1, J.M. Doré, **3.00**
Trucs de rangement no 2, J.M. Doré, **4.00**
Vive la compagnie, P. Daigneault, **3.00**
Vivre, c'est vendre, J.M. Chaput, **4.00**
Voir clair aux dames, H. Tranquille, **3.00**
Voir clair aux échecs, H. Tranquille, **4.00**
Votre avenir par les cartes, L. Stanké, **4.00**
Votre discothèque, P. Roussel, **4.00**
Votre pelouse, P. Pouliot, **5.00**

# LE MONDE DES AFFAIRES ET LA LOI

ABC du marketing (L'), A. Dahamni, **3.00**
Bourse (La), A. Lambert, **3.00**
Budget (Le), collaboration, **4.00**
Ce qu'en pense le notaire, Me A. Senay, **2.00**
Connaissez-vous la loi? R. Millet, **3.00**
Dactylographie (La), W. Lebel, **2.00**
Dictionnaire de la loi (Le), R. Millet, **2.50**

Dictionnaire des affaires (Le), W. Lebel, **3.00**
Dictionnaire économique et financier,
   E. Lafond, **4.00**
Divorce (Le), M. Champagne et Léger, **3.00**
Guide de la finance (Le), B. Pharand, **2.50**
Loi et vos droits (La),
   Me P.A. Marchand, **5.00**
Secrétaire (Le/La) bilingue, W. Lebel, **2.50**

# PATOF

Cuisinons avec Patof, J. Desrosiers, **1.29**          Patofun, J. Desrosiers, **0.89**
Patof raconte, J. Desrosiers, **0.89**

# SANTE, PSYCHOLOGIE, EDUCATION

Activité émotionnelle (L'), P. Fletcher, 3.00
Apprenez à connaître vos médicaments,
 R. Poitevin, 3.00
Caractères et tempéraments,
 C.-G. Sarrazin, 3.00
Comment nourrir son enfant,
 L. Lambert-Lagacé, 4.00
Comment vaincre la gêne et la timidité,
 R.S. Catta, 3.00
Communication et épanouissement
 personnel, L. Auger, 4.00
Complexes et psychanalyse,
 P. Valinieff, 4.00
Contraception (La), Dr L. Gendron, 3.00
Cours de psychologie populaire,
 F. Cantin, 4.00
Dépression nerveuse (La), collaboration, 3.00
Développez votre personnalité,
 vous réussirez, S. Brind'Amour, 3.00
Douze premiers mois de mon enfant (Les),
 F. Caplan, 10.00
Dynamique des groupes,
 Aubry-Saint-Arnaud, 3.00
En attendant mon enfant,
 Y.P. Marchessault, 4.00
Femme enceinte (La), Dr R. Bradley, 4.00
Guérir sans risques, Dr E. Plisnier, 3.00
Guide des premiers soins, Dr J. Hartley, 4.00

Guide médical de mon médecin de famille,
 Dr M. Lauzon, 3.00
Langage de votre enfant (Le),
 C. Langevin, 3.00
Maladies psychosomatiques (Les),
 Dr R. Foisy, 3.00
Maman et son nouveau-né (La),
 T. Sekely, 3.00
Parents face à l'année scolaire (Les),
 collaboration, 2.00
Personne humaine (La),
 Y. Saint-Arnaud, 4.00
Pour vous future maman, T. Sekely, 3.00
15/20 ans, F. Tournier et P. Vincent, 4.00
Relaxation sensorielle (La), Dr P. Gravel, 3.00
S'aider soi-même, L. Auger, 4.00
Volonté (La), l'attention, la mémoire,
 R. Tocquet, 4.00
Vos mains, miroir de la personnalité,
 P. Maby, 3.00
Votre écriture, la mienne et celle des
 autres, F.X. Boudreault, 2.00
Votre personnalité, votre caractère,
 Y. Benoist-Morin, 3.00
Yoga, corps et pensée, B. Leclerq, 3.00
Yoga, santé totale pour tous,
 G. Lescouflar, 3.00

# SEXOLOGIE

Adolescent veut savoir (L'),
 Dr L. Gendron, 3.00
Adolescente veut savoir (L'),
 Dr L. Gendron, 3.00
Amour après 50 ans (L'), Dr L. Gendron, 3.00
Couple sensuel (Le), Dr L. Gendron, 3.00
Déviations sexuelles (Les), Dr Y. Léger, 4.00
Femme et le sexe (La), Dr L. Gendron, 3.00
Helga, E. Bender, 6.00
Homme et l'art érotique (L'),
 Dr L. Gendron, 3.00
Madame est servie, Dr L. Gendron, 2.00
Maladies transmises par relations
 sexuelles, Dr L. Gendron, 2.00

Mariée veut savoir (La), Dr L. Gendron, 3.00
Ménopause (La), Dr L. Gendron, 3.00
Merveilleuse histoire de la naissance (La),
 Dr L. Gendron, 4.50
Qu'est-ce qu'un homme, Dr L. Gendron, 3.00
Qu'est-ce qu'une femme,
 Dr L. Gendron, 4.00
Quel est votre quotient psycho-sexuel?
 Dr L. Gendron, 3.00
Sexualité (La), Dr L. Gendron, 3.00
Teach-in sur la sexualité,
 Université de Montréal, 2.50
Yoga sexe, Dr L. Gendron et S. Piuze, 4.00

# SPORTS (collection dirigée par Louis Arpin)

ABC du hockey (L'), H. Meeker, 3.00
Aïkido, au-delà de l'agressivité,
 M. Di Villadorata, 4.00
Baseball (Le), collaboration, 2.50
Bicyclette (La), J. Blish, 4.00
Comment se sortir du trou au golf,
 Brien et Barrette, 4.00
Course-Auto 70, J. Duval, 3.00
Courses de chevaux (Les), Y. Leclerc, 3.00

Devant le filet, J. Plante, 3.00
Entraînement par les poids et haltères,
 F. Ryan, 3.00
Expos, cinq ans après,
 D. Brodeur, J.-P. Sarrault, 3.00
Football (Le), collaboration, 2.50
Football professionnel, J. Séguin, 3.00
Guide de l'auto (Le) (1967), J. Duval, 2.00
 (1968-69-70-71), 3.00 chacun

Guide du judo, au sol (Le), L. Arpin, **4.00**
Guide du judo, debout (Le), L. Arpin, **4.00**
Guide du self-defense (Le), L. Arpin, **4.00**
Guide du trappeur,
 P. Provencher, **4.00**
Initiation à la plongée sous-marine,
 R. Goblot, **5.00**
J'apprends à nager, R. Lacoursière, **4.00**
Jocelyne Bourassa,
 J. Barrette et D. Brodeur, **3.00**
Karaté (Le), Y. Nanbu, **4.00**
Livre des règlements, LNH, **1.50**
Lutte olympique (La), M. Sauvé, **4.00**
Match du siècle: Canada-URSS,
 D. Brodeur, G. Terroux, **3.00**
Mon coup de patin, le secret du hockey,
 J. Wild, **3.00**
Moto (La), Duhamel et Balsam, **4.00**
Natation (La), M. Mann, **2.50**
Natation de compétition (La),
 R. Lacoursière, **3.00**
Parachutisme (Le), C. Bédard, **4.00**
Pêche au Québec (La), M. Chamberland, **5.00**
Petit guide des Jeux olympiques,
 J. About, M. Duplat, **2.00**

Puissance au centre, Jean Béliveau,
 H. Hood, **3.00**
Raquette (La), Osgood et Hurley, **4.00**
Ski (Le), W. Schaffler-E. Bowen, **3.00**
Ski de fond (Le), J. Caldwell, **4.00**
Soccer, G. Schwartz, **3.50**
Stratégie au hockey (La), J.W. Meagher, **3.00**
Surhommes du sport, M. Desjardins, **3.00**
Techniques du golf,
 L. Brien et J. Barrette, **4.00**
Techniques du tennis, Ellwanger, **4.00**
Tennis (Le), W.F. Talbert, **3.00**
Tous les secrets de la chasse,
 M. Chamberland, **3.00**
Tous les secrets de la pêche,
 M. Chamberland, **3.00**
36-24-36, A. Coutu, **3.00**
Troisième retrait (Le), C. Raymond,
 M. Gaudette, **3.00**
Vivre en forêt, P. Provencher, **4.00**
Vivre en plein air, P. Gingras, **4.00**
Voie du guerrier (La), M. di Villadorata, **4.00**
Voile (La), Nik Kebedgy, **5.00**

# Ouvrages parus à
# L'ACTUELLE
# JEUNESSE

Echec au réseau meurtrier, R. White, **1.00**
Engrenage (L'), C. Numainville, **1.00**
Feuilles de thym et fleurs d'amour,
 M. Jacob, **1.00**
Lady Sylvana, L. Morin, **1.00**
Moi ou la planète, C. Montpetit, **1.00**

Porte sur l'enfer, M. Vézina, **1.00**
Silences de la croix du Sud (Les),
 D. Pilon, **1.00**
Terreur bleue (La), L. Gingras, **1.00**
Trou (Le), S. Chapdelaine, **1.00**
Une chance sur trois, S. Beauchamp, **1.00**
22,222 milles à l'heure, G. Gagnon, **1.00**

# Ouvrages parus à
# L'ACTUELLE

Aaron, Y. Thériault, **3.00**
Agaguk, Y. Thériault, **4.00**
Allocutaire (L'), G. Langlois, **2.50**
Bois pourri (Le), A. Maillet, **2.50**
Carnivores (Les), F. Moreau, **2.50**
Carré Saint-Louis, J.J. Richard, **3.00**

Centre-ville, J.-J. Richard, **3.00**
Chez les termites,
 M. Ouellette-Michalska, **3.00**
Cul-de-sac, Y. Thériault, **3.00**
D'un mur à l'autre, P.A. Bibeau, **2.50**
Danka, M. Godin, **3.00**
Débarque (La), R. Plante, **3.00**

Demi-civilisés (Les), J.C. Harvey, 3.00
Dernier havre (Le), Y. Thériault, 2.50
Domaine de Cassaubon (Le),
  G. Langlois, 3.00
Dompteur d'ours (Le), Y. Thériault, 3.00
Doux Mal (Le), A. Maillet, 3.00
En hommage aux araignées, E. Rochon, 3.00
Et puis tout est silence, C. Jasmin, 3.00
Faites de beaux rêves, J. Poulin, 3.00
Fille laide (La), Y. Thériault, 4.00
Fréquences interdites, P.-A. Bibeau, 3.00
Fuite immobile (La), G. Archambault, 3.00
Jeu des saisons (Le),
  M. Ouellette-Michalska, 2.50
Marche des grands cocus (La),
  R. Fournier, 3.00

Monsieur Isaac, N. de Bellefeuille et
  G. Racette, 3.00
Mourir en automne, C. de Cotret, 2.50
N'Tsuk, Y. Thériault 3.00
Neuf jours de haine, J.J. Richard, 3.00
New Medea, M. Bosco, 3.00
Ossature (L'), R. Morency, 3.00
Outaragasipi (L'), C. Jasmin, 3.00
Petite fleur du Vietnam (La),
  C. Gaumont, 3.00
Pièges, J.J. Richard, 3.00
Porte Silence, P.A. Bibeau, 2.50
Requiem pour un père, F. Moreau, 2.50
Scouine (La), A. Laberge, 3.00
Tayaout, fils d'Agaguk, Y. Thériault, 3.00
Tours de Babylone (Les), M. Gagnon, 3.00
Vendeurs du Temple (Les), Y. Thériault, 3.00
Visages de l'enfance (Les), D. Blondeau, 3.00
Vogue (La), P. Jeancard, 3.00

# Ouvrages parus aux
# PRESSES
# LIBRES

Amour (L'), collaboration 7.00
Amour humain (L'), R. Fournier, 2.00
Anik, Gilan, 3.00
Ariâme . . .Plage nue, P. Dudan, 3.00
Assimilation pourquoi pas? (L'),
  L. Landry, 2.00
Aventures sans retour, C.J. Gauvin, 3.00
Bateau ivre (Le), M. Metthé, 2.50
Cent Positions de l'amour (Les),
  H. Benson, 4.00
Comment devenir vedette, J. Beaulne, 3.00
Couple sensuel (Le), Dr L. Gendron, 3.00
Des Zéroquois aux Québécois,
  C. Falardeau, 2.00
Emmanuelle à Rome, 5.00
Exploits du Colonel Pipe (Les),
  R. Pradel, 3.00
Femme au Québec (La),
  M. Barthe et M. Dolment, 3.00
Franco-Fun Kébecwa, F. Letendre, 2.50
Guide des caresses, P. Valinieff, 4.00
Incommunicants (Les), L. Leblanc, 2.50
Initiation à Menke Katz, A. Amprimoz, 1.50
Joyeux Troubadours (Les), A. Rufiange, 2.00
Ma cage de verre, M. Metthé, 2.50
Maria de l'hospice, M. Grandbois, 2.00

Menues, dodues, Gilan, 3.00
Mes expériences autour du monde,
  R. Boisclair, 3.00
Mine de rien, G. Lefebvre, 3.00
Monde agricole (Le), J.C. Magnan, 3.50
Négresse blonde aux yeux bridés (La),
  C. Falardeau, 2.00
Niska, G. Mirabelle, 12.00
Paradis sexuel des aphrodisiaques (Le),
  M. Rouet, 4.00
Plaidoyer pour la grève et la contestation,
  A. Beaudet, 2.00
Positions +, J. Ray, 4.00
Pour une éducation de qualité au Québec,
  C.H. Rondeau, 2.00
Québec français ou Québec québécois,
  L. Landry, 3.00
Rêve séparatiste (Le), L. Rochette, 2.00
Séparatiste, non, 100 fois non!
  Comité Canada, 2.00
Terre a une taille de guêpe (La),
  P. Dudan, 3.00
Tocap, P. de Chevigny, 2.00
Virilité et puissance sexuelle, M. Rouet, 3.00
Voix de mes pensées (La), E. Limet, 2.50

# Books published by HABITEX

Wine: A practical Guide for Canadians,
  P. Petel, **2.95**

Waiting for your child,
  Y.P. Marchessault, **2.95**

Visual Chess, H. Tranquille, **2.95**

Understanding Medications,
  R. Poitevin, **2.95**

A Guide to Self-Defense, L. Arpin, **3.95**

Techniques in Photography, A. Desilets, **4.95**

"Social" Diseases, L. Gendron, **2.50**

Fondues and Flambes, S. Lapointe, **2.50**

Cellulite, G. Léonard, **2.95**

Interpreting your Dreams, L. Stanké, **2.95**

Aikido, M. di Villadorata, **3.95**

8/Super 8/16, A. Lafrance, **4.95**

Taking Photographs, A. Desilets, **4.95**

Developing your photographs,
  A. Desilets, **4.95**

Gardening, P. Pouliot, **5.95**

Yoga and your Sexuality,
  S. Piuze, Dr L. Gendron, **3.95**

The Complete Woodsman,
  P. Provencher, **3.95**

Sansukai Karate, Y. Nanbu, **3.95**

Sailing, N. Kebedgy, **4.95**

The complete guide to judo, L. Arpin, **4.95**

Music in Quebec 1600-1800,
  B. Amtmann, **10.00**

## *Diffusion Europe*

Belgique: 21, rue Defacqz — 1050 Bruxelles
France: 4, rue de Fleurus — 75006 Paris

| CANADA | BELGIQUE | FRANCE |
|---|---|---|
| $ 2.00 | 100 FB | 13 F |
| $ 2.50 | 125 FB | 16,25 F |
| $ 3.00 | 150 FB | 19,50 F |
| $ 3.50 | 175 FB | 22,75 F |
| $ 4.00 | 200 FB | 26 F |
| $ 5.00 | 250 FB | 32,50 F |
| $ 6.00 | 300 FB | 39 F |
| $ 7.00 | 350 FB | 45,50 F |
| $ 8.00 | 400 FB | 52 F |
| $ 9.00 | 450 FB | 58,50 F |
| $10.00 | 500 FB | 65 F |